好望角

在这里，看见新世界

戦争まで　歴史を決めた交渉と日本の失敗

好望角

滑向战争

[日] 加藤阳子 著

章霖 译

决定历史的交涉与日本的失败

浙江人民出版社

图书在版编目（CIP）数据

滑向战争：决定历史的交涉与日本的失败 /（日）
加藤阳子著；章霖译. —— 杭州：浙江人民出版社，
2025. 3. —— ISBN 978-7-213-11784-8

Ⅰ. K313. 41

中国国家版本馆CIP数据核字第2024CP1456号

浙 江 省 版 权 局
著作权合同登记章
图字:11-2021-056号

滑向战争：决定历史的交涉与日本的失败

［日］加藤阳子　著　章　霖　译

出版发行:浙江人民出版社(杭州市环城北路177号　邮编　310006)

市场部电话:(0571)85061682　85176516

责任编辑:吴玲霞　　　　　　　营销编辑:陈雯怡　张紫懿

责任印务:程　琳　　　　　　　责任校对:王欢燕

封面设计:张庆锋

电脑制版:杭州天一图文制作有限公司

印　　刷:杭州富春印务有限公司

开　　本:880毫米×1230毫米　1/32　　印　　张:12.5

字　　数:257千字　　　　　　　　　插　　页:6

版　　次:2025年3月第1版　　　　　印　　次:2025年3月第1次印刷

书　　号:ISBN 978-7-213-11784-8

定　　价:98.00元

出版者言

当今的世界与中国正在经历巨大的转型与变迁，她们过去经历了什么、正在面对什么、将会走向哪里，是每一个活在当下的思考者都需要追问的问题，也是我们作为出版者应该努力回应、解答的问题。出版者应该成为文明的瞭望者和传播者，面对生活，应该永远在场，永远开放，永远创新。出版"好望角"书系，正是我们回应时代之问、历史之问，解答读者灵魂之惑、精神之惑、道路之惑的尝试和努力。

本书系所选书目经专家团队和出版者反复商讨、比较后确定。作者来自不同的文化背景，拥有不同的思维方式，我们希望通过"好望角"，让读者看见一个新的世界，打开新的视野，突破一隅之见。当然，书中的局限和偏见在所难免，相信读者自有判断。

非洲南部"好望角"本名"风暴角"，海浪汹涌，风暴不断。1488年2月，当葡萄牙航海家迪亚士的船队抵达这片海域时，恰风和日丽，船员们惊异地凝望着这个隐藏了许多个世纪的壮美岬角，随船历史学家巴若斯记录了这一时刻：

"我们看见的不仅是一个海角，而且是一个新的世界！"

浙江人民出版社

对所有认真思考日本未来的人而言，这是一本必读书。

——佐藤优（《AERA》杂志书评）

中学生接收了作者的知识之后，表现出了非常敏锐的问题意识，可谓前途有望。读者通过本书同样会了解到，那是一个缺少"具体化的普世价值"的时代。

——保阪正康（《朝日新闻》书评）

每次翻开书页，都会意识到自己视野的狭隘。想象如果换作是自己，当初会如何选择呢？

——开沼博（《Sunday每日》书评）

随着内容的推进，每一部分都既惊险又生动，非常有意思。……不能急于下结论，不能只看自己认同的部分，要通过阅读史料，追根溯源，实实在在地从中获得对未来有益的营养。阅读本书就是极好的练习。

——池泽夏树（《每日新闻》书评）

通过学习过去的历史，我们可以得到"选择"未来的决心。

怀着这样的读后感，我不禁有一种整装待发的感觉。……伴随着获得新知的喜悦，我第一次明白了"还想知道更多"的心情。

——丝山丽子（《女性自身》书评）

掌握第一手资料的历史学者与中学生的对话，令人兴奋不已，读起来不由屏息凝神。我们在不得不做出选择的时候，能够从本书中找到线索。

——中岛京子（日本作家，第143届直木奖获得者）

无论战场展示出怎样的无情面貌，都会有人喜欢军事。为了跨越这样的矛盾，我们需要一种能够帮助我们铭记迈向战争的过程以及战场状况的历史观。因为21世纪的地球，已经没有进行战争的余地了。

——富野由悠季（日本著名动画导演、作词家、小说家）

中译本序

2019年由浙江人民出版社翻译出版的《日本人为何选择了战争》，非常幸运地收获了许多的读者。而这一本《滑向战争：决定历史的交涉与日本的失败》应该算是《日本人为何选择了战争》的续篇或姊妹篇。

《日本人为何选择了战争》的内容，来源于我在初高中六年一贯制的私立男子学校荣光学园的一系列讲座。相比之下，《滑向战争》的诞生过程则稍稍有些特别。在东京的池袋站附近，有一家名为淳久堂的大型书店，以丰富的专业书籍和稀有图书而闻名。这家书店的店员富有个性，各自拥有不同领域的专业知识，常常能策划出与普通书店截然不同的活动来。其中一项特别的尝试便是名为"作家书店"的企划——聘请某位人物担任临时店长，并在店内划出一定区域，由临时店长按照自己的喜好挑选在此处销售的图书。动画导演宫崎骏和社会学者上野千鹤子都曾担任过"作家书店"的店长。对于热爱书籍的人来说，这样的企划无疑是极具吸引力且令人兴奋的体验。

从2015年10月开始的半年间，我有幸担任了淳久堂"作家书店"的店长，这成了本书诞生的契机。1945年，日本在第二次世界大战中战败，2015年正是日本战败投降70周年。我们知道，50年是半个世纪，60年则是一甲子，相比之下70年给人的印象似乎就没有那么强烈。但是我觉得，70年的时间差不多是人类的平均寿命，因此一代人的记忆究竟是清晰地传递给下一代，还是最终被后人遗忘，70周年这个时间节点就显得尤为重要。在2015年这个具有特殊意义的年份，被选为"作家书店"的店长，对我而言可谓是天赐良机。

之所以这么说，是因为淳久堂在举办"加藤阳子书店"活动时，还策划了一系列由我主讲的日本近代史讲座，而讲座的对象则是近30位来自不同初高中的男女学生。书店方面通过报名和选拔，最终确定了听众的名单，这些学生会在实际接触书店里陈列的书籍的同时，聆听我的讲座。前作《日本人为何选择了战争》的听众主要是荣光学园的学生，此次讲座的参与者则来自更多样化的生活环境，这种变化促使我在讲解和答疑的方式上也需要有所改变。在本书中，我很少单纯地给出唯一的答案，而是更多地提示存在的多种可能性，这或许也是受到了听众多元背景的影响。

在为讲座招揽听众的时候，我如王婆卖瓜般撰写了一份讲座内容的说明。标题是"在战后70周年这个时间节点，如何理解日本的过去，塑造日本的未来"，由此引出了"思考日本与世界交锋的历史瞬间，并从中吸取教训"这个主题。我还预告了讲座将会讨论的三个历史性的时段。具体而言，分别是：（1）从"九一八"事变（1931年9月）爆发到日本退出国际联盟（1933年3月）为止的时间；（2）签订《德意日三国同盟条约》（1940年9月）的时间；（3）日美交涉失败（1941年4—11月）到太平洋战争爆发（1941年12月）的时间。在这三个历史性的时段里，日本犯下了近代史上的三次重大错误，当时的国际社会也曾三次向日本郑重发问："要选择哪一条道路"？

　　淳久堂的讲座是从2015年12月开始的。在第一讲的开始时，我与同学们一起阅读了安倍晋三内阁在当年8月14日发表的谈话。这份首相谈话共有30段，超过3000字。之所以把阅读安倍谈话作为整场讲座的开始，是因为我希望大家思考一个问题：国家会在什么样的时刻尝试重新书写历史，或是构建一个新的历史叙事？

　　为什么说重新书写历史？因为早在1995年8月15日，日本战败50周年之际，时任首相村山富市发表过一篇纪念战后50周年的首相谈话，也就是所谓的"村山谈话"。其中最重要的段落是：

　　　　我国在不久的过去一段时期，国策有错误，走了战争的道路，使国民陷入存亡的危机，殖民统治和侵略给许多国家，特别是亚洲各国人民带来了巨大的损害和痛苦。为了避免未来有错误，我就谦虚地对待毫无疑问的这一历史事实，谨此再次表示深刻的反省和由衷的歉意。同时谨向在这段历史中受到灾难的所有国内外人士表示沉痛的哀悼。

村山谈话的最大特点在于，明确地使用了"战争""殖民统治""侵略"等具体的词汇，并表达了深刻的反省。

因此，2015年安倍谈话的发表，实际上意味着对20年前村山谈话的改写。安倍谈话基于以下认识，提出了关于日本未来的愿景：

> 现在我国国内战后出生的一代已超过了总人口的80%。我们不能让与战争毫无关系的子孙后代担负起继续道歉的宿命。但是，尽管如此，我们日本人要超越世代，正面面对过去的历史。我们有责任以谦虚的态度继承过去，将它交给未来。[1]

基于这样的立场，安倍谈话简单地叙述了从幕末维新到第二次世界大战失败的日本近代史。他的历史叙事正是为了配合其所描绘的未来愿景。

安倍谈话将日本的长期外交战略定义为"积极和平主义"，为了实践这一战略，就要"坚定不移地坚持自由、民主主义、人权这些基本价值，与共享该价值的国家携手并进"，最终"为世界的和平与繁荣做出较之以前更大的贡献"。需要注意的是，安倍谈话是经过内阁会议正式批准的文本，属于日本政府正式决定的一种"选择"。

延续前作的体裁，在本书中，我依然在理念上将讲座的对

---

[1] 村山谈话和安倍谈话的译文均引自日本国驻华大使馆官方网站。

象设定为初中和高中学生。究其原因，首先自然是因为阅读本书的并不一定是初中生和高中生，所以才要说是"理念上"的对象。更重要的是，这个年龄段的学生正处于常常需要做出抉择的阶段。当你被问及"要选择哪一条道路"时，你的决定绝非是在真空中做出的。人的选择，总是受制于当时所处的环境以及掌握的信息等外界因素，有时也会"身不由己"。例如，虽然安倍谈话是通过内阁决议，能够左右国家外交战略的历史性决定，但是对于初高中学生而言，这都是在他们毫不知情、无法干预的情况下发生的。说实话，在我看来安倍谈话完全是一个错误，它很可能与本书探讨的三大历史错误并列，成为第四大错误。

　　那么，对于这样的情况，不满18周岁、尚无参政权的初高中学生是否就只能感叹一切为时已晚，只能放弃了呢？我认为并非如此。即使在2025年的今天，我们仍然可以学习批判地审视10年前安倍谈话的选择，从而获得一些启示。当被问及"要选择哪一条道路"时，首先应该弄清楚，问题的本质有没有被正确地反映在选项之中。其次，如果发现选择的规则本身并不公正，或选择的监督者并不公正，我们也有可能通过努力改变规则、更换监督者，从而创造一个更加公平的环境。通过研究历史上的失败案例，我们能够培养起头脑中的批判性思考能力，进而尝试做出改变。

　　本书详细地探讨了20世纪30—40年代日本所犯下的错误。在那个时代，东亚地区面临着接连不断的政治、经济和军事危机。21世纪已经过去了近四分之一，从这20多年的实际情况来看，我们无疑正在经历着一个激荡的世纪。生活在这样一个时代，我们也需要不断做出自己的选择，在这方面，我相信本书能够提供不少值得学习的内容。

最后，我想向浙江师范大学的章霖老师表达深深的感谢。章霖在东京大学大学院人文社会系研究科攻读博士学位时，我正是他的指导老师。在我指导过的学生中，他的文章格调优雅，不逊于日语母语者，而且还有着独树一帜的幽默感。因此我确信，本书的中文译文不仅准确可靠，也会有很强的可读性。此外，我还要向浙江人民出版社的编辑吴玲霞表示诚挚的谢意。和前作一样，正是她促成了本书的出版，使这部作品成为这家富有历史底蕴的出版社的一部分。对此，我怀有深深的感激之情。

加藤阳子

2025年1月4日

目　录

序

虽然这本书并没有打上"为高中生所讲"这样的招牌，但是事实上，来听我6次连续讲座的，大部分还是高中生，再加上一些初中的学生。这么一来，我也就不免被问起，为什么要向高中生讲述历史，并将与他们的互动加以总结，收入这本书中了。

有些人可能会说，既然我平时就在大学里讲授历史，那么也没必要特地去给高中生讲课，只要等他们几年后升入大学不就好了。在这里我要声明，就算本书读者中的大部分都已经高中毕业，甚至步入中老年，只要他们自信还拥有柔软的感受与思考能力，那么就是本书的目标读者。

为什么要以高中生为对象，我的回答是，因为他们必须在有限的时间里，做出选择。作为高中生，他们需要选择文科或是理科，选择在毕业后就业或是进入大学，选择留在故乡或是前往大城市，等待着他们的，是各种各样人生中最初的分歧路线。不知道大家是否知道1963年舟木一夫演唱的《高校三年生》这首歌，其中提到了染红了校舍的夕阳这一景象。而在2001年森山直太郎演唱的《高校三年生》的歌词中，则提到了上课时在意的那个人的背影。这些意象都出色地捕捉到了在高中这段有限的时间里，那些无可替代的事物。高中生们面临着就职、应试、与朋友和家人离别等重要的选择，正是这种生活本身，以及他们所承受的紧张感，造成了高中生身上那些超越实际年龄的成人感。

因此，作为本书目标读者之一的"初高中学生"，与其说是真实存在的人，不如说是一种想象中的"概念"。当然，面对着活生生的学生们说，目标读者是想象中的"概念"这种话，实在是失礼了。我想表达的是，生活在这个社会中，需要不断为自身做出抉择的人，不论是中学生还是大学生，上班族还是已退休者，抑或是为人父母者，都是我这本书的目标读者。

不知是幸运还是不幸，生活在现代社会中的我们，不断面临着抉择的难题，那些完全不曾设想的事情，也在不断发生。大家也许还记得，2016年6月23日，英国举行脱欧公投。虽然事前的预测大多认为投票结果将是英国继续留在欧盟，但是结果出人意料，脱欧派获得微弱优势，英国最终选择了脱离欧盟的道路。

选择之所以困难，是因为这一行动并非发生在"真空状态"中，而是存在诸多前提与制约因素的。如作为民主政治根基的国会选举，从2016年7月的参议院选举开始，选举权的年龄限制从以前的20岁以上，下调到了18岁以上，有大约240万人因此新获得了选举权。这次选举权的年龄调整，是为了让那些担负着国家前途的人群的意见，能够更早地在国家的政治层面得到反映。但是下面的数据告诉我们，即便同为国民，所做出的选择也并非是等价的。

在2014年12月举行的第47届众议院选举中，如果将各年龄层的投票率乘以日本的总人口，就会发现60岁以上人口的票数，居然达到了30岁以下投票者的6倍（《日本经济新闻》2016年6月18日）。在同一个国家里，通过代议制这种形式，不同年龄层实质上的分量，竟是如此不同。

另外，同样是针对第47届众议院选举，东京大学谷口将纪研究室与《朝日新闻》进行的共同调查发现，对于修改宪法，有33%的选民表示赞成（包含"赞成"与"倾向赞成"），但是在当选议员中，赞成的比例达到了84%。如果只看自民党占优势选区的情况，选民中的赞成者占比为46%，而自民党议员的赞成比居然高达97%（《朝日新闻》2015年2月8日）。

这里以修改宪法作为例子，可以看出对于某一议题，选民与当选议员之间在意见上可能会有相当大的分歧。在社会中生活的民众与在国会开会的政治家的总体意见，并不是相同的。造成这种差异的原因有很多，而众议院小选举区制，以及参议院选举中的一人选举区等，这些容易造成选举结果扭曲的选举制度本身，无疑是存在不合理之处的。

接下来让我们看一看日本广播协会（NHK）针对获得选举权的18岁和19岁人群的舆论调查结果，这些年轻人最关心的政治议题，不外乎就业、劳动环境、社会保障以及经济政策。结合刚刚提到的选举问题，不难想象在有限的国家预算内，对于这些年轻人所看重的就业和劳动环境问题，以及60岁以上的人群更关心的社会保障问题，两者大概会难以兼得，国家不得不做出取舍。

对于英国在公投中最终选择了脱欧这一事件，国际政治学者伊恩·阿瑟·布雷默（Ian Arthur Bremmer）认为，围绕着移民与主权等问题，国民对于国家的信赖感已经受到很大削弱。他甚至感到两者之间的社会契约已经中断，而投票脱欧则是国民向国家进行抗议的表现（《日本经济新闻》2016年7月2日）。

我也感到，不论是在日本，还是在世界范围内，国家与国民之间关系的核心，都发生了前所未有的动摇。在这样的情况下，若是一味鼓动那些面临人生抉择的人赶快进行选择，显然是行不通的。反过来，对于他们的选择，背过身去、保持沉默，在某种意义上倒变得合情合理起来。

但是我依然不能认同这样的做法。如果年轻人发现，当自己面临选择时，这个社会的游戏规则并不公平，甚至裁判员也不公正，不应该陷入绝望，以至于自行断绝与国家之间的社会契约。相反，纠正不公平的游戏规则，撤换不公正的裁判员，才是我们应当采取的行动。过去的历史，能够为我们提供做到这一切的方法和策略。所以我认为，了解过去的历史，是这个时代最为重要的事情。

2015年，是太平洋战争日本战败70周年。日本政府在2015年8月14日，发表了经过内阁讨论决定的文章，即"内阁总理大臣谈话"。其中对自幕末维新以来的日本历史进行了评价，并表明了作为牵引世界走向繁荣的国家的决心。这一谈话引起了日本国内外的广泛关注和评论，本书的第一章也进行了详细的论述。作为一名历史学家，我在这里需要强调的是，这一谈话不过是国家书写的"一种历史"而已。

那么，国家会在什么样的场合去尝试书写和讲述历史呢？而我们作为国民，或是单纯的个人，又会在怎样的瞬间去尝试书写和讲述历史呢？尽可能正确还原过去的历史，并通过这种书写来帮助开创未来，这是历史学家应尽的责任和应有的素养。因此在第一章中，我会通过留存至今的史料和著名人物的演说等材料，并加入最新的研究成果，来讨论国家与国民的关系发生重大变动时，两者之间的互动问题。

第二至第四章是本书的核心部分。先前我们已经提到，选择并非发生在"真空状态"中，会受到各种各样的制度制约，以及国际环境和国内政治形势的影响。因此，当国家或个人面临选择的时候，摆在他们面前的选项是否正确地反映了问题的本质，就显得尤为重要了。看清过去的掌权者与舆论界通过各种诱导，为民众准备的选项，还原在当时的世界中日本面临的真正选项的形式与内容，并弄清楚日本最终实际做出了什么样的选择，通过以上这些努力，我们将捕捉到日本与世界冲突交锋的瞬间。

问题的本质是否在选项中得到了正确的反映？如果能够想到这一点，那么在外部环境刺激着自己的恐惧与爱憎等人类的基本感情时，在被"如果这样做，就一定能……"这样不真实的"确定性"所煽动时，冷静判断的可能性就增加了。接下来我就用三个例子，来说明为什么希望与大家一同思考在"选择历史"时的做法。

在过去，世界曾经在三次交涉中，郑重地要求日本"做出选择"。1931年关东军策划发动"九一八"事变后，国际联盟派出李顿调查团，围绕着调查团提出的报告书，日本进行了交涉并做出了自己的选择。在本书第二章，我们会讨论这一问题。

当时日本的报纸等媒体在李顿调查团公布报告书后，就开始用一些煽动性的标题，将报告书的内容渲染成是全面支持中国的主张。但是正如第二章讲到的那样，实际上中国认为这份报告书过分顾及日本所造成的既成事实，因而对报告书大加批判。报纸的标题与报告书的内容可谓大相径庭。在读过第二章以后，就能发现那些认为李顿调查团报告书不顾日本在中国东北的存在，一味偏袒中国的看法是不正确的。

第三章中，我们将关注1940年9月签署的《德日意三国同盟条约》，这一条约与第二次世界大战的欧洲战事以及美日两国在太平洋地区的对立息息相关。在将英国与美国的动向纳入视野的同时，这一章会重点讨论日本与德国的外交交涉和最终达成一致的过程。当时的日本已经陷入1937年7月爆发的全面侵华战争，不过对于1939年9月在欧洲爆发的第二次世界大战，日本依然处于中立状态。欧洲战场的形势在1940年春天到初夏这段时间发生了突变，德国发动闪电战之后，荷兰、法国等国相继战败，此时继续与德国抗争的欧洲国家实质上只剩下了英国。

纳粹党高唱打破第一次世界大战后形成的凡尔赛体系，获得了德国民众压倒性的支持，从而攫取了政权。在用闪电战征服了西欧之后，德国下一步会在东南亚与太平洋地区采取什么政策，日本当然会加以关注。通过参照日本国内外的最新研究成果，我们能够发现日本在德日意三国同盟的谈判过程中的意外本意，以及中国方面出乎意料的反应。在读过第三章后，一直以来日本军部被德国的大胜所迷惑，怀着"赶火车"般的心态缔结同盟条约的印象，想必也会改变。

第四章将会探讨1941年4—11月的日美交涉。在交涉无果后，日本在同年12月8日偷袭珍珠港，太平洋战争爆发。即便到了70多年以后的今天，对于日本做出的开战选择，除了基于实证的历史研究，依然有许多其他的出版物也在进行形形色色的解释。其中一种说法认为，美国为了援助在欧洲与德国作战的英国，并阻止德国的影响力向中南美洲地区渗透，很早就开始准备加入欧洲战局。但是，美国国内的舆论对于参战相当消极，这让罗斯福总统颇为头疼。于是在日本准备偷袭珍珠港的密电被破译之后，罗斯福故意不做防范，让日本偷袭成功，由此点燃了美国人的怒火，美国顺势加入了战争。还有说法认为，日本下定决心与美国开战，是因为石油被全面禁运，美国明知这一点，是故意实施强硬的经济制裁的。尽管这些说法都缺乏严谨的论证，但是依然颇有人气。

关于日本偷袭珍珠港，如果仔细阅读史料，从中了解当时日本与美国的考量，就应该会自然地否认刚刚提到的那些说法。令人意外的是，当时日本也在相当程度上破译了美国方面的密电，在了解对方想法的情况下展开了谈判。对美日双方来说，什么才是展开谈判的真正理由？第四章正是通过仔细研读一份份史料，来试图回答这一问题。

在终章部分，我们会探讨在战争的惨祸中，日本选择的道路。

一个不经意的偶然就有可能让世界的面貌发生巨大的改变，我们如今所处的正是这样一个充满激变的大时代。历史上那三次导致日本滑向战争的交涉，我们今天能够从中学习之处，当为数不少。

第一章

国家书写历史之时，历史诞生之时

一 用历史的眼光审视世界

讲授的内容不受年龄限制

大家好，非常感谢在周六晚上这样一个对任何人来说都很宝贵的时间，来参加我的历史讲座。在座的各位，年纪最小的是初中二年级的学生，最大的定时制高中①的高中生已经年过三十了。粗略一看，男女差不多各占一半。另外还有五位老师光临，可以说今天的听众是一支混编部队。

在拥有温柔心灵与灵活头脑的各位面前，不知怎么的，我感到有些忐忑。大概是因为自己平时打交道的都是些已故之人，或者是他们留下的史料。我能经常接触的活人，也就是大学里的本科生和研究生吧。德国哲学家尼采将研究历史的人称作"掘墓人"，¹对于这一点我在情感上虽然不太接受，但是好像也没法反驳。不过，在那些谁都不曾注意的土层之下，确实

---

① 指面向希望自由安排上课时间的人士，能够选择在上、下午或是晚间进行授课的学校。

有可能埋藏着令人惊讶的精彩事物。在一个与彼时的权力或是权威都已经没有关联的环境里，向着地下不断挖掘，也可以说是一件乐事了。当然，这些只是打个比方而已哦。

那么，接下来要进行的历史讲座，与学校的授课有什么不同呢？我觉得就在于不以学年和年龄对学习内容进行限制。如果把在学校的学习比作登山的话，那么正式开始攀登之前就需要做好充分的准备工作。既要学会怎么看气象图，也要准备好合适的装备，再根据自己的实力去一段接一段地攀登。学校的老师就是遵循着这种方针，来给大家上课的。

自从1989年走上大学的讲坛，讲授日本史这项工作我已经持续做了30多年。这段时间里，我在学生们学习生涯的最终阶段，也就是大学和研究生院任教，并持续进行着相关领域的研究。如果说这样的老师有什么独门绝技的话，我觉得是他们可以让普通人不必在意登山的诸多准备工作，直接为大家讲述登上富士山后，从山顶俯瞰风景的美妙之处。

在大学和研究生院研究历史的人，面对的是什么样的景色呢？现在就抢先一步，把这一点讲出来吧。

以长远的眼光看待事物的态度

听到这儿，可能有人会暗下决心，不想早早就从别人口中知道山顶的景色，而是要脚踏实地，一步一个脚印地爬上山顶，因为山就在那儿。这样的硬汉做派当然也不错，不过，我希望向大家传达的其实是一种态度，就是用长远的眼光来看待事物的态度。不要把目光局限于一时，而是用长时间的尺度来观察时代和社会。

就算是要脚踏实地，把注意力放在脚下，有时候也需要抬头仰望。如果用时间的尺子去丈量这个世界，也许就能从不同的视角，反过来审视自己所处的位置。

2015年，崇拜恐怖组织"伊斯兰国"的年轻人，在法国巴黎袭击了巴塔克兰剧院，并在餐馆等场所发动了自杀式爆炸袭击。之后人们纷纷在广场举行集会，哀悼恐怖袭击中的遇难者，诉说宗教对立的愚蠢并呼吁保持宽容。但是另一方面，在德国发生了排外主义者组织的抗议示威活动，他们宣称涌向欧洲的数百万难民乃是恐怖分子的温床。近些年来，这样的景象不断地出现在电视屏幕上。

当我看到这些报道，一个问题不禁出现在脑海中：为什么这个时代，在叙利亚等地会出现上百万名寻求前往欧洲的难民？自然地，我会想到从2011年开始的叙利亚政府军与反政府武装之间的内战，这是难民问题产生的主要背景。

接着，我又想到了历史上也曾经出现过这种大规模渡海求生的事例，那就是19世纪中期发生的爱尔兰大饥荒。这场灾难迫使大量的爱尔兰人向美国和加拿大移民。[2]

说起爱尔兰，大家能够马上想到这个国家的位置吗？爱尔兰位于大不列颠岛的西边，在1949年赢得完全独立以前，爱尔兰长期处于英国这个强大邻国的控制之下。

马铃薯在16世纪从新大陆传到欧洲，这种作物与小麦相比，价格更低而产量更高。所以在马铃薯的种植普及之后，一直以来并未显著增长的爱尔兰人口，在18—19世纪的这100年间，猛增至原来的2.6倍。

但是马铃薯并非完美，一旦发生马铃薯晚疫病之类的病害，产量就会大幅减少。这种病害造成的最大灾难，就发生在19世纪中期的爱尔兰。马铃薯的歉收让上百万人因饥饿而死亡，除此之外，因为同一时期爱尔兰农民的土地被集中到地主手中，以及传统的亚麻纺织产业衰退导致的失业增加等，超过80万的爱尔兰人渡过大洋，前往美国和加拿大。美国第35任总统约翰·肯尼迪正是这些逃荒者的子孙。

在19世纪中期，除了饥荒之外，失业也是迫使大批爱尔兰人踏上横渡大西洋之旅的重要因素。到了21世纪初期的今天，又有大量中东地区的难民因为内战与国内的混乱局势而离开家园，渡过地中海前往欧洲。通过收集历史上的事例来粗略地加以比较，看看其中有什么异同之处，就能明白我们不能将现在的难民问题，简单地归咎于伊斯兰激进主义带来的宗教冲突。

美国是爱尔兰移民的主要目的地，如果我们仔细考察当时的美国社会、产业结构和劳动力市场，就会发现这个正在显著成长的新兴经济体，正处在一种长期性的劳动力不足状态中。那么欧盟的产业结构和劳动力市场又是怎样的呢？截至2016年6月，有22个欧盟成员国[3]以及4个非欧盟国家加入了《申根协议》[4]，规定了在申根区内的人员自由流动。因为这一协议的存在，如果难民能够到达申根区内的希腊，那么下一步就可以尝试前往德国，这个欧盟经济圈内最具魅力的劳动力市场已经做好了接收难民的准备。

19世纪初的美国在经济方面有着巨大的吸引力。同样，在欧盟2002年启用欧元之后，德国的巨大经济魅力也令人注目。欧盟内部人员的自由流动和使用共同货币的单一市场，成了难民寻求前往德国的背景。

在不断挖掘"墓穴"进行思考的过程中，是否会让人有一种豁然开朗的感觉呢？人类的群体有时候会漂洋过海进行迁移，一个重要的原因就在于目的地具有经济上的吸引力，当使用历史的长尺度去审视问题时，这样的结论就会浮现出来。

如果善用这样的眼光，那么对于叙利亚内战爆发、"伊斯兰国"势力扩张这些问题，就不会简单地归因于争夺石油资源或是宗教冲突。长久以来，各大强国在中东地区进行了各种活动，要更深入地理解中东的局势，就应该用历史的眼光去仔细审视这些错综复杂的关系。

二 将现代的史料与过去的数据进行对照

战争是政治与外交的延续

我想在二战结束70周年这样一个重要的时间点，来和大家一起思考，如何理解日本的过去，并在今后创造怎样的未来。

听到这儿，恐怕难免会有人在心里嘀咕，"这是又要开始讲大道理了吧，一定要反省日本的过去，一定要思考未来之类的"。但是大家别忘了，我是个"掘墓人"，讲大道理可不符合我的身份。我只是希望通过自己的一席话，帮助大家在头脑中正确地记住一些历史事件，并在不知不觉中帮助大家去创造未来。

为了总结日本在战后70年里走过的历史，就有必要对1945年8月结束的那场战争的全貌进行一次回顾。这样做的理由是什么呢？

2014年离开东京大学到早稻田大学任教的长谷部恭男教授在2015年6月4日，作为自民党的参考人①被请到众议院的宪法

---

① 根据国会的要求，为某一委员会的审查或调查提供参考意见的人。

审查会发表意见，在那里他直言政府所推进的安保法案①是违宪的。

在《日本人为何选择了战争》一书中，我就曾经提到过长谷部恭男老师。这位老师也被我不断地在其他场合中说起。他在研究了法国思想家卢梭的论文以后，告诉我们卢梭用一句话就概括了为何会发生战争。卢梭生活在18世纪，法国大革命爆发之前，他树立了人民主权思想。

卢梭认为，战争攻击的目标是宪法，即敌方权力正统性的来源。在战争中对敌国的主权与社会契约进行打击，就是通过攻击对方的宪法来实现的。⁵当然这里所说的宪法，并非具体的宪法条文，而是社会得以成立的基本秩序，即宪法原理。

被认为是法国大革命的思想先驱的卢梭，为我们总结了自古以来无数战争的本质。说到引发战争的原因，或是某国意图侵占他国资源丰富的领土，或是为了报复敌国，总是有各种各样表面上的原因。但是卢梭看破了这些，他认识到战争中的双方是为了维护各自的某些不可退让的原则而互相对立的。就因为这些，人们不惜互相残杀。

卢梭认为，所谓战争，就是试图触及构成敌国社会基础的基本原则，并将之改写。

按照这种思路，在那场以1945年8月日本战败为结果的战争前后，日本社会的基本秩序，即宪法原理就被改变了。从另

---

①即"和平安全法制"，由《和平安全法制整备法》和《国际和平支援法》两部分组成的一系列法律修正案，解禁了所谓的集体自卫权。

一个角度来说，就是以美国为首的盟军通过武力改变了日本的宪法原理。当我们试图去审视经历了战后至今的漫长时间而形成的现代社会，即宪法原理被改变之后的日本，就有必要去思考宪法原理改变之前的日本，具体而言，就是从战前到战争这段时期的历史。

除卢梭之外，我想再介绍一位名叫克劳塞维茨的军事理论家。他是一名普鲁士军人，从18世纪末到去世为止，一直在军中服役。也是在这段时间里，普鲁士军队与法国大革命后崛起的拿破仑军队作战，结果屡尝败绩。克劳塞维茨担任柏林军官学校校长期间，写出了著名的《战争论》[6]。不知大家是否听过《战争论》中的这样一段论述："战争无非是政治通过另一种手段的继续，战争总是在某种政治形势下产生的，而且只能是某种政治动机引起的。"[7]另一种更简单的表述是，战争是政治的延续。

克劳塞维茨认为，开战前进行的外交谈判与谈判破裂之后爆发的战争之间，是有着连续性的。为了达成某一目的，政治外交与战争不过是不同的手段而已。如果我们把卢梭与克劳塞维茨的意见加以结合，就可以说，要对战争进行思考的话，不能仅仅着眼于战争本身，对于开战前的交涉过程，也有必要加以审视。

在本书中，我们将会追溯直到1941年12月太平洋战争爆发为止，日本与外部世界之间的政治外交过程。我想与大家一边阅读史料，一边去思考日本与其他国家之间，究竟在宪法原理上产生了怎样的矛盾。通过这一过程，我们应该能够明白战前的日本和日本人的某些想法，弄清楚他们希望维护的某些不可退让的原则到底是什么。如果能够正确地认识到这些，就可以给未来的日本融洽地加入世界的发展创造可能性。

战争通过武力实现目的，相对地，政治与外交则很大程度上依靠语言的力量。通过语言，来给对手的社会基本秩序、社会契约或是宪法原理施以压力。

回顾日本与世界激烈冲突的历史，实在是一件费神费力的事情。所以在第一讲中，我们可以先来一场热身运动，一起想一想，日常生活中所接触到的关于历史的词汇。

2015 年正好是所谓"战后 70 周年"，在这样一个特别的年份，有很多人基于不同的立场，发表了关于战争和历史的言论。我们的热身就从这些发言中出现的词汇开始吧。

不同的"战后"，模糊的"牺牲"

当我们说到"战后 70 周年"，这里的"战后"指的是什么战争之后呢？这个问题听起来有些奇怪，毕竟对于日本来说，在太平洋战争结束之后，日本放弃以战争作为国际争端的手段，所以日本的"战后"自然就是指 1945 年 8 月 15 日投降之后。但是在中国，共产党与国民党之间的战争持续到了 1949 年；在朝鲜半岛，1950 年爆发了朝鲜战争；而到了 20 世纪 60 年代，美国又开始介入越南战争。对于这些地方的人们来说，所谓的"战后"并不止一个。

刚刚我说到"战后 70 周年"是一个特别的年份。不过年轻的读者可能并不容易体会 70 年的分量。70 年大概是我们一生中能够比较健康地生活的平均时间，所以相较50年或者60年，给人的感觉会有些不同。作为人们的群体认知，"国家的样貌"这种记忆会不断积蓄，人们会根据这些记忆对国家做出历史的评价。而70年，正适合作为一段积蓄记忆，进而做出评价的时间。

1917年俄国发生十月革命之后，苏联在1922年建立。而到了大约70年后的1991年，苏联最终解体。作为一个实践社会主义思想，意图为每个人带来幸福的国家，却在经过与人的一生一样长的时间之后，失去了人民的支持。这可以说是国民对于国家进行的试验所做出的评判。

那么战后制定"和平宪法"的日本，在这70年里没有让一个本国人或是外国人在战争行为中丢掉性命，其历史的评价又会如何？这无疑是一个令人感兴趣的问题。顺着这种思路，大家回忆一下，在战后70周年这样一个年份里，有些什么样的人，发表了什么样的言论吗？

——在天皇生日的时候，天皇借战后70周年这个时机，回顾了第二次世界大战，说这一年里自己一直从各种角度出发，思考着那场战争。

很好，简直就像和我一起提前做了准备一样，一下子就说到了点子上。天皇在12月23日生日那天举行的记者会上，说了上面那段话。这是天皇对宫内记者会①的代表所提问题的回答。"请问在回顾这一年，思索战争与和平的同时，对即将到

---

① 设于宫内厅的记者俱乐部，有各大报社、电视台等媒体的记者常驻。

来的新一年有什么看法？"据说天皇在记者会上说的话，是他
自己认真准备好的。

天皇提到了在战争期间被军方征用的民间船只的船员们所
受的苦难，他说道："在没有制空权，也没有本应保护运输船
的军舰的情况下，想到那些不得不继续进行运输任务的船员的
心境，真是令人感到痛楚。"所谓制空权，顾名思义就是利用
航空兵力，掌控某一空域的状态。天皇这些话的一个特征在
于，专门提到了在没法明确区分作为战斗人员的军人和非战斗
人员的平民的状态下，那些从事运输工作的船们。

从1937年7月爆发的全面侵华战争，到太平洋战争结束的
8年间，有非常多的日本船员葬身大海。关于这些船员的数量，
有着相当详尽的资料，战争中共有60609名船员再也没能回到
陆地。[8]

天皇提到的是作为平民死在海中的人，除了他们，随船沉
没的军人和随军人员①也为数众多。海军死亡18.2万人，陆军
则有17.6万人，总计35.8万人。[9]在太平洋战争的末期，失去了
制空权和制海权之后依然继续战争的结果，就是这样大量人员
的死亡。在那场战争中，共有约230万名军人与随军人员死
亡。[10]而天皇的话语不禁让我想到，这些死亡者中有近16%都
是随船沉没的。

_____

　　①原文"軍属"，指在军队中工作但并不属于军人的人员，如技术人员、翻译人员等。

历史中的冲绳

还有其他人做了什么总结吗？提示一下，有一个地方得到了媒体的特别聚焦。

——是冲绳吗？

没错，就是冲绳。冲绳县是当时日本领土上，唯一进行了卷入大量平民进行地面作战的地方。

一般认为，在冲绳的有组织战斗结束于1945年6月25日，此时太平洋战争已经到了最后阶段。每年的这一天，冲绳都会举行仪式，悼念战争中的死者。在2015年的仪式现场，冲绳县知事翁长雄志按照惯例做了"和平宣言"，[11]从中可以明显感受到"战后70周年"的影响。

往年的"和平宣言"基本由三个部分组成，第一是回顾悲惨至极的冲绳之战与战后重建的不断努力，第二是陈述当地因为建设了诸多美军基地而加重了负担这一现状，第三则是表达实现永久和平的决心。

2015年的"宣言"也同样包含了这些内容，但在提到美军基地问题时，知事说道："冲绳的美军基地问题，属于我国的国家安全问题，是应该由全体国民来负担的重要课题。"这是一个新的视角，旨在敦促日本这个国家和全体国民设身处地地去思考冲绳面临的问题。这一立场在要求中止将普天间基地转移到边古野，减轻美军基地给冲绳县带来的负担等"宣言"内容中，体现得更为明显。

"宣言"还提到"如果国民的自由、平等、人权以及民主主义得不到同等的保障，那么和平的基础就无从谈起"，强烈地反映出"战后70周年"这一主题。从这些话语中，我们能感受到，国民主权、尊重基本人权、和平主义这些《日本国宪法》的基本原理，在冲绳并未发挥应有的作用。战争作为改变宪法的终极手段，让冲绳遭受了极大的惨祸，但是经过战争而改变的宪法，并不能够守护冲绳。"和平宣言"传达了这一令人惊异的"真理"。

在"宣言"中，还有一段引人注意的文字，"要铭记前人作为联系亚洲各国桥梁而活跃的万国津梁精神"。"万国津梁"被铭刻在琉球王国时代铸造的大钟上，意思是琉球充当了众多国家交往的桥梁，是琉球骄傲的象征。

专攻日本中世史的村井章介老师的一项研究非常有意思，他敏锐地指明了日本在当时世界中的地位。请大家想一想，在一张16世纪中叶葡萄牙人绘制的世界地图中，冲绳会被画成什么样呢？[12]在中国大陆的东面，横列着一串岛屿，这一列岛的葡萄牙文名字，是"琉球"。令人惊讶的是，在葡萄牙人眼中的琉球群岛中，还有一个叫"日本"的岛屿。这说明在当时的世界上，有人会把日本视为琉球的一部分。

在21世纪，翁长知事呼吁日本政府和民众设身处地地去思考冲绳面临的问题，而在16世纪中叶的地图上，日本则被视为琉球的一部分。

天皇在全国战殁者追悼式上的致辞

刚刚我们回顾了天皇生日记者会上天皇的话语，而在2015

年8月15日举行的全国战殁者追悼式上，天皇的致辞也有诸多与往年不同的内容。[13]天皇在这一仪式上的致辞内容和措辞也每年都差不多。首先在第一段表达对战殁者家属的关心，然后在第二段说明国民通过不懈的努力造就了战后的和平与繁荣，最后的第三段则表达对和平与发展的希望。

2015年的致辞却发生了一些变化，第一段还是与往年差不多，但是第二、第三段出现了相当多的改动。下面就用下划线来标明改变了的部分。

第二段：战争结束以来，已经过去了70年。为了让国家从战争造成的荒芜走向复兴与发展，国民进行了不懈的努力，加上殷切期望保持和平的觉悟，共同支撑起了今天我国的和平与繁荣。每当想起国民在战后至今的漫长时期中的可贵奋斗，实在是让人无限感慨。[14]

第三段：回顾过去，在对前一次大战进行深刻反省的同时，诚挚地企盼战争的惨剧今后不再重演。在此，我与全体国民一起，对在战斗中死去、在战火中身亡的人们致以沉痛的悼念，并祝愿世界和平以及我国的继续发展。

请大家看第二段。在2015年之前的致辞中，这一部分都在表达是国民的不懈努力构筑起了今天的和平与繁荣这一认识。而在2015年，构筑起今日之和平与繁荣的原因中，多了国民"殷切期望保持和平的觉悟"这一背景，这属于新的认识。

而第三段中，出现了引起国内外媒体注意的部分。

"对前一次大战进行深刻反省"这一话语，在往年是不存在的。而"诚挚地企盼战争的惨剧今后不再重演"的部分，加入了"今后"一词，更强烈地表达了绝不重蹈覆辙的意志。

对于天皇在日本国家中的地位，大家读过《日本国宪法》中"第一章　天皇"部分吗？我把相关的条目引用如下：

　　第一条　天皇是日本国的象征，是日本国民整体的象征，其地位以主权所在的全体日本国民的意志为依据。

　　第四条　天皇只能行使本宪法所规定的有关国事行为，并无关于国政的权能。天皇可根据法律规定，对其国事行为进行委任。

　　第七条　天皇根据内阁的建议与承认，为国民行使下列有关国事的行为：

　　1.公布宪法修正案、法律、政令及条约。

　　2.召集国会。

　　（中略）

　　10.举行仪式。

全国战殁者追悼式在每年的8月15日由政府在日本武道馆主办，天皇与皇后应政府的要求出席该活动，因此天皇的致辞并不能看作是国事行为（天皇根据内阁的建议与承认，为国民行使下列有关国事的行为）中的"仪式"，而应当视为一种公务（天皇基于其作为象征的地位进行的公务）。

1952年4月28日，日本与同盟国之间缔结的《旧金山和约》生效之后，第一次全国战殁者追悼式于5月2日在新宿御苑举行。决定举行仪式的内阁决议[15]，规定了这一仪式所追悼的"战殁者",是指1937年侵华战争全面爆发之后各战场上因战争而死去的人(并不限于军人或随军人员,死于战争者皆算在内)。我们可以从中得知当时的日本政府是如何划分"战殁者"范围的。

还有一部分人认为,天皇表示"对前一次大战进行深刻反省",似乎有违宪法规定的象征天皇制。但是如果我们继续解读致辞中其他新加入的部分,就可以消除这样的误解。

国民与天皇的关系

刚刚我们解读第二段的时候,提到天皇的致辞中,添加了国民"殷切期望保持和平的觉悟",作为今天和平与繁荣的背景。这意味着天皇的致辞探讨了当今日本形成的原因,即战后日本的和平与繁荣不仅源于国民的不懈努力,还源于其殷切期望保持和平的觉悟。

根据报道,天皇与皇后读的报纸为数不少,可能有7份之多。各家报社一般都会报道媒体发起的舆论调查,比如对于2015年9月通过的"新安保法案",就少不了相关报道。这么说来,天皇修改了致辞的部分内容,原因可能在于他接受了通过舆论调查反映出的民意。正如成为象征天皇制基础的《日本国宪法》第一条所规定的那样:"天皇是日本国的象征……其地位以主权所在的全体日本国民的意志为依据。"

在大部分的舆论调查中,我们可以观察到民众对于集体自卫权的解释,以及诸多安全保障相关法案被修改等问题的担心。在天皇致辞之后的9月14日,在NHK发起的舆论调查中,对于政府希望在"本次国会上通过"新安保法案的方针，仅有19%的民众表示赞同，45%表示反对，拿不定主意的中间派则占30%。[16]

刚才一下子提到了不少次新安保法案，这一系列法案的修改，可以说是战后70年间日本在国防政策上最大的转变。在此之前，受到宪法第九条以及其他因素的影响，日本只有在本土遭到直接攻击的情况下，才能够行使武力反击。

在这里，我们就来看看著名的《日本国宪法》"第二章放弃战争"。

> 第九条　日本国民衷心谋求基于正义与秩序的国际和平，永远放弃以国权发动的战争、武力威胁或武力行使作为解决国际争端的手段。
>
> 为达到前项目的，不保持陆海空军及其他战争力量，不承认国家的交战权。

虽然许多宪法学者、历届法制局长官，还有曾经担任最高法院法官的人都公开表示，承认集体自卫权以及修改安保法案也许与宪法第九条相悖，但在2015年9月，国会还是表决通过了新安保法案。

在这种形势之下，我认为，天皇很可能是在做出了"殷切期望保持和平的觉悟"是目前日本国民的主流意识这一判断后，准备了包含新内容的致辞。

在天皇生日记者会上，天皇坦率地表示，自己近年来越来越多地感受到年龄的压力，不小心犯错的时候也变多了。我通过电视观看了2015年的仪式，天皇的致辞与过去有诸多不同，可能也会有一些紧张。在关注天皇致辞的过程中，我也不禁紧张起来，似乎第一次明白了所谓屏气敛息是什么意思。

另一方面，日本政府又向国民和世界传达了怎样的信息呢？让我们接着往下看。

日本政府向国民与国际社会传达了什么？

为了准备相关的历史背景认识，来给自己的战后70周年谈话定调，安倍首相召开了名为"21世纪构想恳谈会"的有识者会议①。这里就参照会议的报告书，来探讨日本内阁究竟是如何看待战后70年的。

根据共同通信社的舆论调查，有44%的受访者认可安倍的谈话，不认可的则占37%。而在《读卖新闻》的调查中，认可与不认可的比例各为48%与34%。两个调查中，认可安倍谈话的人数都占优势，因此可以说安倍谈话在国民中是有一定支持度的。

安倍谈话发表之前的内阁声明指出，2015年的谈话将并不止步于反省战前历史，而是要放眼未来。谈话希望向国民与世界阐明日本面向21世纪发挥的重要作用，这一点与1995年8月15日发表的村山谈话以及2005年发表的小泉谈话都不一样，可

---

① 通常由某一领域的专家学者或富有实际经验者组成的会议，主要作为国家与地方的咨询机构存在。

以说是一种全新的立场。

在这里我们先回顾一下1995年的村山谈话，当时的政府承认，因为"国策有错误，走了战争的道路，使国民陷入存亡的危机，殖民统治和侵略给许多国家，特别是亚洲各国人民带来了巨大的损害和痛苦"，并表达了"深刻的反省和由衷的歉意"。在小泉谈话中，政府也言及战后的意义，表示"我国战后的历史正是以实际行动体现对战争反省的60年"。

村山谈话明确以"我国"作为主语，并明言因为国策有误，发动战争，"使国民陷入存亡的危机"，这些话语打动了我。对亚洲各国进行的殖民统治和侵略，无疑是日本不能逃避的罪责，不过村山谈话在谈到这一罪责之前，首先声明战争让本国国民陷入了存亡的危机。当权者以国家作为主语，明确指出其对国民犯下的错误，这种做法并不多见。

那么在战后70周年这一重要时刻，日本又向国际社会和本国国民传达了什么呢？让我们把首相谈话作为一种史料，来解读其中的意义。

首相谈话中的日本近代历史

大概很少有人会常去看首相官邸的网站吧。在官网上，能够看到《平成27年8月14日　内阁总理大臣谈话》，并且附有韩文、中文、英文版本。对照着看会很有意思，还能帮助学习外语。

谈话全文分为30个段落，共3354字①，因为篇幅较长，

---

① 此为日文版字数，日本驻华大使馆官网刊登的中文版为2350字。

这里我们只能挑其中一部分来阅读。不过需要说明的是，在我们将某一文本作为史料解读时，务必做到完整阅读。如果只挑出其中符合自己心意的部分，就可能会因为没能掌握史料的背景而失去公正性。现在我们引用安倍谈话的开头部分：

第一段：正值战争结束70周年之际，我们认为，必须平静地回顾走向那场战争的道路、战后的进程、20世纪那一时代，并从历史的教训中学习面向未来的智慧。

这一段落旨在呼吁回顾20世纪，从战争开始的过程、战后的发展等历史的教训中，学到面向未来的智慧。接下来的段落主要叙述了日本从开国到明治维新再到战败的过程。让我们来看看第二至第四段。

第二段：100多年前，以西方国家为主的各国的广大殖民地遍及世界各地。19世纪，以技术的绝对优势为背景，殖民统治亦波及亚洲。毫无疑问，其带来的危机感变成日本实现近代化的动力。日本首次在亚洲实现立宪政治，守住了国家独立。日俄战争鼓舞了许多处在殖民统治之下的亚洲和非洲人们。

第三段：经过席卷全世界的第一次世界大战，民族自决运动的扩大阻止了此前的殖民地化。那场战争造成了1000多万死难者，是一场悲惨的战争。人们渴望和平，创立国际联盟，创造出《非战公约》，诞生了使战争本身违法化的新的国际社会潮流。

第四段：当初，日本也统一了步调。但是，在世界经济危机发生后，欧美各国以卷入殖民地经济来推动区域经济集团化，日本经济因此受到重大打击。此间，日本的孤立感加深，试图依靠实力解决外交和经济上的困境。对此，国内政治机制也未能予以阻止。其结果是，日本迷失了世界大局。

在这些说明之后，接下来的内容提到了1931年的"九一八"事变，1933年日本退出国际联盟。日本渐渐成了第一次世界大战后形成的"新国际秩序"的"挑战者"，走向错误的战争道路（第五段），最终迎来了70年前的战败（第六段）。

这短短700字①，总结了日本从1854年开国到1945年战败为止那段约90年的历史，简直就是魔法般的文章。不知道大家会不会想，教科书如果也这般简洁就好了。

让我们一边补充年号之类的信息，一边再来过一遍谈话的内容吧。在第二段的开头，提到掌握技术优势的西方国家逼迫日本打开国门，为了应对沦为殖民地的危机，日本在1868年开始明治维新，变革国家体制。第二段的结尾，则言及1904年爆发、次年结束的日俄战争。从这一段的开头到结尾，直接跨越了约40年。

第三段提到了1914年开始的第一次世界大战，第四段则提

①　此为日文版字数，中文版为436字。

到了1929年在美国爆发的大萧条，暗示了战争与经济危机推动了世界历史的改变。第一次世界大战的巨大损失，催生了国际联盟、《非战公约》以及战争的非法化等全新的国际和平合作的潮流。

而到了第四段的开头，就是一段起承转合的叙事：一直以来与英美保持步调一致的日本，因为受到经济危机与欧美国家实行的保护本国经济政策的双重打击，开始试图以武力手段弥补自身经济所受的伤害，最终偏离了世界的主流方向。首相谈话的这个部分本身就不长，如果用更简洁的方式加以概括，大概就是上面所说的那样了。读到这里，大家注意到什么了吗？

——好像没有提到中日甲午战争。第二段在说日俄战争时，宣称日本的胜利"鼓舞了许多处在殖民统治之下的亚洲和非洲人们"，这里没能涵盖与中国的关系。

你发现了很有意思的问题呢。如果不用考虑谈话全文的字数问题，可以写很多关于甲午战争（1894—1895）的内容。那么谈话中会如何叙述这场战争呢？按照这种思路来想象一下的话，还是挺有趣的。

关于日俄战争，安倍谈话的逻辑是，后进的非白人国家日本战胜了沙皇俄国，这让遭受殖民统治的亚非人民受到了鼓舞。那么关于甲午战争，又会怎么来写呢？

——提高了日本的地位。

是的，日本击败了清王朝之后，对于朝鲜的李氏王朝（1897年成立了大韩帝国）和其他东亚事务，拥有了自己的发言权。不过还没说到点子上。如果要说甲午战争给世界带来的冲击，那是什么呢？

——"沉睡的狮子"中国被打败了。

"沉睡的狮子"，这种说法还挺老派的，没想到会从初中生的口中听到呢。

在日本开国之前，清王朝就在列强的武力逼迫下打开了国门。但是并不能因此就认为清王朝在1840年的鸦片战争中败给英国之后，就国力尽失了。事实上，在甲午战争之前的10年间，手握重权的李鸿章着手进行了许多改革，一边调整与英国、俄国的关系，一边将清朝与朝鲜等国的关系进行符合近代化标准的重新规划。而在甲午战争中被日本击败之后，清朝遭受了很多损失，被迫支付的赔款也给财政带来了很大的压力。在东亚，清朝的权威确实因为这次战败而决定性地下降了。

政府的谈话回避了甲午战争，这一点颇耐人寻味。如果提及甲午战争，那么势必刺激今天的中国人所感知的国家认同和民族历史认识。可能就是基于这样的考虑，才加以回避的。日本人会用"战后70年"这样的说法，是因为我们脑海中会想到，距离"那场大战"的失败已经过去了70年。但是对于中国来说，2015年其实是甲午战争战败120周年。在鸦片战争之后，中国的近代历史充满了一连串的屈辱，而甲午战争的失败无疑是其中具有重大影响的事件之一。

我所注意到的谈话中出现的问题是，文化与学术方面内容的缺失。第二次世界大战之前，日本其实在学术方面在东亚有着相当大的影响。

战前的日本，既有正式创造了政治史这一学科的吉野作造，也有最先将宪法学发展为一门精致学科的美浓部达吉等人物，他们在汉字文化圈内有着很强的影响。在谈话的第二段，确实提到"日本首次在亚洲实现立宪政治，守住了国家独立"，遗憾的是并没有在日本与亚洲的关联中，提到有关学术方面的影响。

今天，像《进击的巨人》这样的日本动画作品，被加上字幕，在亚洲广为流行。与之相近的事情在过去也曾发生过。如果知道自己在今天被拿来和动画作品做比较的话，吉野先生和美浓部先生怕是要惊得哑口无言。我之所以这样对比，只是因为两者的影响力都非常大。

中村元哉老师研究过中华民国时期的中国宪法思想，根据他的研究，1928—1937年，也就是中日关系远称不上和谐的那段时间，中国对日文书籍的翻译却迎来了高潮。[17]我本以为美国这样与中国关系较好的国家的书会被大量翻译，结果却大出所料。通过出版方面的资料，我们可以知道日文书籍在这期间依然是被翻译成中文最多的书籍。

不过，我们这里要说的关于美浓部先生的事情，倒并不是他关于宪法学与议会制度等方面的著作被翻译出版了，而是他的宪法学被曾经主持起草《中华民国宪法草案》的张知本批判地吸收了。民国时期中国各省的领导人，虽然从职位来说大概相当于日本的知事，但是他们不仅拥有行政上的权力，往往还握有军事大权。面对这种不正常的政军关系，张知本认为必须从根源着手，才能加以解决。

张知本希望实现军队的国家化，这使得他与当时同时掌握政治与军事最高权力的蒋介石不和。张知本的职业生涯多次遭遇挫折，在国民党失去对中国大陆的控制之后，他也一同撤到台湾地区，最终在那里作为宪法学专家得以终其天年。日本与中国同为东亚的重要国家，两国的宪法学者都曾经试图通过宪法来限制军权，在知道这一点后，不禁令人感慨万千。

继续来说安倍谈话。对于幕末时期西方国家与日本的差距，谈话中只提到了"技术"。安倍提到的"技术的绝对优势"，其中最明显的就是军事技术。谈话所关注的历史，就是西方国家以压倒性的技术实力作为武器，肆意宣扬以自身经济利益最大化为目标的自由贸易主义，迫使日本打开国门。而此时无力对抗西方近代化军事力量的亚洲国家，就一个又一个地被迫开始了"自由贸易"。

我们必须认识到，将遭受殖民统治的原因单纯归结为技术水平问题是片面的。要探讨西方国家取得技术优势的背景，完成产业革命当然是不可或缺的因素。与此同时，为了充分发挥国民的力量，还需要各种相关的国内体制。例如，制定宪法，建立议会制度，发展近代化的经济和金融体系，等等。明明特意在第二段提到了"立宪政治"和"独立"这两个关键词，却没有深入，真是可惜了。

安倍谈话完全忽视了学术文化等思想方面的因素，默认了当时包括日本在内的亚洲各国都没有上面提到的那些政治、经济还有文化基础，只是抛出技术不如对方这样一个单纯的结论。这样一来，倒确实会在回顾那段历史的时候，不让日本在面对欧美国家时的劣等感表露出来，大概也算是一个好处吧。

技术不如对方，这其实也是战后的日本人在总结太平洋战争的失败经验时，总是使用的说辞之一。但是如果只承认在技术方面的落后，就会忽视美浓部等人曾经深入研究宪法理论，试图把军事与政治分开，而其成果却在日本国内被人为葬送的事实（1935年发生了天皇机关说事件，美浓部的宪法理论因为将天皇比作国家法人的最高机关，而在帝国议会遭到批判，美浓部的著作也被禁止发行）。安倍谈话的这些措辞，使得人们难以注意到日本国内政治中的决定性失败。

对日本来说何谓战后？

我们也可以从经济史的角度来批判安倍谈话对于明治维新到二战战败那段历史的叙述。但在那之前，我还是想和大家一起来仔细地读一读谈话第七段之后的内容，这一部分是关于战后历史的。总的来说，共有10个重点。

第一点，对日本广岛、长崎、冲绳及中国、东南亚、太平洋岛屿等发生战火的国家和地区的死难者表示哀悼（第七至十一段）。

第二点，立誓不再以任何行使或是威胁行使武力的方式作为"解决国际争端的手段"（第十二至十四段）。

第三点，对印度尼西亚、菲律宾等东南亚国家人民，以及中国、韩国等邻近日本的国家和地区的人民再次表示日本深刻的反省与由衷的歉意（第十五至十七段）。

第四点，战后，亚太地区的日本人面临回国问题，还有相当多的孤儿被留在了中国，相关国家为这些日本人提供了帮助，安倍表示了谢意。接着他还介绍了在战争中被俘虏的美国、英国、澳大利亚等国的军人，在战后访问日本、祭奠战死者的情况（第十八至二十一段）。

第五点，感谢世界对日本的宽容，正是得益于此，日本才能重新回到国际社会。但在表示深刻铭记历史教训，为开拓更美好的未来而努力的同时，也声称"我们不能让自己的子孙后代继续担负道歉的宿命"（第二十二至二十五段）。

第六点，以过去的侵略历史为鉴，致力于实现核武器不扩散以及最终废止（第二十六段）。

第七点，"铭记20世纪的战争期间众多女性的尊严与名誉遭受严重伤害的过去"（第二十七段）。

第八点，鉴于区域经济集团化会产生纠纷的萌芽，因此要努力发展自由、公正、开放的国际经济体制（第二十八段）。

第九点，"继续铭记我国曾经当过国际秩序挑战者的过去"，高举"积极和平主义"的旗帜（第二十九段）。

第十点，作为全文的总结，表达今后与国民共同建设基于前文所述理念的日本的决心（第三十段）。

安倍谈话成功地将针对战前错误的认识和面向未来的决心进行了结合，宣传了他所构想的日本的前进方向；但是对于确立和平宪法，并以此为基础与亚太地区的诸多国家建立起信赖关系，推进稳健的外交政策，最终成长为经济大国，这段战后70年间的日本发展史，却鲜有触及。

在仔细回顾了安倍谈话后，我又一次深切地体会到，虽说是为了纪念"战后70周年"而进行的谈话，但其中所述的内容，并不是"战后的70年"，只是从"战后70周年"这一时间点出发回望战前。我不禁感到，不论日本国内还是国外，那场大战都还包含着无数可探讨之处。对于日本来说，所谓战后或许就是一段需要不断对战前进行回顾和思考的时间。

殖民帝国日本的经济实力

刚刚的内容稍微有些情绪化了，请大家放心，接下来我会注意的（笑）。在读了安倍谈话并将其与日本近代史的研究成果相关联之后，我感到不满的地方，主要在于将大萧条、区域经济集团化、殖民统治这三点结合起来的部分。

刚刚我们提到，谈话的第二段说日本获得了日俄战争的胜利，第四段讲的则是有关殖民地经济的内容。将这两部分结合起来的那些内容，我觉得有些不合适。安倍谈话在这一部分提到，先行构筑起殖民帝国的欧洲列强在大萧条中迅速推进经济集团化。与此相对，日本作为后发的帝国主义国家，在经济方面处于弱势，因此遭受了经济上的打击，最终选择了军事侵略作为解决问题的方法。

让我们来看看下面的图表[18]，这是京都大学经济学部的堀和生老师制作的。堀和生老师专注于研究战前日本作为殖民帝国的经济史，并产生了可谓划时代的成果。

这张图表非常有意思，显示了英国、法国、日本三国面向殖民地（或占领地）的出口额。英国的数值并不包括自治领（加拿大、新西兰、南非、澳大利亚、纽芬兰、爱尔兰）。即便如此，英国的出口额还是非常巨大，可见英国这个殖民帝国的体量之大。

英国、法国、日本三国殖民地（占领地）的出口额

当年价格：美元

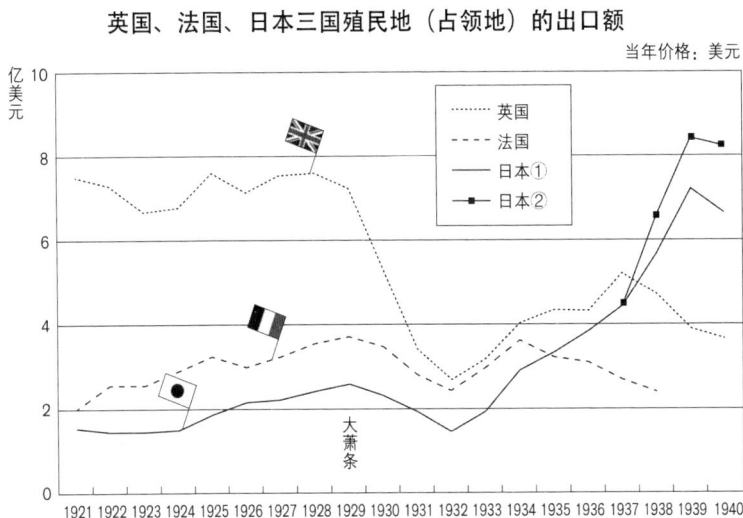

让我们从图表的横轴开始看，1921年，英国对印度等地的出口额接近8亿美元，法国和日本被远远地甩在了后面。英国果然是非常强大。日本同期的出口额还不到2亿美元。

到了大萧条发生的1929年，情况又如何呢？1929—1930年，英国的数值出现了急剧下降，法国和日本的降幅就相对较小。三国的数值在1932年都降到了最低点，并在之后开始回升。在日本发动"九一八"事变的1931年，英国放弃了金本位制度，日本也随即跟进，从金本位转向了信用货币制度（金本位以黄金规定国内货币的价值，信用货币则与黄金脱钩，其发行量由国家进行调节）。

我们继续看日本的数据，1937年，日本对占领地出口额的增长势头令人吃惊。这一年，日本发动了全面侵华战争，对占

领地的出口额都快要追上英国了。

还有一点要补充的是，这张图表里日本的数据被分为了日本①和日本②，其中日本①的数据除了包括中国台湾地区、朝鲜、关东州（以大连、旅顺为中心的租借地）的数据，还包括1932年建立的"满洲国"的数据。严格来说，"满洲国"属于日本扶植的傀儡政权，并不是日本的殖民地。不过，考虑到傀儡政权事实上受到日本控制这一点，这里就一并计算了。

全面侵华战争开始后，日本通过再次炮制傀儡政权的方式，在北京、天津、上海、南京等大城市和华北、东南沿海等地区实施了实质性的占领统治。日本②就是加上这些区域的出口额后的数值。

通过这张图表，我们首先能够看出英国经济在大萧条中受到了重大的打击，相比之下，法国与日本所受的伤害则没有那么大。其次，英国和法国似乎试图通过特惠关税（宗主国与殖民地之间结成关税同盟，通过对其他国家征收高额关税等措施构筑贸易壁垒，以利于同盟间贸易）来推进经济集团化，但是实际数据并不能证明这一做法促进了英法两国对殖民地出口额的增长。

在一部分人的印象中，当时英法两国通过与殖民地之间的经济集团化，优先本国利益，不顾其他国家，由此造成了经济实力较弱的日本遭受损失，进而促成了日本走向战争歧途。这一说法虽然相当有市场，但是与实际的情况并不相符。事实上，直到太平洋战争爆发后，新闻出版业才开始宣传这一论调。到了战争中后期,随着战况的恶化,这种宣传也变本加厉。这就是所谓英法推进区域经济集团化说法的来源。

——日本贸易额的增长与"九一八"事变和侵华战争有关吧。

是啊,乍一看图表,肯定会发现"九一八"事变发生后,日本军队入侵中国东北,日本的出口额马上就增加了。但是,军事侵略的结果会这么快就在经济指标上显著地体现出来吗?

让我们参照堀老师的其他论文,[19]先来了解一下当时日本的工业生产能力吧。一般来说,高度发达的资本主义国家,其出口商品中工业产品的占比会比较高。通过国际联盟的数据,可以计算出各国出口商品中工业产品的比重。1913年,日本出口商品中工业产品占了大约30%,而在1926—1929年,这一数值上升到约50%,到了1938年,已经达到84.4%。根据1938年的数据,日本出口商品中工业产品的比重已经超越英国,仅次于瑞士与德国。从出口额来看,日本排在德国、英国、美国之后,位居世界第四。日本抓住第一次世界大战这一"机遇",扩大了本国工业产品的出口量,并在20世纪20年代前期确立了相当的优势。在当时的世界市场上,日本的工业产品在不断夺走英国产品的市场份额(在机械方面,日本出口了相当多的铁路车辆)。需要注意的是,当时日本的经济数据虽然很亮眼,但那是通过武力等经济手段之外的方式获得的,并不能单纯地视之为日本资本主义的力量。

为什么正确地把握日本作为帝国的经济实力非常重要呢?因为"大萧条—列强圈地自保—日本模仿列强却不成功—凭借

武力进行经济侵略"这种历史叙事,并不能恰当地描述殖民地与日本的关系。结合刚才的图表,以及日本大量出口工业产品的事实,我们可以合理地推测,日本向占领地出口了相当数量的工业产品。让我们以自行车为例,来看看具体的情况。[20]

到1937年中日战争全面爆发为止,日本制造的自行车不仅在日本控制的区域内热销,还被卖到了包括中南美洲各国的世界各地,可以说是非常好的出口产品。1936年的出口额超过了3700万日元。那么这一年日本对中国台湾地区的自行车出口额是多少呢?有350万日元,占出口总额的近一成。大概会有人觉得这么一点也不算多吧,但事实上台湾地区的人口到1940年也只有约580万,可见日本产自行车在当地的存在感是非常强的。另外,1936年出口到朝鲜的自行车大约价值850万日元。这个数字看上去比中国台湾地区多,不过参照人口数据来看的话,1940年朝鲜人口大约是2400万,是中国台湾地区的4倍以上,因此自行车的人均数量是更少的。如果从不那么消极的角度来解读这些数据的话,可以看到在当时的中国台湾地区和朝鲜,也有越来越多的人能够购买自行车了。

当安倍谈话言及经济集团化的时候,我们同样可以设想,英国要向其殖民地出口汽车轮胎,但是有多少人能购买这类商品呢?英国可能遇到的两难境地,暗示了安倍谈话中论点的缺陷。

日本作为殖民帝国,从占领地获得了大量经济利益,但在安倍谈话及其背后的历史认识中,这一点却被低估了,这是错误的。

日本帝国与占领地之间紧密的经济联系

让我们继续从其他侧面来审视当时日本与占领地的关系,请看下面的表格。这张表展示了日本和欧美列强在亚洲所进行的对外贸易中,被侵占地区与占领国之间贸易所占的比重。

印度,不论是出口还是进口,与英国贸易所占的比重都是大约30%。

马来亚,就是英领马来亚,包括英国在马来半岛上的殖民地以及位于马六甲海峡周边区域的海峡殖民地。这里从英国进口的贸易额只占进口总额的15%—18%,而面向英国的出口额更是只有出口总量的8%—14%。

亚洲殖民地(占领地)与宗主国(占领国)间的贸易占对外贸易总额的比重

单位:%

殖民地 (占领地)	宗主国 (占领国)	进　口			出　口		
		1937年	1938年	1939年	1937年	1938年	1939年
印　度	英　国	39.0	31.5	31.4	33.2	32.3	33.7
马来亚	英　国	15.1	15.7	18.4	8.8	11.1	14.2
东印度群岛	荷　兰	16.7	19.1	22.2	23.6	20.1	20.4
印度支那	法　国	53.4	53.5	53.1	55.2	46.1	47.3
菲律宾	美　国	60.8	58.0	68.1	80.4	81.7	77.2
中国台湾地区	日　本	83.3	86.3	89.4	92.5	93.2	92.0
朝　鲜		85.0	82.2	87.3	87.4	83.5	80.8
"满洲国"		52.8	75.1	78.9	47.4	50.0	57.5

印度支那,是指当时的法属印度支那(范围大致相当于今

越南、老挝、柬埔寨三国），对法国的进口贸易额占比超过了
50%。

再来看看中国台湾地区和朝鲜的情况。1937年台湾地区的
对外贸易中，从日本的进口占到83.3%，对日本的出口占92.5%，
差不多全是与日本的贸易。朝鲜的情况也类似，不论是进口还
是出口，与日本的交易都占八成以上。

从这些数据我们可以知道，战前的日本与占领地有着非常
紧密的经济联系。英国和法国的情况倒是令人感到意外，这两
个一般印象中的强大殖民帝国，对亚洲殖民地贸易的控制程度
并不高。

"英法等强大的帝国主义国家通过推进经济集团化，使得
日本这样的后起帝国主义国家失去了通过经济手段发展的道
路，只好通过武力来实现自身诉求。"大家听到这里，是不是
觉得上面这种固有印象并不正确呢？

通过从经济角度来审视日本与中国台湾地区、朝鲜等的关
系，我们能够发现，相比英法两国，日本与占领地的关系要密
切得多。不过从被统治的当地人的角度来看，这种紧密的关系
肯定不能说是亲密，恐怕是令人窒息的无处可逃之感吧。想到
这些问题，就可以理解韩国等曾经沦为日本殖民地的国家的人
民对殖民历史的记忆，当然会与欧美国家的殖民地居民有所
不同。

根据堀老师的研究，相比中国台湾地区，朝鲜被纳入日本
帝国体系的程度要更高。[21]20世纪30年代，朝鲜出口商品中的
约97%—98%，都是面向日本本土及殖民地的。而中国台湾地

区则不仅向日本出口商品，也面向世界市场进行出口。这方面的差异可能是造成战后两个地区的人民对日本的认识出现不同的原因之一。日本作为宗主国，丝毫不会体会到的某些问题，对遭受殖民统治的地区来说，就是战后历史认识产生的原初土壤。

在批判安倍内阁所作的内阁总理大臣谈话的历史认识右倾，或是没有认识到日本就其对朝鲜半岛等地进行的殖民统治所应当承担的责任之前，我认为必须弄清楚的一点是，日本对其他地区实施了殖民统治，这种行为所体现出的日本的"强大"到底代表了什么？前面的两张图表是否可以作为思考的起点呢？如果我们能做到这一点，就能从经济史的角度出发来批判安倍谈话。

通过经济史，我们能够学到非常多的东西。日本为了证明自身是一等国家，向国际联盟提供了翔实的贸易相关资料。通过对这些资料进行统计学分析，我们会改变一直以来所谓日本在战前因为经济受到打击而"被迫"做坏事的固有印象。

三 当历史被书写时

国家如何创造历史？

刚刚与大家一同读了安倍内阁的战后70周年谈话，那是国家针对自身的过去和现在所书写的一种历史。安倍内阁修改了战后一直被维持的对于集体自卫权的宪法解释。做出这种行径的内阁，会对中日战争到太平洋战争那段时期的历史，或者说，从战前到战后日本与世界的关系进行何种阐述，肯定会受到包括中国、韩国、美国在内的世界上诸多国家的关注。可以说大家作为同时代的人，见证了一种国家书写的历史。

说到这一点，请问大家觉得国家会在什么时候去试图书写历史呢？

——就像战后70周年这样特别的时间节点，出于开启历史的新篇章之类的目的。

正是如此，在某个时间点上，向外界表明日本是如何考虑的。那么日本最初书写的国家历史是什么呢？

——《古事记》和《日本书纪》。

　　没错，马上就回答上来了。这两部都是国家编纂的史书，一般认为《古事记》成书于712年，《日本书纪》则完成于720年。它们都是在公元8世纪的奈良时代，日本模仿中国唐王朝的制度建立起律令国家后写成的。从某种意义上说，这两本书是为了纪念日本建立起以天皇为中心的古代国家而书写的。

　　大家听过和辻哲郎（1889—1960）这个名字吗？他是一位哲学家，写作了《风土》和《古寺巡礼》等著作。和辻先生对国家成立的过程做了自己的说明。他认为，国家是在战争中形成、在战争中成长的，听起来是不是有些可怕。他也说了下面这段话，认为国家是在与其他国家对峙的过程中，从共同体自然而然地发展而来的。

　　　　国家创造历史。因此历史也可以说是国家的自我认识。要认识自我，必须有他人作为媒介，国家也不例外，需要通过与他国的联系来建立自我认识。由此得来的自我认识，将作为历史的自我认识，去创造历史。[22]

　　和辻先生一下子就把国家从与外界的关系中产生，国家在诞生之后就开始书写历史这一连串的因果关系给说明了。大家的脸上都挂着"哲学家的话好难懂呀"这样的表情呢。那么我们再来看一看考古学家有什么意见吧。

　　3世纪初期，出现了一个叫卑弥呼的人，她会使用"鬼道"。所谓"鬼道"，可能是起源于中国南方的巫术，就像我们现在所说的萨满教。这个卑弥呼成了倭国（邪马台国，也就是当时的日本）的大王。关于这一点，想必大家都知道，在《三国志·魏书·东夷传》中的"倭人"条，也就是通常所说的《魏志·倭人传》中，能找到相关的记载。

从中国的叙述来看，倭国似乎在拥立卑弥呼为王，结束之前频繁的内乱之后，完成了国家的统一。倭国作为一个国家，在短时间内完成了统一，这一点应该是正确的。考古学家寺泽薰老师认为，日本的首长权力，或者说王权，是在短期内诞生的。[23]

为什么卑弥呼一边搞些祭祀活动，一边就迅速完成了国家的统一呢？大约到1970年为止的教科书，也就是我所接受的学校教育，是这样说明的：像日本这样平原狭小又多有湍急河流的国家，需要有大规模的水利工程来保证农田得到精耕细作，因此掌握了这些技术的王权就得到了发展。

但是当今的研究倾向于另一种解释，倭国之所以快速形成了统一国家，是为了应对朝鲜半岛紧迫的军事斗争形势。当时中国处于三国时代，魏国统治着北方，其势力一直延伸到朝鲜半岛的南部。魏国与南方的吴国处于对立状态，恰好当时的中国人又认为，日本列岛处在比实际位置更靠南的地方。因此魏国担心吴国与日本联合，同时又希望日本能从南方的海上去牵制吴国的势力。

这一时期中国内部的对立，以及魏国势力延伸到朝鲜半岛的东亚局势，就成了魏国赐予卑弥呼紫绶金印，封其为亲魏倭王的背景。

战争可以说是共同体向外部行使其权力的最终形式。当共同体的领导人担当起战争中的军事指挥官，赌上共同体的命运作战时，他（她）就成了真正的最高权威。正是在赌上共同体命运的战争过程中，古代国家诞生了。

7世纪发生在东亚的中日战争

那么，日本作为国家书写的《日本书纪》又是在什么样的背景下诞生的呢？谁，抱着怎样的意图，促成了这部史书的诞生？我们先来了解一下当时中国大陆和朝鲜半岛的情势吧。中国大陆和朝鲜半岛的局势互相影响，从中产生了对立的萌芽。

618年，隋王朝灭亡，一个更加强大的中央集权国家唐王朝兴起。而在朝鲜半岛，高句丽、新罗、百济三国在624年向唐朝皇帝称臣，进入了唐的册封体制（册封体制简单来说就是中国的皇帝赐予周边国家的首领王侯等爵位，并将这些国家纳入其统属）。到了7世纪上半叶，在东亚就形成了以唐王朝为中心的国际秩序。

而与朝鲜半岛隔海相望、处于更东边的倭国，在633年选择不接受唐的册封，也就是独立于唐的册封体制之外。

为了压制高句丽，唐与新罗联合，以便从朝鲜半岛的南面对高句丽形成牵制。感受到压力的高句丽则选择与百济结盟。大陆与半岛之间便形成了错综复杂的对抗关系，在这种形势下，日本选择了与高句丽和百济站在一起，试图对抗唐与新罗。

645年，唐太宗率10万大军进攻高句丽。倭国因为与高句丽和百济结盟，所以在唐军进攻高句丽之后，受到了不小的冲击。在高句丽挨打之后，会不会轮到倭国呢？

在唐征伐高句丽的645年，倭国以中大兄皇子为中心的宫廷势力，打倒了豪族苏我氏，开始了国内的改革，即所谓"大化改新"。此时发生这一事件并非偶然。中大兄皇子为什么一定要打倒苏我氏呢？原因并不是单纯的权力斗争，而是在各地豪族并立的情况下，国家无法实现对外一致。在东亚的军事形势变得极度紧张的情况下，因为担心唐军进攻，所以倭国产生了将国内权力集中到天皇周边以便应对危机的需要。主导这场国内改革的是后来成为天智天皇的中大兄皇子，他的弟弟大海人皇子后来也成为天皇，即天武天皇。《日本书纪》等国史就是在天武天皇的命令下编纂的。

唐与高句丽的战争并不顺利，到了唐高宗（唐的第三代皇帝）时，唐将进攻目标转向与高句丽关系密切的百济，并在660年灭掉了百济。倭国接受百济遗臣的出兵请求，向朝鲜半岛派兵，走向了与唐开战的道路。

无论是决定出兵朝鲜时的齐明天皇，还是中大兄皇子等人，都前往出兵朝鲜半岛的基地九州。倭国赌上国家的命运，挑战唐与新罗的联军，却在663年的白村江之战中遭遇惨败。

战败之后，倭国的紧张状态当然是有增无减，统治集团非常担心，接下来唐和新罗的军队是不是就要出现在日本的海岸了。在这种情况下，日本满怀着恐惧与紧张感，着手在对马岛和壹岐岛修筑防御工事，并在筑紫的大宰府修筑了形同堤防的水城。这是否让大家感到意外呢？

在东亚，唐与新罗对阵日本与百济（遗臣），双方展开了海战。虽然白村江之战的参与者包括朝鲜半岛的新罗和百济,但是这场战争也可以说是发生在7世纪的另一场中日战争。

"日本国使"

历史是无情的,到了668年,高句丽终究为唐所灭,至于百济,则早已不复存在。所以新罗在676年统一了朝鲜半岛。

而倭国,大概依然在岛上烦恼不已。在白村江之战遭遇惨败之后,倭国不知道是否还能独立于唐的册封体制之外。如果走错下一步棋,可能就要成为下一个高句丽了。在这种局势下,倭国开始努力尝试调整自身政策,在时隔32年后,向唐派出了遣唐使,着手修复与唐的关系。当时倭国对唐进行的说明还挺有意思的。

702年,粟田真人作为遣唐使被派往唐朝。他对当时已经称帝的武则天表示:自己是代表日本这样一个新的国家来使,并不是代表倭国。武则天对粟田颇为中意,认可倭国将国号改为日本。这就像是倭国通过启用"日本"这个新的国号,为7世纪后期倭国与唐之间的紧张关系做了一个了结。[24]

古代日本面对一筹莫展的危机局面,在国内制定新的法律《大宝律令》,在国外宣称自身是新的国家"日本",与之前处于敌对关系的国家恢复外交关系,消除敌对状态,由此成功地摆脱了危机。而《日本书纪》这部由国家编纂的史书,也可以说是日本用来向唐朝介绍自己的书。

战败之后,为了在战后生存下来,战败国将自己的由来写成史书,呈现给战胜国。从某种意义上说,这正是自己修改了宪法原理呢。日本在武则天时代就做了这样的事。

另外，还有人以"历史的长远尺度"，来设身处地地比较白村江之战以后的日本与其身处的 1945 年战败投降后的日本，这个人就是昭和天皇。

1946 年 8 月 14 日，昭和天皇召集日本投降时的首相铃木贯太郎，投降后曾任首相的币原喜重郎，还有时任首相吉田茂等人，开了一个茶话会。天皇召集这些重要人物并亲自主持了活动，他的开场白是这样的：

"日本战败了，真是对不起，大家都辛苦了。不过，日本并不是第一次失败。663 年，日本在白村江之战中出兵朝鲜，也失败了。由此进行了改新，结果反而促成了日本文化的发展。这样想来，日本接下来应该走的路，大家都明白了。"

在昭和天皇看来，除了第二次世界大战，日本被击败的战争就是 7 世纪的白村江之战。昭和天皇往前两代的话，是明治天皇，再继续往前回溯 80 多代，就到了着手推动编纂史书的天武天皇。当然，关于天皇的历史存在神话的成分。

白村江之战和太平洋战争分别发生在 7 世纪和 20 世纪，相距甚远，但是依然存在相似之处。今天日本的宪法就是在太平洋战争失败后被重新改写的，对外，表明国家已经重获新生，对内，则着手准备新的法律体系。像这样在内外两方面同时表明对宪法的改写，不仅在古代，而且在现代也发生了。

四 历史的开端

在公元前5世纪发出的历史之问

刚刚我们已经讲了国家试图书写历史的时刻。不过，并不是只有国家才会去书写历史。一个人在遇到某件事后，想到必须为后世留下记录，从而开始书写历史，这种事情也很自然吧。在人们所写的"事件"当中，战争占了相当大的比例。

希罗多德（约前484—前425）生活在公元前5世纪的希腊，被古罗马政治家西塞罗称为"历史之父"。希罗多德记述了希腊与波斯之间的战争，后人为这部巨著起名《历史》。[25] 从这个角度来说，或许历史本身，就是起源于对战争的记录。

今天我们要说的，其实是比希罗多德年轻20岁左右的另一位古希腊人——修昔底德（约前460—约前400）。修昔底德出生于雅典，也是历史这门学科的奠基人之一。他的著作名字十分直截了当，就叫《伯罗奔尼撒战争史》。[26]

他所描写的是公元前431年发生的伯罗奔尼撒战争。在这场战争中，作战的双方分别是斯巴达率领的伯罗奔尼撒联盟和以雅典为首的提洛同盟。

表面上，战争的火种源于双方围绕一个名为克基拉的岛屿展开的对立。但是这场战争的规模最终变得异常巨大，以至于几乎整个希腊世界都被卷入了战火中。[27]公元前404年，持续了27年的战争最终以雅典的失败告终。

雅典城邦拥有海上霸权，文明发达，实行民主制，是当时希腊世界的中心。斯巴达的权力则由贵族掌控，是一个寡头政治城邦。如果由哲学家们来评价的话，他们想必会说斯巴达在文化上远不如雅典。

斯巴达在文化和政治上都不如雅典，那为什么自己的祖国雅典会输掉战争呢？修昔底德为此深深烦恼，投入了与这一历史之问的搏斗之中。

修昔底德用了两种方法来描述伯罗奔尼撒战争。其中之一是所谓"5W1H法"，通过对何时（When）、何人（Who）、在何地（Where）、做何事（What）以及做此事的原因（Why）和方式（How）进行简洁的叙述，来厘清事件的经过。但是在进一步考察战争的起因时，他发现实在不能将这场大战的原因归结于交战双方因为一个小岛而产生的对立。修昔底德最终将战争发生的深层原因，归于伯罗奔尼撒联盟对雅典不断扩张的势力的恐惧。他指出，伯罗奔尼撒联盟很可能是为了遏制雅典的扩张，选择了先下手为强。

那么在史书中，又要如何描述伯罗奔尼撒联盟对于雅典的恐惧和戒备，这些存在于心理层面的对立呢？"5W1H法"很难写出眼睛看不到的事物。于是，修昔底德采用了第二种方法，通过记录各个城邦的政治家和军人的演说，来找出隐藏在其中的对抗心理。就是在这样的反复尝试中，修昔底德写出了流传后世的《伯罗奔尼撒战争史》。

通过话语去接近事实

公元前432年，也就是战争开始的前一年，伯罗奔尼撒联盟在斯巴达举行会议，修昔底德翔实地记录了会议上的演说。与斯巴达站在同一战线的科林斯代表鼓动马上与雅典开战，并在关于开战的决议中成功地获得了过半数的同意。科林斯人开战的理由是这样的：[28]

> 这样的征服说起来是很可怕的，但是你们一定知道，征服的结果只能是我们全部沦为他们的奴隶。（中略）有人会说我们理所应当遭受这种痛苦，或者说我们由于懦弱而忍受这种痛苦，说我们一代不如一代，因为我们的祖先使全希腊获得自由，而我们连自己的自由都难以保证；（中略）那个在希腊已经建立起来的僭主式城邦，正日益对希腊构成威胁，他们力图建立一个世界帝国，部分已经完成，部分正在策划之中。让我们去攻击它，毁灭它，为我们自己赢得将来的安宁而战，为现在遭到奴役的那些希腊人获得自由而战！①

---

① 此处译文引自〔古希腊〕修昔底德著，徐松岩译：《伯罗奔尼撒战争史》，广西师范大学出版社2004年版，第63—64页。

如果现在不下定决心开战，那么就有可能战败，而战败的结果就是沦为奴隶，因为懦弱而被后世耻笑。科林斯人用这样的说辞，煽动同盟开战。

如果战败就会沦为奴隶，这样的煽动可真是非常简单易懂呢。而且不论何时何地，这种说辞似乎一直很有效。日本在太平洋战争末期，一旦提到英美等同盟国方面提出的无条件投降要求，报纸上就会涌现"失败便为奴"这样的言论。

修昔底德是基于什么目的去收集政治家和军人们的演说呢？他在收集了这些话语之后，又是如何看待事实与话语之间的关系的呢？翻译《伯罗奔尼撒战争史》的久保正彰老师是这样说的："真实并不仅仅由发生了的事实构成，我们需要从体现在话语中的那些智慧和发生了的事实这两方面出发，才能发现真实。"[29]

我们探寻战争发生的原因时，当然会发现交战双方诸如争夺重要岛屿、确保航行自由等经济和政治上的对立之处。但是单纯查阅物资数据之类的史料，并不足以让我们理解那种让双方变得不共戴天的根深蒂固的敌对心理。国家在进行生死存亡之战时，被完全调动起来的智慧最终成了语言的结晶，而修昔底德就着手分析了这种知性的力量。

到了我们的时代，这种力量就是政治家和军人们为了鼓舞士气而进行的演说。

当历史以国民为对象被书写

我们已经回顾了国家书写历史，以及个人开始写作历史的时刻，这些历史叙事中所描写的对象。当未来的人回顾现在、书写历史时，在座的各位可能也会成为被描写的对象。但是在历史学的萌芽阶段，一个个的普通国民有没有被作为描述的对象呢？答案是否定的。

举个极端的例子，在奴隶社会，奴隶其实并不被计入人数。雅典公民可以参加公民大会共商国是，但是公民的人数其实相当少。另外，王权登上历史舞台后，在最极端的情况下，国家意志取决于国王一人，而历史描绘的对象，在这种情况下可能也会变成一个人。

在日本的中世时代，统治阶级大致是天皇、贵族、武士这三种人。到了江户时代，正如"士农工商"这个说法所代表的那样，人们会从事包括手工业和商业在内的各种各样的工作，"职务"这一概念已经产生。人们开始意识到，各种阶层的人各尽其责，才支撑起了整个国家。我们能够想象，随着时代发展到近代，人类社会构筑起的社会经济结构越来越复杂，维持国家运行所需的人数也越来越多。虽然江户时代的社会已经相当复杂，但是直到明治维新之后，历史学才将目光转向那些占大多数的普通人，将农民、商人、手工业者作为研究的对象，以他们为对象来书写历史。

我认为，吉野作造创立了把人数最多的国民作为对象的历史学。在日本，吉野作造是最早开始正式研究西欧、中国、日本这三个地区（国家）的政治史的人。他的研究始于"近代是什么"这一问题。关于这个问题，一般来说，共同体的解体、等级制度的废止、以市场为中心的再生产结构等要素齐备，是判断一个社会进入近代的标准。[30]

吉野先生的有趣之处就在于，他否认了这些通常认为的近代标志，而是大胆提出要根据国民是否具有"近代的政治意识"[31]来判断一个国家是否进入了近代。无论是解体共同体，还是废止等级制度，都是当时的掌权者实施的。因此如果从这一角度去描述近代，那么政府就势必会成为分析的对象。吉野先生细致地观察着民众，对于民众的头脑中什么时候产生了"近代的政治意识"，这种意识又是以什么契机而产生的这些问题，产生了兴趣。他又将这种"近代的政治意识"称为"不再将政治置之度外的态度"。

吉野先生的论文不难理解，一读起来，甚至让人有些欲罢不能。[32]

"日本国民在很长一段时期中处于封建制度的压迫下，并被教导置喙天下的大政乃是大罪。那么到了近代，为什么他们会在突然间将政治视为己任呢？我希望阐明这个问题。"

所谓置喙，就是从旁插嘴，参与讨论，日本人长久以来都被教导不能参与政治讨论。吉野先生希望搞明白，为什么一到近代，这种情况就发生了改变。这种转变确实有些不同寻常，因为直到近世为止，参与政治的都是幕府和各藩的武士们。为什么到了明治时代，一直以来本分生活的"农工商"们就开始将政治"视为己任"了呢？

　　吉野先生的说明颇有些"字斟句酌"，请大家仔细地读下去。首先，他认为推翻了江户幕府的明治政府，反而在明治维新后陷入了某种窘境。为什么会这样呢？请大家回想一下，明治政府的领导人，比如三条实美、岩仓具视、大久保利通等人，在幕末时期高调宣扬的是什么？

　　——……倒幕？

　　没错没错，那么在号召倒幕的时候，他们是用什么理由批判幕府的呢？

　　——要尊皇攘夷，不能开国，是这个吗？

　　对了，幕府因为与外国签订条约，准备开国，所以遭到了批判。

　　明治维新后，倒幕派掌握了政权，但是他们旋即陷入了困境。在幕末时期，倒幕派一直叫嚷着要外国人滚出去；而到了明治时代，他们所做的事情却与自己先前批判的幕府没什么不同。1869年前后，他们与外国建立了联系，还让外国使节与明治天皇会面了。

　　之前只知道高呼倒幕攘夷的那些人，在主持明治政府的工作之后，不得不改口宣称开国和友好。在一般百姓看来，这些先前似乎是致力于驱逐外国人的人，现在倒去向外国人献媚了，可真是太不像话了。眼看针对自己的批判越来越强烈，政府需要给民众一个说法，而这个说法，颇为高明。

　　在明治维新之前，日本人将外国人称为"夷狄禽兽"，没来由地就会讨厌。但是经过一番调查，发现在外国人之间存在着所谓"万国公法"，他们似乎是用国际公法来规定人类之间的交流方式。而日本人也认同人与人之间要讲究公道。既然世上既有公法又有公道，那为什么不试着遵循国际公法，来与外国人进行交流呢？若是妄自尊大，拒绝交流，那就违背了"古来的仁义之道"，老天爷都看不下去。

明治政府用这样浅显易懂的说法，向人们说明了打开国门与国际交流的必要性。其中重要的一点就是，政府用如同太阳东升西落般普通的"公道""老天爷"之类的说法，来对国际法进行了说明。

当统治者需要就自身的方针政策向被统治者进行说明时，就可以说这个国家进入近代了。在近代之前，被统治者是不需要这样的说明的。而当打倒了幕府的明治政府出现言行不一的状况，以至于陷入窘境，开始拼命向国民证明自身做法的合理性时，国家与国民的关系就开始变化了。

遵循国际法是老天爷的公道，这种说法太粗糙了。但是这样简单易懂的说法，让百姓们理解了为什么不能袭击外国人，为什么要与外国通商。普通百姓就这样第一次接触到了政治话语，并将其用来理解世界。

在人们将政治"视为己任"时，把普通人与国家关联起来的，就是选举了。1925年，日本实现了所谓的普遍选举权，说是普遍，其实得到选举权的也仅限于25岁以上的男性。而在1890年第一届帝国议会召开时，拥有选举权的人更是仅有总人口的1%。可以说，差不多只有一小部分的地主拥有选举权。但是人们依然涌向了选举的演讲会，热情地听着演说。明治时代的选举演讲，经常借用寺院的场地，并无选举权的人们，也

会戴着帽子前往寺院。演讲会现场，有时候会聚集起四五千人。考虑到当时拥有选举权的人还相当稀少，所以也能够从侧面看出，听众们对于这些演讲的热情程度之高。

明治时代，国民这个概念诞生了。随着民众产生近代的政治意识，国家不得不向国民认真地解释说明方针政策，吉野作造用他敏锐的分析视角，捕捉到了这个瞬间。

国家认真地对待国民，与此相应地，国民也会认真地对待国家。国家与国民之间就会出现各种力量，运用各种方法，来推动国家与国民的互动。这种关系当中的林林总总，免不了会在史料中留下痕迹。我认为，尝试从留存至今的史料中发现那些痕迹，正是历史学应当完成的工作之一。

经济学的目的是什么？

大家有没有为进了大学之后选择哪个学院的问题烦恼过呢？现在很多大学都有校园开放日，当天学校会卖力地举办模拟授课和学院介绍等活动，向高中生们说明学校的情况。去参观一次也许是个不错的主意呢。另外，有些学校还会在网上举办能够与本校学生进行交流的活动，直接让在校大学生们来讲解所在学院究竟是研究什么学问的。

我在高中的时候，是个不知天高地厚的学生，就想着要选学校图书馆里藏书多的，还有教授数量多的学校。在走进大学校门时，大家终于第一次得到了机会，能够去选择自己喜欢的专业，所以还是应该好好了解一下相关研究和教育的水平，再做出自己的选择。

那么在大学的那么多专业中，历史又是一门怎样的学问呢？对历史学院或是文学院日本史专业进行介绍的文章，基本上会提到历史学是"利用史料"来思考人类过去的活动以及社会状况的学科。那么具体来说，这些工作是如何进行的呢？在第二章中，我会和大家一同阅读史料，来实际体验什么是历史学。我们会接触到各种各样的人留下的话语，敬请期待。

接下来，让我们一同来思考历史学本身。为了思考这个问题，我们还需要了解一下，其他学科有什么样的特点，所以请大家再耐心地和我一起去稍微接触一下其他学科。我们一起批判地阅读安倍的战后70周年谈话时，非常重要的一点就是运用经济学的视角。那就让我们来看看经济学的有趣之处吧。当然，这不是要利用经济学来反衬历史学的厉害之处哦。

在说到经济学的时候，可能有人的脑海中会浮现出这样的印象，经济学是研究怎样成为有钱人的诀窍的。其实我也曾经有过这样的想法。东京大学经济学部的小野塚知二老师在给驹场校区的大一、大二学生上课时，为了给将来要进入经济学部学习的学生们介绍经济学部，专门对什么是经济学这个问题进行了解说："经济学的目的，在于说明××的各种××，并对相互关联的人的行为与动机进行合理的解释。"[33]

在这里，我略去了两处词语，希望等一下与大家一起思考。

小野塚老师又说道："虽然人各有不同，但是人类实现幸福的条件多有相通之处。阐明这些实现人类幸福的条件，同样是经济学的一大目的。"

现在让我们回过头看看，小野塚老师的第一段话中，我省略的部分是什么？给大家一些提示，这部分的理念源于18世纪的一个英国人，他在辛勤的工作中，立志于发现能够实现世人幸福的知识，通过这些思索，他奠定了现代经济学的基础。

——社会的各种契约吗？

真是敏锐呢。因为后面提到了"人的行为与动机"，要说与"人"相对的词语，就会想到"社会"了吧。再从"社会"出发，结合18世纪这个时间，卢梭的《社会契约论》就自然出现在脑海中了。不过，卢梭可是法国人，不是英国人呀。

省略前后两处似乎是太难了，那我就先说出后面的这个词吧，是"现象"，"××的各种现象"。再给个提示吧，这是为了说明人类的某些行为而被创造出来的想象的概念模型，通过这一模型，就可以较好地解释其中的各种现象了。大家能想到吗？

——市场？

是的，真是了不起。狭义的市场，就是做买卖的地方，是谁都能明白的具体场所。但是作为模型的市场，是看不见摸不着的，是从人类的智慧中诞生的概念。通过把这个概念作为模型来运用，就可以相对容易地对人类的各种行为进行解释。

小野塚老师总结了经济学的两个目的：其一是说明市场的各种现象，以及与之相关联的人的行为与动机；其二是阐明实现人类幸福的条件。那么反过来说，刚刚我们提到的那个被称为经济学之父的18世纪的英国人，就是努力思考了这两个问题的人。

这个英国人在1759年出版的第一本著作中，这样写道：

> 无论人们会认为某人怎样自私，这个人的天赋中总是明显地存在着这样一些本性，这些本性使他关心别人的命运，把别人的幸福看成是自己的事情，虽然他除了看到别人幸福而感到高兴以外，一无所得。这种本性就是怜悯或同情，就是当我们看到或逼真地想象到他人的不幸遭遇时所产生的感情。①

本性会让人希望他人幸福。作者认为，同情、共情这些情感是人类的本性。不知道大家是否听说过这样一个实验，让只有10个月大的婴儿，同时去看进行攻击动作的人和遭到攻击的人的图片，结果发现婴儿会去接近被攻击者的图片。[34]似乎在我们还是婴儿的时候，就已经有了同情弱者的原初感情。

这位生活在18世纪的英国人，对人类的本质进行了细致的观察。那么这样一个人会对经济学的法则进行怎样的思考呢？这显然会是一个有趣的问题。大家能说出这个人的名字吗？

——亚当·斯密。

没错。我说"18世纪的英国人"的次数都让大家有些烦了吧（笑）？提起有名的英国经济学家，很多人大概会想到凯恩斯，不过他可不是生活在18世纪。亚当·斯密这个人，你越了解，就越

---

① 此处译文引自［英］亚当·斯密著，蒋自强等译：《道德情操论》，商务印书馆1997年版，第5页。

感到惊讶。大阪大学的堂目卓生老师写了一本关于亚当·斯密的书，非常通俗易懂，感兴趣的同学可以找来读一读。[35]

像我这样的外行人，说起亚当·斯密，大概就会想到他在《国富论》中有关减少政府对经济的干预，通过自由竞争，促进民众的富裕和国家的强盛的主张。不过，实际上他可没有这么简单。刚刚引用的那段关于人类本性的话，就出自他最早的著作《道德情操论》，这本书的出版时间比《国富论》要早17年。希望大家在接下来的时间里，不要忘了这一点。

是否应当放任北美殖民地独立？

我们发现，亚当·斯密在思考劳动分工和资本积累这些经济学原理之前，首先研究了人类的本性和实现幸福的条件。那么促使他起意去研究这些问题的大环境，也就是当时的英国社会，是一个什么样的状态呢？

政治方面，英国在1688年发生光荣革命（因为詹姆斯二世滥用王权，推行恢复天主教地位的政策，议会发动政变推翻了他的统治），并在第二年制定《权利法案》（保障国民权利与自由的法律文件）之后，议会掌握了国家权力。围绕着殖民地问题，在与法国进行了4次战争之后，以大西洋为中心的大英帝国已经崭露头角。但是在亚当·斯密写作他的第二本著作时，英国在经济方面正面临越来越多的困难。

奥地利王位继承战争（1740—1748）、七年战争（1756—1763）、美国独立战争（1775—1783），英国差不多每隔10年，就要进行一场对外战争，战争开支压迫着国家的财政。说起来，美国发动独立战争的导火索，正是英国为了弥补七年战争的巨大消耗而对北美殖民地增收税金。

在《国富论》中，我们也能意外地发现关于是否应当让北美殖民地独立这个问题的探讨。当时的一种观点认为，可以在保留对北美殖民地征税权的基础上，在英国议会中为殖民地代表设置席位，通过将北美殖民地吸收进大英帝国内部来实现和平。另一种观点则打算承认北美殖民地独立。

亚当·斯密倾向于后一种观点。他认为，如果英国试图维持在北美的殖民统治并继续进行专营贸易，就需要持续地付出巨额军事费用。而仅仅被一部分人独享的专营贸易，比不上大众自由参与的自由贸易带来的利润丰厚。在《国富论》的最后，亚当·斯密更为直白地指出：[36]

> 百余年来，英国统治者曾以我国在大西洋西岸保有一个巨大帝国的想象，使人民引为快慰。然而这一个帝国，迄今仍只存在于想象中，不是帝国，只是建立帝国的计划，不是金矿，只是开发金矿的计划。这计划，在过去以至现在，已使英国耗费得太多了，假设今后仍继续下去，将来费用一定极其浩大，而且，还收不到一点利润。因为，前面说过，殖民地贸易独占的结果，于人民大众是有损无益的。[①]

---

① 此处译文引自 [英] 亚当·斯密著，郭大力、王亚南译：《国富论》，商务印书馆2021年版，第 920 页。

亚当·斯密写下这些内容时，正是 1776 年，也就是美国《独立宣言》发表的那一年。在宣布独立后，美国还需要战斗 7 年，来赢得独立战争的胜利，因此亚当·斯密的观点在当时的英国还是少数派。但是他在《国富论》这部巨著中，已经直言继续维持在北美的殖民统治违背正义，也在经济上伤害国民利益，这无疑是一个杰出的论断。

亚当·斯密从保障人类的幸福，促进国民的利益的观点出发，选择让北美殖民地独立出去，令人佩服。在他面对诸如是否放弃殖民地、如何保障将来国民生活的质量之类令人头疼的问题，苦思冥想要做出什么样的选择的时候，经济学这门崭新的学科来到了人世间。

世界面临的重大选择

说起来，与亚当·斯密的烦恼相似的，有关经济方面的重大选择，其实同样摆在了大家的面前。刚刚我们说到英国背负了庞大的军事支出，不过当时英国并不是通过增税，而是主要通过国债来支付军费。因为增税需要得到议会的批准，而国债就不用，只要支付利息，就可以轻松吸引人们购买。

英国政府可谓负债累累，不过现在的日本也同病相怜。如果我们去看看财务省官网的数据，可能会感到前景一片黯淡。在财务省网站上，我们能看到详细的图表，显示到 2014 年末，日本的政府债务高达约 780 万亿日元，债务与 GDP 之比已经达到了主要发达国家之中最糟糕的水平。

同时，随着全球化的发展以及机械、人工智能将会越来多地取代人类的岗位，在包括日本在内的各个发达国家，都出现了工作岗位迅速减少的现象。而那些工作机会，本来能够让许多人成为中产阶级。少数的高收入者与大量的低收入群体之间，出现了巨大的贫富差距。旨在实现太平洋周边各国之间人员、物资、服务自由流动的跨太平洋伙伴关系协定（TPP）也在准备之中。

——那么统一在欧盟之下的欧洲，是不是会比亚洲更早迎来抉择时刻？

没错。欧洲本身条件优越，应该是个不会出问题的优等生。但是欧洲人在各国之间发展水平不一致的情况下，希望用土地面积和人口的增加来解决面临的问题。

有一些人大概会在心里这样祈祷，在美国的霸权陨落之后，面对越来越强大的中、俄等国，欧盟能够维持稳定。但是随着流入欧洲的难民增加，现在的世界反而正在变得更加不稳定。通过全球化带来的数量增长来消弭矛盾，这种老办法在今天已经不再灵验。

现在，我理想中的时代的先行者们，应当能够仔细思考人类痛苦的来源，并最终发现某些真理。这些拥有知性力量的国家或个人，能够将发现的真理诉诸语言，付诸行动，而且不仅限于本国，这些理念应该同样可以被其他国家的人民所理解和分享。能够做到这些的国家或个人，想必会成为世界的领导者。正如工业革命促使亚当·斯密关注人类福祉的经济学在英国诞生，明治维新使得吉野作造着眼大众的历史学在日本诞生，在世界的某个地方，会不会诞生什么新的知识和学问呢？

　　大家身处的这个世界，正面临着一个巨大的转折点，需要我们做出重要的选择。从下一章开始，让我们一起来回顾日本曾经面临的那些重要的转折点。

第二章

人们的选择与周边环境：阅读李顿报告书

1931—1933年，"九一八"事变，李顿报告书

1894	甲午战争
1904	日俄战争
1910	日韩合并
1911	辛亥革命
1914	第一次世界大战
1915	日本对华提出"二十一条"
1917	十月革命
1919	巴黎和会
1920	国际联盟成立
1922	华盛顿会议（签订《九国公约》等）
1923	关东大地震
1928	皇姑屯事件
1929	大萧条
1931	"九一八"事变
1933	日本宣布退出国际联盟（3月27日）
1937	全面侵华战争
1939	第二次世界大战
1940	签订《德意日三国同盟条约》
1941	美日展开交涉（4—11月）

1931年

9月21日　中国向国际联盟控诉日本

1932年

1月28日　"一·二八"事变

2月29日　李顿调查团来到日本（在中国进行调查后，于9月完成报告书）

3月1日　"满洲国"成立

3月5日　团琢磨被暗杀（血盟团事件）

5月15日　犬养毅首相被暗杀（"五一五"事件）

9月15日　日本承认"满洲国"（签订《日满议定书》）

10月1日　《李顿报告书》被提交国际联盟，次日正式公布

10月19日　李顿在英国皇家国际事务研究所进行演讲

11月21日　国际联盟行政院开会，持续到1933年3月

一　日本站在"世界道路"前

日本与世界交锋的瞬间

在上一章，我们阅读了各种处于不同立场的人关于战后70周年的发言，并讨论了国家和个人会在什么情况下书写历史。

从今天开始，我想和大家一起回顾日本与世界激烈交锋的那些历史瞬间。刚刚我用了"交锋"这个词，大家知道这个词吧？有"接合、往来"之意的"交"，加上代表兵刃的"锋"①。大家能解释这个词的意思吗？

——似乎两个字的意思是相对的……

对于语境中的双方来说，动作确实是相对的，这样的两个字组成了一个词呢。

——在兵刃交错后，再交涉、妥协。

就是说先互砍再交涉吗？那些参加了俱乐部活动的学生，在比赛中应该会用到这个词。

---

① 原文为"斬り結ぶ"，意为交锋，因较为生僻，故有下文对话。

——大家一起创造一些新的东西。

哦？听到这个词后，联想到"新"这个概念，对言语的感性相当独特呢，有些让人惊讶。不过，确实有"斩新"这个词呢。我刚刚提到俱乐部活动时，脑子里想的其实是剑道部，和大家的想法有点不一样。

说到古装剧，上了年纪的人肯定会想到《水户黄门》，但是现在大家想到的是不是《浪客剑心》呀？在剧中，交锋的双方紧盯对手，挥舞兵刃，互相踏出一步之后，就是刀锋交错，随即便是一声脆响，还伴有火花。这种兵刃相接的情景就是交锋。而关乎思想、观点的激烈争论，则是这个词的引申义。

今天我们要讲的是"九一八"事变和李顿报告书，下一讲的主题是德意日三国同盟，第四讲则是美日之间的交涉，各讲主题的共通点在于，这些历史事件不仅是日本近代史上的转折点，也是日本与世界发生对立、展开激烈论战的问题。

刚刚我提到了李顿报告书，还在初中阶段的同学可能是头一次听说这个词。在1931年9月18日发生"九一八"事变后，国际联盟行政院为了了解实际情况，向当地派出了调查团，日本将其称为李顿调查团。这个调查团在1932年10月发表的报告书，就是李顿报告书。

收到李顿报告书之后，国际联盟行政院在1932年11月21日开始了关于中日纷争的审议。日本政府的全权代表松冈洋右和中国政府的全权代表顾维钧都发表了演说。这两人都很擅长英文演讲，在瑞士日内瓦，他们进行了火花四溅的交锋。松冈反对李顿报告书肯定"满洲"（中国东北部）主权属于中国的说法,认为中国东北部是属于中华民国之前统治中国的清王朝的"天领"①。之后,我们会详细解说日本是如何利用清朝的末代皇帝溥仪,炮制出所谓"满洲国"的。

顾维钧则针锋相对,指出日本自丰臣秀吉时代就存在扩张野心,《田中奏折》的内容也证明了日本怀有侵略中国的野心。顾维钧想要说明的是,"九一八"事变是日本侵略中国计划的开始。不过,根据现代的研究,虽然《田中奏折》内容确实与当时一部分日本人的计划相符,但这份文件本身并不存在。[1]

不论是松冈洋右,还是顾维钧,都在演讲中加入了一定夸张和虚构的成分。日本媒体此时也在对李顿报告书的内容和国际联盟相关议题进行着详细的报道,中日代表的任何一点微小的动作,都会引起媒体如过敏一般的激烈反应。

但是,李顿报告书的全部内容以及报告书与日本政府主张之间真正的难以调和之处,并没有被这些媒体报道出来。下面就让我们来看看在日本与世界的交锋过程中,真正的焦点是什么。

选择

今天我想和大家探讨的第二个主题,是关于选择。我们会追寻在李顿报告书公开之后,国家和个人在当时的情况下是如何选择自身立场,又是如何选择自己的现在与将来的。

---

① 原指属于朝廷,即天皇的土地,因明治维新后天皇的直辖地基本来源于江户幕府的直辖地,因此也被用以称呼幕府的直辖地。

在考虑这样的问题时,马上会浮现出的一个疑问是,生活在某个时代和社会中的个人,是否有能力选择所在国家和社会的未来?国家所处的国际环境和决定了国家内部状况的各种制度,都不在个人能够选择的范畴之内。还有更重要的一点,那就是我们生活中出现的各种选择,并不总像试题那样,会给出A或者B这样的选项。那些供我们选择的对象是以怎样的方式出现的?或者说,选项是如何被呈现在我们面前的?这一点作为我们做出选择的前提,是非常重要的。

大家听到这里,有没有觉得选择确实是一件难事呢?确实是挺难的。人类进行选择的这种行为,据说是人工智能(AI)无法做到的。因为当人做出某种选择的时候,会被感受到的美好、满足、恐惧等多种因素影响,也就是说,我们会被内心的感情所左右。东京大学的松尾丰老师是人工智能方面的专家,他指出,人类特有的感性是在长期的进化过程中产生的,而人工智能要获得这种人类内在的评价标准,几乎是不可能的。[2]

另外,美好、满足等感性因素,会受到一个人成长环境的影响,每个人都会有不同的感觉。而安全或是危险这样的感觉,会受到个体对外界和他人认识的极大影响,一个人所受的教育和抱有的思想,都会让这些感觉出现不同。

2012年9月,因为野田佳彦内阁决定将钓鱼岛"国有化",中国各地发生了激烈的抗议活动。可能会有一些人担心,中国人登上钓鱼岛怎么办?在第一章我们提到,因为战乱,有上百万的难民从叙利亚等地涌向欧洲,欧洲各国人民不仅要担心经济问题,还会因为社会治安的恶化与恐怖袭击等问题而恐惧。

结果毫不掩饰对难民敌意的排外主义开始抬头，出现了反对移民的示威活动。

类似这样的恐惧，或是自己的不作为会不会间接害死所爱之人的强烈感情迸发的瞬间，可能也会在将来的日本出现。为了在这种情况下不至于做出错误的选择，我们需要去学习人类在恐惧之中，是如何行事、如何选择的。

从上古时代开始，人类就一直在互相残杀。有种说法单刀直入地指出，恐惧和对名誉的追求是人类斗争的主要原因。两次世界大战导致了数千万人的死亡，通过解读史料来审视那段历史，是历史学家的责任。我希望与大家一起来尝试从过去的历史中，找出能够真正应对人类恐惧的药方，并将其交给世人。

"九一八"事变：为了准备未来的战争而产生的占领计划

20世纪30年代，距离第一次世界大战（1914—1918）和国际联盟成立等事件，已经过去了十多年。日本在第一次世界大战中作为协约国的一员参战，并在国际联盟成立后成为常任理事国之一。当时的日本占有中国的台湾、关东州（以旅顺、大连为中心的地区）以及朝鲜等，是世界五大强国之一。

1931年9月18日发生的"九一八"事变，是日本关东军的参谋石原莞尔在经过两年的精心准备后发动的。所谓关东军，本是在1905年日俄战争结束后，驻扎在日本从俄国手中夺取的关东州以及南满铁路附属地执行防卫任务的军队。但是随着时间的推移，关东军渐渐脱离了单纯的铁路守备任务，一方面使用武力维护日本在中国东三省侵占的利益，另一方面还成了准备对苏联作战的主力。[3]

沙俄在1917年发生十月革命，1922年新生的国家苏联诞生。当时，包括关东军在内的日本国内不少势力，准备趁着苏联成立之初立足未稳的时机，让日本在双方关系中占据有利地位。

"九一八"事变中，关东军自行爆破了南满铁路的一段线路，并谎称这是中国方面所为，然后以此为借口开始了军事行动。关东军在事变中不仅快速占据了中国东三省以奉天（今沈阳）为首的满铁沿线各主要城市，还将东三省其他并没有铁路通过的城市也一并占领了。

石原莞尔等人发动事变的主要理由非常简单，就是要在苏联的军事实力还不强时，将日本与苏联对峙的前线，向北推进到中苏边界，利用中苏边境上的山脉等天险，构筑起一道相对有利的防线。中苏边境线上不仅有黑龙江，在南边还有小兴安岭，比起在铺设了铁路的平原产粮区与苏军正面作战，利用这些天然的地形构筑防线阻击苏军，显然更为有利。

另外，他们还考虑到将来可能发生对美战争，准备到时候把中国东三省作为后方基地，为日本提供物资与人员。占领中国东三省作为对抗苏联陆军与美国海军的基地，这个计划完全是出于军事目的。"九一八"事变就在这种想法的驱动下发生了。从20世纪20年代开始，日本就将美国、苏联、中国作为假想敌。

但是军方面对民众时，有另一套说辞。今天的人们对于当时的情况可能会感到不可思议，军人会以讲解最新的世界军事形势为名，在城市和乡村开办所谓"国防思想普及讲演会"，而且总能吸引到不少听众。

"九一八"事变发生时，1929年10月纽约证券交易所股市暴跌引发的大萧条，已经波及日本。在经济衰退的情况下，农产品价格降低，农民苦不堪言。对于那些生活困苦、举步维艰的民众，军队一方面宣称他们的困境是因为政党内阁推行的相对温和的对中"协调外交"；另一方面，又指责中国阻碍了日本获得正当权益，煽动日本国内民众的反中情绪。当时，在中国各地确实发生了抵制日货的事件，但那是对于日本强横态度的正常反应。

此时的中国，蒋介石作为政治与军事上的领袖，领导着南京国民政府。但与此同时，中国各地还存在着许多军阀，他们统治着各自的地盘。还有得到了农民支持的共产党，也在不断发展壮大。

统治着中国东三省的，是奉系军阀张作霖的儿子张学良。张作霖在1928年的皇姑屯事件中被日本人炸死。张学良当然知道此事，他与蒋介石建立了不错的关系，并开始建设属于自己的、独立于日本的铁路和港口。这种行为势必会影响到日本所控制的南满铁路的利益，进而引起日本的不满。

是非将随史料留存

在"九一八"事变发生之后的1931年9月21日，中国国民政府向国际联盟控诉了日本的军事行动。联盟行政院在当年12

月决定派出调查团来弄清事变的来龙去脉。就这样，由英国贵族李顿伯爵担任团长的李顿调查团被派往了日本和中国。

李顿报告书在1932年10月被提交到国际联盟，12月，国际联盟大会召开，包括日本全权代表松冈洋右和中国全权代表顾维钧在内的许多人参加了会议。李顿提出的报告书，成为大会进行审议的基础。日本拒绝接受李顿报告书和基于报告书形成的联盟大会决议案，在1933年3月向国际联盟提交了退出联盟的通告。这一连串的事件，就是我们今天这一章的基础背景了。

李顿调查团的正式名称是国际联盟调查委员会。调查团由来自美、英、德、法、意五国的人员组成，不过美国当时并不是国际联盟成员。各国派出的人员，或是曾经执掌殖民地行政与军事者（如团长李顿、法国代表亨利·克劳德、德国代表恩利克·希尼），或是有调停领土争端经验者（如美国代表麦考益），又或是老练的外交官（如意大利代表马柯迪）。

李顿团长的子孙至今依然拥有着巨大的庄园别墅，可谓英国的名门贵族。李顿的父亲是第一代李顿伯爵，曾经担任印度总督。而李顿本人也出生在印度，并担任过英属印度孟加拉总督。李顿在实地调查"九一八"事变的过程中，与中日两国的政府高层、经济学家、军人和民众都进行了交流，最终完成了报告书。

当中日两国之间发生冲突（"九一八"事变是因日本军人的计谋而发生的），由第三方进行调查并写作报告书时，调查者进行了怎样的思考呢？日本对于报告书又有什么样的看法，进行了怎样的选择呢? 下面我希望借助曾经发生过的事例,通过深入探究某个决定性的重要时刻,与大家一同思考"历史的选择"是如何被做出的。

派遣李顿调查团的经过

——在推动国际联盟派遣调查团的过程中,日本也参与其中,为什么明知结果会对自己不利,却还要做这种事呢?

1931年10月24日,由14个国家组成的国际联盟行政院(5个常任理事国和9个非常任理事国)在决议案中,要求日本在11月16日的下一次行政院会议之前,将军队撤退到南满铁路沿线附属地。对于这一决议案,14个国家中,只有日本投了反对票。当时国际联盟行政院的决议采取的是全体一致的原则,因此日本的反对导致决议案未能通过。

第二次若槻礼次郎内阁,是由民政党执政的稳健政党内阁,担任外务大臣的币原喜重郎也试图挽救不断恶化的中日关系。若槻和币原都是老练的政治家,在当时也是能够抑制军部的人物。但是两人都认为,让关东军听从外部的命令,按时回到南满铁路沿线附属地,是很困难的。我们之后会讲到,这一时期与军部脱不开关系的恐怖活动和政变计划,正在日本闹得沸沸扬扬。要想在军方不失面子的情况下实现撤军,币原一直主张的中日两国进行直接交涉,也许确实是最合适的方法。

但是中国方面,蒋介石出于对自身在国内政治地位尚不稳固的担心,决定将事件"诉诸公理",向国际联盟提出了控诉。所谓公理,是指公认的正确道理,而在此事中的"公",就是国际联盟。在"九一八"事变被提交国际联盟后，中日之间的冲突也就需要在国际联盟的框架内寻求解决了。

在11月联盟行政院再次召开会议时，形势对于日本来说已经难以回头。关东军攻势不断，越来越远离南满铁路，甚至位于东三省北部的齐齐哈尔也被关东军占领了。此时让关东军回到满铁沿线，已经变得如同痴人说梦一般。

这时的国际联盟秘书处，有个日本人担任副秘书长，这个人叫杉村阳太郎，是一名老练的外交官。杉村与国际联盟秘书长埃里克·德鲁蒙德商讨了局势之后，出于暂时避免日本在联盟行政院受到进一步追究，并让国际联盟看到中国国内的混乱情况这两个目的，准备向远东派出一个调查团。[4]

相比东三省地区的现状，日本更希望国际联盟看到中国国内国共两党的对立和针对日本商品的抵制等情况。[5]有点坏心眼呢。从这一点来看，派出调查团也确实不能说对日本有害无益。

1932年2月3日，李顿一行从法国勒阿弗尔启程，2月29日到达日本横滨。调查团首先在东京会见了日本政府、军方以及实业界的高层人物，然后前往中国，在上海、南京、汉口、北京（时称北平）等地进行了视察，4月20日赶赴东三省地区展开了为期一个多月的实地调查。调查团在结束实地调查，再一次造访东京之后，在北京起草了报告书，9月终于得以踏上归途，去往英国。调查团的日程颇为复杂，差不多用了半年时间，可谓一场长途旅行。想象一下这个调查团的样子，似乎会浮现出侍从们拿着至少100个专供英国王室的老式漫游家旅行箱的画面。

1932年10月1日，报告书被提交给联盟行政院，并在次日向全世界公开。

李顿在结束调查后说的话

接下来，我要和大家一起读一些史料。不过，最开始要读的并不是李顿报告书的原文，因为报告书的篇幅相当惊人，将其译为日文，大概有450张400字的稿纸那么多，差不多是一本比较厚的书呢。

1932年10月19日，李顿就自己提交国际联盟的报告书，在英国皇家国际事务研究所向英国的贵族和外交官等上流人物进行了说明。让我们来看看回国不久的李顿所作的演讲，其中开头部分是这样的。[6]

首先，我要感谢外交问题调查会给我这个站上演讲台的机会。在结束调查团的工作，从远东回国之后，得到这样的待遇，我对此深感荣幸。（中略）

在我与朋友聊天时，大部分人都会说自己"还没有读过你的报告书，不过已经看过很多关于那份报告书的报道，也挑着读了一些报告书中的内容（中略）"。经常出入查塔姆研究所（Chatham House）的诸位都有着非常广博的学识，所以我怀着重重顾虑，斗胆提问，在座的各位当中，是不是也有人与我的朋友一样，对报告书已有了些许的了解呢？

好了，那么让我从报告书本身开始讲起，然后我会对报告书所表达的精神进行说明。

——《李顿报告书原委》（太平洋国际学会译，1933年1月）

李顿从英国的贵族学校伊顿公学毕业之后，进入了剑桥大学三一学院。他演讲时可能会操着与同样毕业于伊顿公学，后来去了牛津大学的戴维·卡梅伦（2010—2016年担任英国首相）相似的，听起来有些像是挖苦人的腔调。这样一想，就像是能听到李顿演讲的录音了呢（笑）。

李顿的一番话说得还挺委屈。自己写了18万字的报告书，一问朋友们读过没有，大家却都说没有读过，不过也不是完全不知道，至少看过报纸的报道了。老实说，不管是当时还是现在，读过报告书全文的人，恐怕都不多。这就像是现在的人，并没有读过首相的战后70年谈话，只看了报纸的内容提要，就觉得自己已经知晓了全部内容一样。

李顿应该是担心当天在查塔姆研究所听自己演讲的人可能也是这样，所以先讲报告书的内容，再说其中的精神。

查塔姆研究所，最初是为了反思第一次世界大战，避免未来再发生战争，1920年在伦敦设立的一家研究国际问题的机构，之后就成了英国皇家国际事务研究所。查塔姆研究所本是其所在建筑物的名字，渐渐也成为机构的代称。当英国政府希望观察社会关于重要外交方针与外交报告的反应，就会请人在这里演讲。所以来听李顿发言的，都是英国的决策者、外交

官、政治家之类的上流阶层。

——李顿演讲引文部分最后出现的"太平洋国际学会"是什么意思？

哦哦，在阅读史料时，最应该注意的地方，就是你刚刚提到的史料出处了。这里所代表的意思是，在1933年1月，也就是日本退出国际联盟前两个月，"太平洋国际学会"将这些内容翻译成日语出版发行。

另外，刚刚我们也提到，李顿报告书在1932年10月1日被提交至国际联盟，并在第二天，日内瓦时间的下午1点（日本时间2日晚上9点）被分发给各国代表，向全世界公开。报告书的正文用英语和法语写成，为了方便翻译工作，报告书在9月30日傍晚7点已经被交给日本外务省。据当时的报纸报道，外务省组织了45—50人来拼命进行翻译工作。[7]

而翻译李顿演讲速记内容的，则是太平洋国际学会（日语：太平洋问题调查会，英语：Institute of Pacific Relations）日本支部的成员们。

太平洋国际学会是一个成立很早的非政府组织，在1925年就成立了。澳大利亚、加拿大、中国、日本、菲律宾、美国、英国等国都参与其中。虽说这是一个民间团体，但是日本支部的成员要么是政界、经济界的高层，要么是知名学者。会长居然是涩泽荣一。此人创立了包括日本最早的银行第一国立银行、日本铁道会社在内的众多公司，并致力于改善美日外交关系。而日本支部的理事长，则是日本银行的总裁井上准之助。学者里有在东京大学研究美国史的高木八尺老师。

这个学会的主要目的，在于避免美、日、英、法等大国在太平洋区域发生冲突而进行对话，可以说代表了政界与经济界的利益。美国支部的资金，主要来源于石油大亨洛克菲勒等富豪。太平洋国际学会的日本支部，希望让日本人也能知晓李顿是如何对调查团报告书进行说明的，因此进行了翻译。

李顿要告诉日本的是战争的历史

接下来让我们来看看，李顿先生在查塔姆研究所演讲的主要内容吧。

我在大学里有时候会啰唆地教训学生，总是用敬语的口吻在著名历史人物的名字后面加个先生，会显得浅薄。不过在实际说话的时候，果然还是加上比较流畅呢。

首先，李顿说明了自己在报告书中向日本传达了怎样的讯息。[8]

报告书对日本在中国东三省地区的权益给予了充分的承认，但是我们也向日本传达了这样的意见:"你们为了保护利益，维持权利而采取的行动，已经完全偏离了条约所规定的义务。我们无法认同日本的所作所为。但是世界道路尚在，如果日本能够选择与世界同行，那么依然为时未晚。"

李顿指出，日本为了维持利益，不惜破坏条约，这种做法是不能被认可的。他希望日本能够听从劝告，不与世界逆行。

这里出现了"世界道路"一词，我们等一下再来探讨其中的意思。

李顿接着复述了自己对日本外务大臣内田康哉所说的话。[9]

> 你向我们表示，日本在"满洲"拥有非常庞大的利益，日本与那片土地有着历史上的关系，日本在那里打了两场战争。日本与"满洲"不可分离。还说"满洲"是日本的生命线，（中略）不管有多少人唱反调，日本所坚持的立场都不容置疑。（中略）我们了解日本所有的条约关系。我们也认同你说的关于日本的经济利益的部分。（中略）在欧洲陷入大战之时，所有的国家都拼尽全力进行了战斗。（中略）你说日本在"满洲"花费了10亿日元。而欧洲在大战中所花费的，远不止于此，甚至让子孙后代也背负上了沉重的债务。日本说自己失去了20万生灵，欧洲的参战国失去的则是数百万人。（中略）在那场大战中，这些国家付出的所有牺牲，只换来一个成果，那就是致力于维持和平、不再让惨祸重演的国际合作组织。①

从李顿的话中我们可以推测，日本政府方面的说辞，大概是日本付出了巨大的代价，才攫取了在中国东三省地区的诸多

---

① 日俄战争中日本的战费约为17.2亿日元，死亡约11.8万人（桑田悦、前原透编著：《日本の战争》，原书房，1982年），因此当时的一般说法是日本为这场战争付出了20亿国帑与10万生命。原文引用资料中确为"10亿日元"与"20万生灵"，可能是李顿的口误。

利益。想来也说了一通日本对于东三省一厢情愿的感情。但是英国人李顿并不认同，他虽然表示日本关于东三省的那些故事当然并不是无关紧要的，但是自己这边关于上千万人丧生的欧洲大战，也就是第一次世界大战的历史记忆也很鲜活呀。李顿在安抚日本的同时，进行了反驳，由此引出了两种尖锐对立的世界观。

另外，日本强烈反对中国的主张（即中国拥有东三省的主权）的理由，是不是也能从李顿的讲话中略微察觉呢，有人能说出来吗?

——日本在东三省地区花费了10亿日元，还失去了20万生灵。

没错，已经说到八成了。这里说的生灵，是指在战争中死去的人。20万的战死者和10亿日元的花费这种说法，是为了强调日本付出的牺牲。而这种说法似乎还在暗示日本并不是为了自己才付出这些的。

——这是在说从"九一八"事变爆发到"满洲国"成立为止，日本战死的人数和花费的金钱吗?

嗯，虽然说错了，不过对整场讲座来说，错得很是地方（笑）。

"满洲国"是在"九一八"事变后的1932年3月成立的，而日本正式承认"满洲国"则是在同年9月。所以当我们听到那时的日本人谈起付出的代价，确实容易想到关东军的战死者和"九一八"事变的花销。但是这些代价是在更早时候付出的。

——日俄战争。

没错。日本人对于东三省地区历史记忆的特殊之处，就在这里显露了出来。20万人和10亿日元这两个数字，会在当时寻常小学校之类的地方被教给孩子们。实际上，1904—1905年的日俄战争中，日本战死者大约是11.8万人，而战争花销则是约18.2629亿日元。[10]

从"九一八"事变到"满洲国"建立为止，日本同样已经花费了大量的金钱，所以将"满洲国"一笔勾销的要求不可接受。有这种说法也并不奇怪。但是与李顿接触的日本人，大部分还是在说日俄战争的事情。如果日俄战争中日本没有战胜俄国，那么中国东北部就会落入俄国之手。这就是当时普通日本人所相信的历史叙事。

不过，日本与其强调这些历史故事，不如把在"满洲国"建立之后的1932年7月成立的"满洲中央银行"拿出来说一说。正好在李顿开始撰写报告书之前成立的"满洲中央银行"，收回了原本在东三省流通的多种中国货币，统一了当地币制，在经济方面取得了一些成果。[11]说实话，经济方面的成果可能会更有说服力，但是日本还是选择利用历史来表达意愿。

除此以外，日本在辩解中还利用了哪个重要的问题呢？

——东三省对日本来说在经济上非常重要。

这一点本来应该由什么来保障呢？

——条约关系。

答对了。李顿不仅表示了解日本的相关条约关系，也承认其中的经济利益。从这一点我们也可以知道，日本方面肯定向李顿指控中国不遵守条约，导致日本经济利益受到损失了。

李顿提出的"世界道路"

李顿虽然对日本的利益表示理解，但是依然不能接受日本这一次的做法。他希望日本能够尽快接受所谓"世界道路"。

在听了李顿上面的那番话以后，我想不论是当时还是现在，思维敏锐的人都会产生插话的欲望。也许有人会反驳说，李顿讲了这么多大道理，那英国还不是在中东地区强占土地？在第一次世界大战尚在进行的1916年，英国和法国就已经密谋对奥斯曼帝国的亚洲部分进行瓜分了（《赛克斯—皮科协定》，本书347页也会提到，沙皇俄国最初也参与了协定，但1917年发生革命后退出），英国由此得到了伊拉克和叙利亚南部的土地。

此外，可能还有人会批评英法等国在第一次世界大战后，用委任统治的方式瓜分了非洲等原属德国的殖民地。所谓委任统治，是包括日本在内的第一次世界大战的战胜国，以接受国际联盟委托的方式，瓜分德国殖民地的制度。不过李顿的调子放得很高，他表示数百万逝去的生命，换来的唯一成果，就是成立了国际联盟这个旨在不再重蹈战争覆辙的国际组织。他希望用这种唱高调的方式，说服内田外相等人。

李顿接下来说明了希望调查团达成的使命。[12]因为日本在军事上是强国，而中国处于弱势，所以直接让中日两国进行谈判，恐怕中国只会被日本牵着鼻子走。李顿希望，通过在谈判之前就让中日两国承认自己准备好的某些基本原则，从而消弭中日之间的硬实力差距，促进两国开始一场相对均势的谈判。

说到中日之间的实力差距，还不得不提到中国国民政府的
首脑蒋介石所面临的国内形势。当时蒋介石不仅要面对来自共
产党的挑战，还受到国民党内部其他实力派的攻击。没错，在
国民党内部，还存在派系斗争。"九一八"事变发生时，蒋介
石是国民政府首脑，但是到了1931年12月（正好在此时，日
本的第二次若槻内阁也下台了，犬养毅成为首相），在与以胡
汉民为领袖的南方实力派的斗争中，蒋介石被迫下野。所以当
李顿在1932年三四月间对中国进行实地调查时，中国政府名义
上的首脑并不是蒋介石，而是林森。当然，蒋介石还是通过出
任国民政府军事委员会委员长一职，保持着实际的权力。李顿
在北京撰写报告书的时候，蒋介石正作为委员长统治着中国。

为了在这种情况下解决中日之间的矛盾，李顿提出了一些
条件。

> 我们在此提出10项条件。（中略）如果在此基础上两
> 国承诺进行谈判，（中略）那么两国将在谈判中处于对等
> 的立场。（中略）我所指的便是所谓"世界道路"。

李顿为了解决问题，提出了10项条件，这就是"世界道
路"。大家能想到，所谓"世界道路"是什么吗？换一种说法，
这条道路又是一条什么道路呢？

——类似与世界进行合作的道路。

嗯，希望日本回到国际协调合作的道路上来。

——好好考虑国际形势之类的问题，听进去世界的意见，

而不是逆流而动。

不逆世界潮流而动吗？吉野作造在提到第一次世界大战期间到战后的世界形势时，会用到"世界大势"这样的说法，我们稍后会再作讨论，大家可以提前记住这一点。另外，在安倍内阁的战后70周年谈话中，也用了这个说法①。

在第一次世界大战尚未结束的1917年，俄国革命的领袖列宁发表《和平法令》，表示俄国将既不参与瓜分殖民地也不索要赔偿金，向所有交战国呼吁开始公正的和平谈判。为了对抗列宁的理念，美国的威尔逊总统向德国抛出十四点和平原则，作为停战的条件。吉野作造在1920年1月的论文中，首先极为深刻地指出，"在战争这种生意中，一切价格都是虚标的"，又称威尔逊"让战争得以明码标价"。[13]吉野将威尔逊对德国明示停战条件的行为，称为明码标价。吉野所说的世界大势，也就是指这样的行动。

所以当"世界道路"这个词出现时，读过吉野论文的人，应该会想到李顿所呼吁的"世界"，与吉野所说的"世界"大概是相似的。

李顿花费了一番心思，希望在国际联盟大会召开之前，建立起一个能够让中日双方平等谈判的基础。有趣的是，把日本推上国联大会被批判是一种可能的选项，但李顿没有选择这样做。李顿最终选择的，是将为了中日两国进行谈判而设定的条

---

　　① 此处日语原文为"世界の大勢"，见于安倍战后70周年谈话第四段，日本外务省翻译的谈话中文版中，译为"世界大局"。

件提交国际联盟。在李顿看来，由两国进行交涉是最好的选择。英国人也许颇为擅长寻找现实的方法来解决问题。

说到英国人的调查团，稍稍离题一下。这个国家非常喜欢设立各种调查委员会，在2003年伊拉克战争爆发时，时任英国首相托尼·布莱尔立刻一同参与了军事行动。到了2009年，戈登·布朗首相成立了独立调查委员会，对参与伊拉克战争的决定进行检讨。在这场调查开始7年之后的2016年7月，委员会公布了报告书，在查阅了超过150名相关人员的证词和15万份以上的相关文件之后，得出了英国参加美国对伊拉克萨达姆政权的打击，完全是基于不完善的情报这一结论。

值得注意的是，委员会的成员们，除了老练的政治家、历史学者和军事专家，还有查塔姆研究所的副秘书长。从这一点我们也能感受到，查塔姆研究所在英国有多大的分量。

至于发动伊拉克战争的美国，也在2004年由布什总统牵头，成立了超党派的独立调查委员会。这个调查委员会的最终报告书承认，开战之前情报部门关于大规模杀伤性武器的相关判断是完全错误的。相比之下，日本的小泉纯一郎内阁虽然派遣了自卫队，但是对于这件事的是非曲直，还缺乏充分的评判。到了2009年，总算向国会提出了一份简单的报告书，但是内容只有4页纸。相较之下，英国的那份报告书超过260万字，英国媒体称其分量达到了《哈利·波特》全集的2倍多。

李顿报告书的主要内容

大家肯定会好奇，李顿提出的10项条件，到底是什么样的。在确认这些条件之前，让我们先稍微接触一下李顿报告书的内容。

李顿伯爵在演讲开头，就苦笑着说自己写了18万字的报告书，结果谁都没读过。所以他直接给出了3个结论，让我们不必去阅读报告书全文。

报告书由序言与10章内容组成。第一至八章，主要对历史和个别事件进行了分析，叙述了从中日甲午战争，经日俄战争，再到"满洲国"成立的历史过程。在第九章和第十章中，具体提出了"世界道路"的10项条件。

李顿给出的3个结论，分别是关于"九一八"事变的性质的判断（第四章）、对"满洲国"的看法（第六章）及对中国国内抵制日货运动的分析（第七章）。我们就先阅读这几个部分吧。

首先，在第四章中，李顿这样阐述了对于"九一八"事变的意见。[14]

> 故前节所述日军在是夜所采之军事行动，不能认为合法之自卫手段。虽然，本调查团之为此言，并不摒弃下列之假定，假定为何？即当时在场之军官或者系认为自卫而出此也。①

调查团认为，1931年9月18日晚上关东军的行动，不是合

---

① 李顿报告书译文引自国际问题研究社编辑兼发行的《国联调查团报告书》（光华印刷公司，1932年1月）。下同。

法的自卫手段。但是报告书的措辞相当柔和。"即当时在场之军官或者认为系自卫而出此也",报告书并没有完全排除关东军的军官认为铁路被爆破是针对日军的敌对行动而进行自卫的"假定"。也就是说,虽然调查团不认可日军的行动是自卫,但也并未否定其自卫的说法。这种笔法可谓微妙,是为了顾及日方的面子,这很明显是出于现实主义考虑,为了调停而写的文章。

接下来,让我们看看第六章中对于"满洲国"的看法。[15]

确信助成"满洲国"成立之原动力,虽有若干种,但其中两种,即一为日本军队之在场,一为日本文武官吏之活动,两者联合,发生之效力最大,依我等之判断,若无此两者,新国家不能成立。基此理由,现在政体,不能认为由真正的及自然的独立运动所产生。(中略)吾人得一结论,即一般中国人对"满洲国政府"均不赞助,此所谓"满洲国政府"者在当地中国人心目中直是日人之工具而已。

在报告书中,"满洲国政府"被加上引号,体现了李顿一行人对其不予承认的态度。报告书的行文对于现代人来说并不好读,简单来说,"满洲国"的成立离不开两个要素,那就是日本的军队和官员。换言之,所谓"满洲国",只不过是日本的傀儡而已。上面引文的后半部分也很重要,那就是当地的中国人并不支持"满洲国"。

最后让我们来看看,关于中国的抵制运动损害日本经济利益的问题,第七章的结论部分是怎么写的。[16]

> 吾人之结论,认为中国之经济绝交既出于民众,复具有组织,虽系强烈之民族情绪所产生,为强烈之民族情绪所拥护,然操纵之指挥之者,大有能发能收之团体在。至于实施之方法,诚有等于威吓之处,在组织方面,虽包括多数个别之团体,但重要支配之机关,厥为国民党。

这段话的日语译文也用了好多生僻的表述,谁能用一句话来总结一下吗?

——抵制运动是中国国民党组织的。

这句话总结得太好了。抵制运动体现了中国人的民族情绪,因此并不能否认有民众自发组织这类运动。但是另一方面,报告书还是断定国民政府是抵制运动的主要组织者。这种结论对于中国方面来说,可能会有些刺耳吧。

中国方面主张,中国的民众拒绝批发、零售、购买日本制品,是出于爱国之心,并非国民党或是政府指导的结果。这一点遭到了李顿的否认。报告书认定,中国民众对日货的抵制如此彻底,其背后存在国民党的指示。

在回答"九一八"事变到底是怎么回事这个问题时,有一种观点认为,这是日本试图用军事手段解决来自中国的经济打击(如中国拒绝向日本交付条约规定的关税,对日货进行抵制等)。

经济抵制与军事行动,显然完全不对等,日本的残暴不言而喻。不过,经济抵制虽说是弱势一方的抵抗手段,当时还是有人认为这种方法同样违反了《非战公约》。《非战公约》是1928年签署的国际条约,其第二条规定要以和平而非战争的手段来解决国际争端,因此就有人宣称中国的做法违反了《非战公约》。

如果当时的军人这样主张的话,倒还可以理解。但是向李顿传达这种看法的,是日本大阪商会的商人。[17]

> 世间看待抵制运动,多以其为中国因蒙受其自称之不法行为,而采取之报复措施。谓中国采取之行动有其原因。而目前之抵制运动,就因满洲纷争而起。这些说法,完全谬误,绝非正当。满洲之变乱乃是因中国不尊重日本的条约规定之权利,而日本所为,只是为了保护自身权利而进行的正当自卫行动。

我们需要注意的是,那些向中国出口棉布的商人阐述了如此强硬的意见。如果用一句话总结日方的观点,那就是抵制运动属于未使用武力的敌对行为。从这一点出发,报告书第七章对于抵制运动组织者的认定,估计是会让日方高兴的。

综上所述,李顿报告书给出的3个结论分别是:"九一八"事变不是日本的自卫行动;"满洲国"的成立不是民族自决的结果;在国民党的指挥下,中国在经济上对日本发起了抵制运动。

大家对于报告书的这些判断和结论有什么疑问吗？

——报告书有没有提及南满铁路为什么被爆破呢？

啊，你注意到了一个很有意思的地方呢。其实李顿在演讲中这样说过，"据我所知，报告书中没有类似对两国动机进行批判的内容"。能够注意到报告书中有没有提到事件的动机，真是非常敏锐。

日方坚决主张，是中国人爆破了铁路。日本当然非常清楚，自己做了很多让中国憎恨的事，所以编造整个事件时，想到要把爆破铁路的责任推到中国身上也是自然的。要不要揭露日本的谎言，揭露到什么程度，这些也是体现报告书水平的地方。

李顿提出的10项条件

接下来，让我们来看看李顿为了解决问题，提出了什么样的条件。关于这一部分的是第九、十章。

第九章"解决之原则及条件"，列出了下面10项条件：

①符合中日双方之利益；

②考虑苏俄利益；

③遵守现行之多方面条约；

④承认日本在"满洲"之利益；

⑤建立中日之间新的条约关系；

⑥切实规定解决将来纠纷之办法；

⑦"满洲"自治（"满洲"政府应加以变更，俾其在适合中国主权及行政完整之范围内，获得足以适应该三省

地方情形与特性之高度自治权);

⑧内部之秩序与免于外来侵略之安全;

⑨奖励中日间之经济协调;

⑩以国际合作促进中国之建设。

关于第③点"遵守现行之多方面条约",具体而言指的是《国际联盟盟约》《非战公约》以及华盛顿会议签署的《九国公约》。

第⑦点中,要求统治东三省的政府,一方面承认中国的主权,另一方面则拥有高度的自治权。那么在李顿报告书发表7个月之前宣布建立的"满洲国",与李顿构想中在东三省建立的政权会是什么样的关系呢? 这一点也颇让人感到好奇。

李顿报告书承认,让事态恢复到"九一八"事变之前已经不可能。既然"恢复至1931年9月以前状态之不可能"[18],那么对于"满洲国"要如何处理呢? 报告书的第四章已经指出,"满洲国"不是当地居民基于民族自决原则建立的,只能依托于日军的武力和日本官员的治理才能存续。第九章更是明确地指出,"维持及承认'满洲'之现时组织,亦属同样不适当"[19]。

但是第九章也同样提出,"由现时组织,无须经过极端之变更或可产生一种满意之组织"[20]。第十章中,也有类似的观点,"而在另一方面,并未忽视现存之事实。即对于正在演化中之东三省行政机关,亦会加以注意"[21]。也就是说,虽然李顿报告书建议在东三省地区成立一个新的自治政权,但是并不要求完全推翻现存的"满洲国",新政权可以建立在"满洲国"

行政机关的基础上。

一方面，报告书不认可日军的行动是出于自卫，也批判了日本所谓"满洲国"是当地居民自发建立的主张；另一方面，报告书没有直接将日本发动"九一八"事变的行为称为侵略。这可以说是践行现实主义路线的李顿的老练之处。如报告书中有这样的论述。[22]

良以此案既非此国对于彼国不先利用国际联合会盟约所定和解之机会而遽行宣战之事件，亦非此一邻国以武力侵犯彼一邻国边界之简单案件。

报告书完全可以直接写，"'九一八'事变是日本违反《国际联盟盟约》对他国进行侵略的事件"，但实际上并没有这样做。其原因可能在于，日本是国际联盟创始以来的常任理事国，对日本的直接指责可能会导致国际联盟的分裂。加之中日之间的冲突一旦扩大，势必会影响到上海和香港这些与英国在华贸易息息相关的重要口岸。这些顾虑使得李顿在报告书中不愿过多触怒日本。

李顿在查塔姆研究所的演讲中，常常被问到"日本到底有没有从东三省地区撤退的想法"。李顿在说明了自己认为日本完全不会放弃东三省的想法后，进一步表示，"劝说日本放弃并没有道理。（中略）应该劝说两国达成协议，承认让日本人继续留在东三省的条件"。[23]

这些条件仿佛是为了吸引日本坐到谈判桌前，在李顿报告书中多有体现。例如,为了在当地建立新的政府而设立的顾问会议,"由中日两国政府之代表,暨代表当地人民之代表团两组组成之。该两代表团,一由中国政府规定之方法选出之,一由日本政府规定之方法选出之"。[24]在一个主权属于中国的地区,讨论如何建立新的政府时,李顿竟然准备给日本方面一半的发言权。另外,报告书还提及了新政府的外国顾问,"自治政府行政长官得指派相当数额之外国顾问,其中日本人应占一重要之比例"。[25]

李顿在演讲中明确表示,"日本确实有权要求在东三省地区建立一个新政府,来维持秩序的安宁,保护生命财产的安全,切实履行条约义务"。之后甚至进一步指出,调查团劝告中国政府在建立东三省地区的新政权时要依靠专家,而这些专家"大部分应为日本人"。李顿的这些发言,可真是让人吃惊呢。

此外,为了吸引日本进行谈判,李顿还准备了一份大礼,即承认日本人在东三省的居住权和商租权。要知道在第一次世界大战时,日本在向中国提出的"二十一条"中就有类似的要求(关于"二十一条"我们会在之后详细说明),结果遭到了中国方面的坚决反对,最终被拒绝。李顿准备在东三省全境承认日本人随意居住往来、租用土地的权利,这对日本来说无疑是极有诱惑力的条件。

李顿写给姐姐的信

在当时的日本,有很多人认为李顿及其报告书都是偏向中国的。大家大概也听过类似的言论。但是如果我们能够知道李顿关于"九一八"事变的真实想法,并将之与出现在报告书中的正式内容进行对比,就可以知道,李顿实际上对日本已经到了几乎偏心的地步。

李顿的姐姐伊丽莎白嫁给了第二代贝尔福伯爵杰拉德·贝尔福。杰拉德·贝尔福的哥哥是第一代贝尔福伯爵,曾任首相与外交大臣的阿瑟·贝尔福。杰拉德·贝尔福自己也是一位资深的保守党政治家。李顿于1932年5月在东三省写下的信,就由他的姐姐伊丽莎白转交给杰拉德·贝尔福,再通过杰拉德·贝尔福送到了当时的外交大臣约翰·西蒙手中。信件传递的过程之所以如此曲折,是因为李顿害怕信件遭到开封,所以特意经由回国的英国外交官带给姐姐。李顿明白这封信会经历曲折的路途,所以他在信中所写的,可能并不是简单的私人意见。英国外交大臣约翰·西蒙还将李顿的这封信交给了美国国务卿史汀生,以及国际联盟秘书长埃里克·德拉蒙德。[26]我们来看看这封寄托着李顿真实想法的信件吧。

所谓"满洲国",明显是个谎言。(中略)日本声称在"满洲"有上百万日本人(包括朝鲜人)。但是那里还有3000万中国人,这些中国人认为日本人夺取了自己的土地。张学良的政府确实既腐败又残酷,人们希望有一个新的统治者。但是他们并不希望从中央政府独立。

调查团现在应该做的,就是向世界传达这些事实,并提出确立和平的条件。

李顿其实明白,"满洲国"实质上是一个谎言,并不是当地居民出于民族自决原则建立的国家,而是日本的傀儡。但是如果直接指责日本为侵略者,那么势必招来日本更强烈的反对,让接下来对话的可能性荡然无存。因此,他在报告书中列举让中日两国坐上谈判桌的条件,准备好一条"世界道路",来呼吁日本进行对话。

——感觉李顿是一边拉着日本,一边拉着中国,努力让两边不要决裂。

在读过李顿的信,明白他的真实想法后,我觉得李顿确实是一个独自背负着很多但又非常坚忍的人。如果他听到你的意见,可能会感动到流泪吧。

另外,李顿的两个儿子都在第二次世界大战中战死了,这可能就是所谓"贵族义务"吧。李顿的家族践行了这一点,履行了自己的职责。

查塔姆研究所里的赞成意见:现实的处方

我们已经读了李顿报告书的结论部分,下面就先回到李顿在查塔姆研究所的演讲吧。查塔姆研究所有这样一条不成文的规定,那就是在演讲结束之后,不论是赞成还是反对的意见,都可以讲出来,大家再进行讨论。这样一来,既不会出现经久不息的掌声,也不会让会场陷入骂战,反对与赞成的意见都可以得到充分陈述。这确实是个不错的设计。

在李顿的演讲之后,照例出现了赞成和反对两种意见,让我们一起来看看这些意见的具体内容。首先,曾经长居中国的美国人格林先生阐述了其赞同的意见。[27]他认为,报告书既提出了保护日本复杂权益的方法,也有关于促进中国改革的意见。李顿的想法是现实的处方,格林先生作为曾经长居中国的人,对此表示赞成。

格林先生是个仔细的人,他提及了自己所观察到的事实。一直以来,中国政府高层之间的斗争,最终几乎都会发展成军事冲突。但是,在1931年蒋介石的南京国民政府与反蒋的广东国民政府的对立中,双方基本没有动用军队。他认为这种情况的出现,代表着中国的进步。因此中国的国民政府是可以打交道的政府,与其签订的条约,是会得到遵守的。

但是实际上,中国国内的政治斗争最终还是发展成了内战。大家知道中国的内战是什么时候爆发的吗?

——太平洋战争结束之后。

没错,国共两党虽然结成了抗日民族统一战线,但在日本接受《波茨坦公告》投降之后,国共之间又爆发了战争。当然,在1931年的时候,这些是不可能预见的。

"中国没有做出任何牺牲就收复了满洲"

对李顿提出反对意见的,是一个叫布兰德的作家兼记者。[28]他在中国生活了27年,正好在1932年出版了一本批判中国国民革命(国民革命指国民政府的军队为统一中国与各地军阀作战的行动)的书。[29]布兰德先生是这样批评李顿报告书的。[30]

在1904年,将来"满洲"是否会被俄国占领,全系于日本的意志。日本拒绝将"满洲"交给俄国，才使得中国没有做出任何牺牲就收复了"满洲"。

　　布兰德先生所说的就是日俄战争的事情了。如同日本人在回忆日俄战争时，会提出损失10万士兵、20亿日元之类的说辞，布兰德也同样抛开现状，以历史作为自己的论据。在布兰德看来，所谓1904年的"满洲"，也就是中国拥有主权的东三省地区的归属，取决于日本的意志，因为是日本把这一地区从俄国手中夺了回来。而中国没有付出任何代价，就收回了东三省地区。

　　1904年日俄战争爆发时，中国正处在清王朝的统治下，东三省地区处于俄国的控制之下。为什么会出现这种情况？

　　1900年，一个名为义和团的组织得到了清政府的支持，在中国各地发展起来。义和团对北京的外国公使馆区域进行了围攻，甚至杀死了日本公使馆书记和德国驻华公使等外交人员。列强也加大了干涉的力度，英国、美国、俄国、法国、德国、意大利、奥匈帝国、日本组成的八国联军，在6月中旬占领了天津沿海的大沽炮台。接到这一消息后，以慈禧太后为首的清政府高层，居然向列强宣战了。联军最终击败了义和团，并要求清政府支付了巨额赔款，还以保卫从海上前往北京的交通线为由，在12个地方驻军。[31]需要注意的是，英国正是在镇压义和团的过程中，注意到了日本的军事力量。对于在1899年爆发的第二次布尔战争中投入了45万兵力的英国来说，其在亚洲可谓力量空虚，而日本正好可以提供帮助。[32]

俄国以清政府未能控制义和团，导致其权益（即东清铁路南满支线）受到损害为由，出兵占领了中国东北部。在义和团运动结束后，除了《辛丑条约》规定的驻军地点之外，列强本应撤走军队，但是俄国抛出各种理由，不愿撤军。在战前的日本小学教育中，对于接下来的那段历史是这样描述的：日本与俄国大战一场，代替中国将俄国赶出了东北。当然，这种历史叙事完全是从日本的立场出发的。

布兰德认为，中国没有进行任何努力，只是借助日本的力量，从俄国手中拿回了东三省。当时那些对军部主张深信不疑的日本人听到布兰德的意见，大概会拍手叫好吧。

让我们来看看布兰德在反对演说中，还说了些什么。[33]

> 国际联盟不应插手远东事务。（中略）日本在"满洲"能否维持其地位，取决于美国的意愿。如果美国不同意，但是日本不从，那么国际联盟很可能与美国一起，向日本施压。日本在这种情况下依然不愿屈服的话，施压可能会发展成制裁。换言之，为了对抗日本，英美两国将结成攻守同盟。如果站在世界和平的角度，这种结果真是叫人可叹。

这种怪异的看法，大概是把1931年占据东三省地区的日本，放在了与日俄战争前的俄国相同的位置。如同日本驱逐俄国势力那样，当时能赶走日本的，只有向太平洋发展的美国。

那么是不是美国与中国或是国际联盟联手，问题就能解决了呢？在布兰德看来，并非如此。他说了一句很有意思的话，一旦英美结成攻守同盟针对日本，站在世界和平的角度来看，这种结果是"叫人可叹"的。他的想法可真是很难搞明白呀。对布兰德来说，英美同盟似乎是一个好战的邪恶同盟。

但是，可能也会有一部分英国人与布兰德有着相似的想法。当时有一部分美国人认为，美国加入第一次世界大战是受了英国的欺骗，美国是在英国的鼓动下，才向欧洲派出了超过400万的军人，美国因此遭受了不少损失。

另一方面，英国对美国也感到不满。在战争结束的前一年才加入战局的美国，居然靦着脸在巴黎和会上唱起了主角，对战争中缔结的旨在瓜分战败国的秘密条约说三道四，摆出一副理想主义者的高尚姿态，想要阻止英法实行这些约定。而对于英国的战争贷款，追讨起来更是毫不留情。受到这些刺激，一部分英国人开始怀念起英日同盟（1902—1923）那种老式的帝国主义军事同盟。

英日同盟旨在让日本和英国分担东西两面的海上防务，同时在欧亚大陆上对俄国进行有效的牵制，简直是天衣无缝。英国和日本通过这一同盟，肆无忌惮地在朝鲜半岛和中国大陆划分了各自的势力范围，可谓是帝国主义同盟的典型。[34]在某种意义上我们可以说，英国教给了日本关于帝国主义的一切。

布兰德看来也是英日同盟的拥护者，他怀念英日同盟存在的旧时光，惧怕美英联手会带来战争。

当然，在听了李顿的演讲之后，反对布兰德的人还是占了大多数。他们倾向于让英国站在国际联盟一边，为了对抗德国和日本，去拉拢美国和苏联也不是不行。在第二次世界大战中，英国选择的正是这样一条道路：为了打倒德国这个最大的敌人，就必须与美国甚至苏联合作。

为了达到避免战争的目的，自然会有各种各样的想法。有些人会想到与强国站在一边来确保安全，也会有布兰德这样的人，认为英美结盟对日本施压会导致战争。

当李顿提出让中国和日本进行谈判的计划，希望国际联盟发挥积极作用时，也有一部分人认为国际联盟不应该插手远东事务，中日两国的事务不需要国际联盟发挥什么作用。

"大众并不知晓事件的真相"

除了格林的赞成与布兰德的反对，李顿的演讲也设有提问环节，其中出现了一些值得留意的观点。大家今后思考国际关系之类的问题时，要坚信就算某一国家的立场与日本对立，那个国家中也会有人提出宝贵的意见。下面这个实际的例子会证明我所言非虚。[35]

那些不再相信依靠武力能够解决国际问题的日本青年男女，就算为数不多，也有一些有前途的人，我们能否给予这些人道义上的援助？1931年10月在上海召开的太平洋国际学会大会上，日本的青年们给我留下了很深的印象。

在查塔姆研究所，出现了曾在上海参加太平洋国际学会大会（顾名思义，这是前面提到过的太平洋国际学会的会议）的人。他发现参加那场会议的日本青年男女，有着反军国主义的姿态。"九一八"事变发生一个月之后，太平洋国际学会在上海召开了第四届大会。将李顿演说翻译为日文的也是这个学会。有人希望为那些珍视和平的日本青年们发出某种信号，支援他们的行动。在当时，也并不是所有的英国人都将日本人视为军国主义者。

顺便一提，在"九一八"事变爆发之后的混乱中，太平洋国际学会第四届大会能够在上海召开，背后还有身为基督徒的蒋介石的支持。蒋介石声称："我知道国民党内也有一些党员，认为太平洋国际学会是帝国主义国家的道具，强烈反对召开会议。这些行为可谓幼稚。"在蒋介石的支持下，国民政府发出了邀请，召开了大会。[36]

那么对那些支持和平反对武力的日本青年，能否给予支持呢？李顿的回答是有可能。如果将事件的真相和世界的舆论传达给日本人的话，就有可能做到。但是他接着指出，在右翼恐怖袭击的影响下，日本的自由主义言论式微。倾向自由主义的人们在生命受到威胁的情况下，也只能选择闭口不言。

很显然，李顿调查团对于血盟团事件，也就是右翼激进组织血盟团发动的一系列恐怖事件有着清楚的认识。1932年2月9日，前大藏大臣井上准之助被暗杀。不久之后的3月5日，三井合名会社的理事长团琢磨被暗杀。李顿一行此时正在东京，甚至就在团琢磨遇刺的前一天，还与他见了面。

团琢磨执掌着三井合名，作为三井财阀的领导，可以说是当时资本家的核心人物。他在自己的宅邸举行游园会，招待李顿调查团一行。团琢磨曾经留学麻省理工学院，学习矿业工程，想必英文水平很好。与调查团进行交流之后的第二天早晨，他前往位于日本桥的三井银行上班，结果在大楼外遭到了枪击。我们刚才说到过，李顿在给姐姐伊丽莎白的信中，称赞团琢磨是一个杰出的人。

出于揭露中国大陆的混乱状况从而博得支持的目的，日本要求国际联盟派出调查团。然而实际上，反倒是日本社会的混乱，给调查团留下了深刻的印象。在国际联盟大会上，中国代表顾维钧等人也确实通过日本国内恐怖事件多发的事实，对日本方面进行了有效的反驳。他们反问道，在日本，财阀的最高领导竟在光天化日之下被暗杀，这样的国家是否有资格去指责中国的分裂混乱？

在日本访问期间，李顿还与新渡户稻造见了面。新渡户曾在1920—1926年间担任国际联盟副秘书长，也是太平洋国际学会日本委员会的代表。在1931年太平洋国际学会第四届大会上，正是新渡户率领着日本与会者们参加了会议。新渡户在札幌农学校（现北海道大学）的同学里有知名的无教会主义①基督徒内村鉴三，内村在青年人当中也有巨大的影响力。新渡户人格高尚，影响力很大，他在国际联盟内部也致力于通过文化推进世界和平合作。通过近年的研究，我们得以知晓此时参加上海会议的日本与会者们与信仰基督教的社会运动家贺川丰彦

---

① 内村鉴三提倡的基督教信仰，不认可教会的制度和仪式，认为相信基督不必通过参加教会来实践。

也有合作关系[37]。

李顿与当时的首相犬养毅也见了面。犬养毅在"满洲国"建立时，曾直言日本政府不准备承认"满洲国"，结果惹怒了军部，在"五一五"事件中被暗杀。所以可以说，李顿一行人对于日本的这些恐怖行动有着相当深刻的体会。李顿很清楚，在舆论上强烈谴责日本，有可能让那些与军部持有不同意见的人陷入险境。他这样说道：[38]

> 毫无疑问，日本政府的支持率非常高。但是大众在许多事情上都被蒙在鼓里。因此在这件事上，如果能够把真相和世界舆论传达给他们，改变他们的意见也并非不可能。

在满是英国高层人物的讲堂中，日本人是这样被议论的。那里的民众什么都不知道，政府和军方隐瞒了真相。但是日本民众如果知晓了真相和世界舆论，还是有可能改变，希望还是存在的。我们今天知道这样的议论，是不是也挺有趣的呀。一个国家拥有自由的言论空间，就可以这样对政策进行讨论。

在当今日本的国会，也在对安保法案和跨太平洋伙伴关系协定等问题进行着复杂的讨论。在这样的场合，如果我们能做到即使某些国家与日本处于对立状态，也能站在对方的立场，去讨论其想法和主张，那么日本的将来，可能就会不一样了。

二 呈现在人们面前的选项是如何被塑造出来的?

日本在等待报告书过程中的反应

日本是如何看待李顿报告书的呢?我们先来看一看1932年10月2日,李顿报告书即将发表时的情况。

在正式的报告书发表之前,报纸和广播上就有了各种预测与评论,这样的情景不论是今天还是过去都是一样的。当时的东京帝国大学法学部教授蜡山政道,曾经是第一次近卫文麿的顾问团体"昭和研究会"的一员。据他说,在报告书即将发表的时候,广播中播放了由外务省和军部各方面综合讨论推测出来的报告书结论[39]。日本国内此时认为,报告书不会认可日本对中国东三省地区的吞并或是控制,但是会容忍"满洲国"的存在[40]。

到1932年末,日本已经有超过140万户家庭签约收听广播[41]。永井荷风还曾经因为邻居家广播声音太响而生气过。广播声音大,加上当时的建筑大多是木结构,所以就算1932年的广播普及率只有11.1%，城市里可能也有一半人能听到广播。也许在晚间7点前后的新闻时间，广播里就播放了关于李顿报告书会容忍"满洲国"存在的内容。

但是到了第二天，报告书给出的是与预测大相径庭的结论，不承认"满洲国"。可想而知会出现怎样的混乱景象。之前宣传煽动闹得欢，结果却如同挨了一记耳光，对精神的打击肯定不小。

到了人们能读到李顿报告书翻译全文的1932年10月3日，报纸上的标题还挺刚毅，写的是《全篇到处皆是不认可日本之记述 始终否定我方对满政策》[42]。

日方对李顿报告书三点结论中的两点表示不认可。首先，报告书否认关东军是基于自卫权展开行动的，对于这一点，日本坚持关东军的行动属于自卫。第二，报告书不认为"满洲国"是因为自发的独立活动而成立的，日本对此同样针锋相对，声称"满洲国"是当地汉族与满族基于"民族自决"原则建立的。什么自卫权、民族自决，日本的辩解都是些漂亮话呢。

说到民族自决原则，大家知道是谁在什么时候提出的吗?

——是威尔逊吧。

没错。前面我们曾提到吉野作造在文章中说，威尔逊"让战争得以明码标价"。在第一次世界大战尚在进行的1918年1月，美国总统威尔逊提出十四点和平原则。包括废止秘密外交、创立国际联盟等内容的十四点和平原则，被作为呼吁德国投降的停战条件。德国的投降也受到了这些原则的影响。

但是在巴黎和会上，遭受了巨大损失的英国和法国对德国有极深的报复情绪，用"委任统治"这样的漂亮说辞，瓜分了原属德国的殖民地。不仅如此，他们还要求德国支付巨额赔款。威尔逊对德国提出的不要求领土和赔款的条件，最终成了谎言。

在威尔逊关于十四点和平原则的演说中，并没有明确提及"民族自决"这个词[43]。威尔逊确实有民族自决的想法，但是此时他脑中的民族自决原则，其实不是现在大家普遍理解的意思。现在所谓民族自决原则，一般是指一个民族拥有决定自身政治命运的权利。而当时威尔逊所设想的民族自决，只是希望处于殖民统治下的人们，能够与宗主国政府在平等的立场上"调整"利害关系[44]。

具体来说，其实威尔逊最初提出民族自决时，连欧洲都不是他所设想的适用这一原则的地区。民族自决原则是威尔逊针对处于美国脚下的中南美洲各国提出的。但是在巴黎和会上，随着战败的奥匈帝国解体，匈牙利、捷克斯洛伐克、南斯拉夫等国家获得独立；沙皇俄国因为国内发生革命而脱离协约国阵营，原本处于沙俄控制下的波兰和芬兰也获得独立；朝鲜半岛的人民也感受到了这一风潮，认为这也许是脱离日本控制取得独立的机会，在1919年3月发起了独立运动。

日本也狡猾地利用了"民族自决"这个关键词，抛出了生活在东三省的满族是独立的民族，不应该由以南京为首府的中华民国政府来统治的论调。关东军还把清朝最后的皇帝溥仪带到"满洲国"，放到了"执政"的位置上。

溥仪与"满洲国"

大家有没有听过土肥原贤二这个名字？他是一个陆军军人，从1913年开始就在中国工作。到1931年"九一八"事变发生时，他已经在中国活动了18年。当时土肥原在沈阳担任特务机关长，可以说是陆军数一数二的"中国通"。1911年辛亥革命后，清朝灭亡，溥仪在20世纪20年代流落到天津。土肥原贤二盯上了在天津抱怨自己命运多舛的溥仪，并着手将其捧上"九一八"事变后建立的"新国家"首脑之位。1931年11月，日军帮助溥仪秘密逃出天津，并在第二年3月9日"满洲国"成立时，让其坐上了"执政"的位子[45]。

推举溥仪，并不仅仅源于日本方面的考量。清朝的遗老罗振玉等人，也有在清王朝兴起的东三省复兴清朝的想法。在溥仪的自传《我的前半生》中，他回忆了自己与土肥原贤二的对话。[46]

（溥仪）这个新国家是个什么样的国家？

（土肥原）我已经说过，是独立自主的，是由宣统帝完全做主的。

（溥仪）我问的不是这个，我要知道这个国家是共和还是帝制？是不是帝国？[1]

---

[1] 此处对话引自爱新觉罗·溥仪：《我的前半生》，北京联合出版公司2018年版，第287页。

溥仪所重视的，是让清朝复活，因此他表示如果新的国家是帝国的话，就出面担任元首。不过，因为日本要维持表面上民族自决的幌子，不能明目张胆地把清朝原模原样地搬出来，溥仪一开始也就没有当上皇帝，只是所谓"执政"。直到"满洲国"成立两年后的1934年，溥仪才如愿成为"皇帝"。

溥仪的弟弟溥杰出于政治联姻的目的，娶了日本有名的贵族嵯峨实胜侯爵的女儿嵯峨浩（不过后来两人似乎也萌生了真正的爱情）。溥杰在20世纪80年代接受NHK的采访时被问道："对于以逊帝为首的一众清朝遗老来说，'满洲国'意味着什么？"溥杰是这样回答的："我们为了复辟清朝而利用关东军，而关东军也出于政治目的利用了我们，仅此而已。这就是'满洲国'对我们的意义。"[47]不论是关东军还是溥仪、溥杰兄弟，对"满洲国"都不带一丝感情呢。

不过，日本依然坚持"满洲国"是基于民族自决原则诞生的国家。自卫权与民族自决成了日本在舆论上进行反击的借口。

中国方面的反应

李顿为日本与中国的谈判准备了条件，那么根据李顿的条件，中日两国有可能达成协议吗？请大家思考一下这个问题。

——恐怕是很难的吧。像第十点条件所说的，通过国际合作来促进中国的国家改造之类的，有种不尊重中国主权的感觉。

没错，正是如此。没有从日本方面不愿妥协这个角度出发，而是把视角放在中国方面，这位同学非常敏锐。包括顾维钧在内的国际联盟中国代表团认为，李顿报告书为解决问题而准备的条件（报告书第九、十章）只是在应对既成事实，与前八章所叙述的历史过程存在矛盾之处。他们判断这些内容无法得到中国人的认可[48]。在国民政府军事委员会委员长蒋介石发给中国代表团的电报中，也表示报告书前八章立场公正且有说服力，但最后的提议差不多全是顾及日本在东三省的力量而写的，中国必须要求国际联盟进行修正。[49]中国方面认为，李顿调查团的解决之策，过于倾向日本炮制的既成事实。这一点很有意思。

为什么有意思呢？因为当时的日本报纸一方面不怀好意地用"支那侧狂喜"[50]这样的标题渲染中国方面对李顿报告书感到满意的假象，另一方面在报道日本方面时，又用上了"怎么看都是最坏的报告 陆军方面极为愤慨"这样的标题。[51]再读一读这些报道的正文，会发现其中并没有给出"狂喜"的证据，而所谓陆军的愤慨，也只是写了"除在陆军当局谈中发表的内容，一概无可奉告"。陆军只给出了"当局谈"这一消息来源，那就让我们来看看当中是怎么说的。"感谢努力完成了自身任务的联盟调查团。综观报告书概要，军部认为对于帝国一直以来再三向国内外声明的各项主张，没有修正的必要。"陆军意外的还挺老实的呢。[52]

不论是当时还是现在，报告书的主张遭到中国反对这一点，在日本都没有得到太多的关注。这是因为日本毫无根据地相信，李顿调查团偏向中国，那么自然也就很难想象中国会对报告书内容感到不满。我们常常只是从日本与国际联盟的关系出发谈论李顿报告书,但是,中国对报告书的态度如何,这种视角也是非常重要的。

既然中国方面对报告书内容不满,那么是不是能够得到一个结论:日本应该对报告书提出的条件有更积极的评价。但是实际情况并非如此。想到这一点,就会感到李顿还真是有些可怜。

国民党内部那些反对蒋介石的势力[53],对于报告书就更不留情面了。他们的主张如下:[54]

> 李顿报告书自相矛盾。虽承认东三省为中国领土,却要求设置自治政府,雇用外国顾问,还要让日本人占其中大半。此外,还应日本方面要求,以承认日本人在中国东北全境的居住权和租地权为代价,换取其取消治外法权。再将东北全境作为非军事地带,主权虽在中国,却无权在自己国土部署军队。组织抵制日货亦被禁止。我们认为此种规定,较"二十一条"更为严苛。

将李顿报告书与声名狼藉的"二十一条"相比较,认为李顿提出的条件更为恶劣,这可真是让人印象深刻。

对于中国来说,"二十一条"[55]可以说是自鸦片战争以来屈辱历史的顶点。第二次大隈重信内阁的外相加藤高明,在第一次世界大战开始后的1915年1月,向当时的袁世凯政府提出了"二十一条"。"二十一条"分为5号,其中第1号是关于如何处理山东问题的，要求中国必须承认将来日本与德国之间的协议。第2号则意在扩大日本在东三省南部与内蒙古东部的利益，并将旅顺、大连以及南满铁路的租借期限延长到99年。第5号要求中国招聘日本人作为政治和军事顾问，遭到了中国最强烈的反对。虽然日本最终撤回了第5号，但是也发出了最后通牒，出动军舰对中国进行威吓，要求中国接受其他各条要求。

蒋介石面对反对李顿报告书的国内势力，给国际联盟的中国代表团发去了这样的指示：[56]

> 对报告书应取温和态度，不可过度反对。
>
> 同时应该注意如下问题。唯有两种情况下，日本会接受报告书。其一为列强决意进行经济与武力之制裁，其二为日本国内发生对军阀不利之重大变化。然两者皆无发生之可能性。因此即便中国加以让步，也只会制约将来自身行动，并引起国内反对。

蒋介石的文章有趣之处在于，他总是举出各种可能性，并在加以考察后得出结论。他给出了两个条件，即列强是否有制裁的决心，日本军阀（指军方）的势力是否会衰退。在认定两者都没有实现的可能性之后，得出了即使中国吃亏让步，也没法最终解决问题的结论。

蒋介石没有就此放弃，就算知道通过国际联盟解决问题的可能性不大，他还是不断思考哪些条件可以接受而哪些条件必须拒绝。例如，为了中日之间的永久和平，承认东三省为非军事区这一点。刚刚我们提到的国民党内与蒋介石对立的那些人，就认为在东三省部署军队，事关中国主权，将东三省非军事化不可接受。

那么蒋介石为什么同意从中国东北撤军呢？大家可以用稍微阴暗一些的视角来思考一下这个问题。有谁能说说看吗？阴暗一些也可以哦。

——……

这个问题有点难吧。日本从明治维新之后，基本上都是中央集权制的。军队名义上受天皇统帅，所以军阀混战是个什么样子，大家可能有点难以想象。但是在那时的中国，蒋介石和张学良，可以说是各自占据着长城南北的军事领袖。日军炸死了张学良的父亲张作霖，所以张学良进行了"易帜"，与国民政府合流，表面上东三省也归入了国民政府的领导下。张学良的头衔成了东北边防军司令长官，而蒋介石则是国民政府军事委员会委员长，是军队的统帅。蒋介石的位置虽然高于张学良，但是张学良手下的东北军有19万人，是一支不可忽视的精锐力量。蒋介石一直以来都在与共产党和国民党左派斗争，对于隶属于张学良的东北军，他恐怕并不放心。蒋介石会不会希望东北军被拆散，然后归入自己麾下呢？

虽然蒋介石让人意外地接受了从东北撤军，但是对于建立顾问会议、强制任用外国顾问、永远禁止反日运动等条件，他还是坚持不接受李顿报告书的建议，且要求进行彻底修正。

日本所忌惮的

我们已经讨论了中国方面对报告书的反应，再来看看日本方面的情况吧。大家可以想一想，当时的军人、政治家或是普通百姓，会认可李顿报告书中的哪些内容，又会害怕哪些内容呢？

——在东三省建立的新政府是被置于"中国的主权"之下的，日本一直以来坚持的理论不攻自破了。

是的，李顿不同意将东三省重新交给张学良政权，但是他也不得不承认新的政权在主权上必须属于中国。

日本一直坚称"满洲国"是基于民族自决原则，由汉族、满族、蒙古族、朝鲜族以及日本人齐心协力建立的。当然，这种叙事不过是神话而已。日本在1932年9月15日承认"满洲国"，不过是方便与其签订条约而已，而这些条约的内容自然都是日本所希望的。如果东三省在主权上依然属于中国，那么日本就不得不与中国就条约内容进行交涉，与"满洲国"这个傀儡政权相比，难度自然更高。

已经到手的东西又被夺走，自然会引起不满。毫无疑问，日本希望李顿计划中的东三省自治政府能够维持"满洲国"这个名号。

在日本国内，那些不希望与国际联盟合作的势力在攻击李顿报告书时，会在报纸上打出"李顿完全否定满洲国之存在"这样的标题。报告书确实既不同意恢复张学良政权，也不承认"满洲国"，但是接下来是否会完全否定既成事实，还要看日本如何进行谈判。如果像在建立"满洲国"时那样，再一次下定决心，参加新政权成立前的咨询委员会，让日本人尽可能多地占据顾问席位，是不是就等同于把"满洲国"重新建立了一遍呢？哎呀，这可不行，我们一定要明白，"满洲国"是不好的，这里只是假设一下当时可能的选择。

中国方面强烈反对有关新政权的咨询委员会与顾问，就是因为害怕这些条件会对日本有利。更不用说日本手中还握着清朝最后的皇帝，宣统帝溥仪这张王牌。

还能想到其他让日本害怕的地方吗？

——如果与中国缔结新的条约，之前的那些手段就没法用了，还有其他国家可能也会插手。

没错，我再稍微补充一下，之前日本与中国打交道，惯用武力施压。但是在国际联盟的框架下，就需要担心没法像以前那样占到便宜了。而且插手中日之间事务的，除了几个大国，还有国际联盟的其他成员。

派员参加李顿调查团的美、英、法、德、意等国都是熟知国际政治中现实主义因素的大国。除了美国和德国，其他三国更是对帝国主义和殖民主义早已轻车熟路。但是关于李顿报告书，还有一个需要注意的部门，那就是"十九国委员会"。

李顿报告书是国际联盟行政院对中国东北部问题进行讨论的基础，而起草全体加盟国向国际联盟大会提交的关于这一问题决议案的，则是十九国委员会的成员。顾名思义，这个委员会由19个国家的代表组成，包括英国、法国、意大利、德国、比利时、西班牙、巴拿马、爱尔兰、危地马拉、挪威、波兰、秘鲁、南斯拉夫、瑞士、捷克斯洛伐克、哥伦比亚、葡萄牙、匈牙利、瑞典。

最前面的4个国家，英国、法国、意大利、德国都参加了李顿调查团。大家能在地图上正确地指出巴拿马、危地马拉、秘鲁、哥伦比亚的位置吗？我是没什么自信呢。大家能想到还有中南美洲的国家进入了十九国委员会吗？

此外，以第一次世界大战为契机诞生的南斯拉夫和捷克斯洛伐克也在其中。国际联盟让可能并不了解中日之间历史纠葛的小国参与起草决议案的做法，大概也让日本担心害怕。

而十九国委员会得以成立的最根本原因，恰恰是日本自己造成的。国际联盟行政院决定派出李顿调查团是在1931年12月，之后不久的1932年1月，日军蓄意策划了一系列事件，在上海制造紧张局势，最后发起了军事行动，这就是"一·二八"事变。以此为契机，中国将包含"九一八"事变在内的一系列中日冲突提交到了国际联盟进行控诉。中国所依据的是《国际联盟盟约》第十五条。

之前中国就"九一八"事变向国际联盟控诉日本的时候，依据是《国际联盟盟约》第十一条："凡任何战争或战争之威胁，不论其直接影响联盟任何一会员国与否，皆为有关联盟全体之事。如遇此等情势，秘书长应依联盟任何会员国之请求，立即召集行政院会议。"如果运用第十五条，那情况可就大不相同了。根据第十五条规定，只要通过行政院过半数的表决，就可以起草一份含有劝告内容的报告书，冲突双方中有一方要求的话，相关争议将被提交到国联大会。[57]日本最害怕的是，在这种情况下根据《国际联盟盟约》第十六条，国际联盟有实施经济制裁的可能性。第十六条的内容如下：

> 联盟会员国如有不顾本盟约第十二条、第十三条或第十五条所定之规约而从事战争者，则据此事实应即视为对于所有联盟其他会员国有战争行为。其他各会员国立即与之断绝各种商业上或财政上之关系，禁止其人民与破坏盟约国人民之各种往来并阻止其他任何一国，不论为联盟会员国或非联盟会员国之人民与该国之人民财政上、商业上或个人之往来。

日本的多数战略物资都依赖进口，如果经济制裁也成为一种可能的措施，那么将是相当让人头疼的事。

关东军所厌恶的

让我们想一想，策划发动了这一切的关东军，会讨厌报告书中的哪些内容。

——报告书中提到要顾及苏联的利益，我觉得应该是这一点。

你当关东军司令官的话，肯定非常能干（笑）。南满铁路连接了旅顺与长春，本来是沙俄建设的中东铁路的支线部分。日本艰难地赢得日俄战争之后，在1905年与沙俄签订《朴次茅斯和约》，获得了南满铁路的所有权，而沙俄则继续保有长春以北至哈尔滨的线路。贯穿东三省北部的中东铁路干线与南满铁路在哈尔滨交会。

沙俄打下了东三省铁路的基础，日本则奠定了东三省的重工业基础，如鞍钢的前身鞍山制铁所和其他一些采矿业。李顿提出的10个条件中，第二条要求"考虑苏俄利益"，就是认识到了这些历史问题。然而关东军可能并不愿意去考虑苏联的利益。还有一个重要的点大家没有谈到。

——……

大家对于某一事物的恐怖之处都不太了解呢。日本是怎样攫取东三省的？

——武力。

没错。"九一八"事变发生后，在东三省发动大规模军事行动的不仅有关东军，就连驻扎在朝鲜半岛的朝鲜军也派出了部分军队进入东三省。要让日本的军队回到原本的驻地，即满铁附属地以及朝鲜半岛，并不是一件容易的事情。今天的我们很清楚"九一八"事变是关东军自导自演的，那么让关东军撤退也是自然的。但是当时关东军坚称是在进行自卫，因此拒绝撤退。

李顿报告书中提到为了保障中国东北部的安全，需要设立所谓"特别宪警"，甚至预定由日本方面的专家和顾问参与这支武装力量的训练。这些具体的对于日本的照顾，当时的军部是绝对感受不到的。

——日本军队为什么那么不情愿从中国东北撤退？

第一，日本国内舆论给日俄战争披上了神圣的外衣，形成了一种共同记忆。这种记忆时常敲打着人们，不能让政府忘记父亲、叔伯那辈人在日俄战争中的劳苦，否则就亵渎了日俄战争的神圣性。

第二，日本从东三省撤军，就无法对苏联这个共产主义国家产生抑制。沿着南满铁路到达长春后继续北上，只要到了哈尔滨，就有苏军存在。在当时看来，日本一旦撤军，自身安全就成了问题。另外，撤军恐怕也得不到当时国民的理解和支持。

理解选择的困难所在

日本最终做出了怎样的选择？在开始这个话题之前，我想介绍一个很有意思的实验。在我们今天讲座的开头，我提到过只有人类能做出选择，人工智能（AI）还做不到这一点。接下来我要说的是，进行选择这件事确实非常困难。在必须做出选择的时候，提供选项的一方可以通过对选项进行伪装，来轻易地将我们诱导到某一方向上去。

阿莫斯·特沃斯基出生于英国托管下的巴勒斯坦地区城市海法（今属以色列），是一位心理学家。他与后来获得诺贝尔经济学奖的丹尼尔·卡内曼合作进行了一项研究。接下来要介绍的，就是特沃斯基在排名世界前五的著名学府斯坦福大学里，针对学生进行的实验。[58]

以下三个选择题中，选项后的数值代表选择该选项的人数比例。学生们可以自由选择一个感觉对自己更有利的选项。

第一题，选取自己倾向的选项。

A. 确定得到30美元。（78%）

B. 80%的概率得到45美元。（22%）

一边是100个都装了30美元的罐子，另一边则是80个装了45美元的罐子和20个空罐子。在只能拿走一个罐子的情况下，选择A，肯定能得到30美元。这种心理很好理解，毕竟选择B的话，会有20%的概率什么都得不到，挺让人不舒服的吧？

就算根据概率论，选择B的话，到手金额的期望值会达到45×0.8=36美元，但是毕竟不能确定到手，因此大部分的学生仍然选择了A。

我们先把第一题放到一边，看看后面的题目。

第二题，假设游戏由两个阶段组成，第一阶段就有75%的可能性结束游戏，而且什么都得不到，在幸运地以25%的概率进入第二阶段后，就可以得到在游戏开始之前选择的结果。下面的两个选项，就是第二阶段能够得到的结果。

C. 确定得到30美元。（74%）

D. 80%的概率得到45美元。（26%）

第三题，选取自己倾向的选项。

E. 25%的概率得到30美元。（42%）

F. 20%的概率得到45美元。（58%）

在第三题中，"确定"这个词从选项中消失了。选择E的话，重复无数次实验，到手金额的期望值也只有30×0.25＝7.5美元。而选择F则是45×0.2=9美元。这时候选择F的比例就上升到58%了。

但是大家有没有发现，第二和第三题在能够得到的奖励上其实并没有区别，因为第二题中存在"25%的概率进入第二阶段"这个前提,所以两者只是表述方式不同,实际上是没有区别的。得到 C 的奖励的概率与选项 E 一样,只有 25%,其实就是"25% 的概率得到 30 美元"。但是选择 C 的人有 74%,而 E 只有 42%。

至于第三题,在两边概率都不高的情况下,确实会有更多的人选择更高的回报来搏一搏吧。

第二题的选项 C,虽然写着"确定得到 30 美元",但是因为存在第一阶段 75% 的概率直接出局的设定,其实完全没有什么"确定"。但是人就是容易被这种"确定"话术中那虚假的 100% 所欺骗。

特沃斯基将之称为"伪确定性效应"。他通过实验发现,在实际上取决于偶然的环境中,人们还是会被"确定"这样的词汇所迷惑,进而被诱导到某一方向上。

仅仅通过改变设问方式,就能产生这样的效果。因此,如果能够对报纸新闻的标题和政府信息的公布方式进行加工的话,对民众进行某种引导似乎也不是什么难事。因为某种设问方式,民众就会选择走上当权者所希望的方向。同理,如果我们用 E 和 F 那样实实在在的设问方式,是不是就能让民众做出更合理的选择呢?我觉得人类理应能够做出更好的选择。

继续占领还是归还土地?

策划了这些实验的特沃斯基曾经在以色列军队服役(以色列实施义务兵役制度,包括女性在内的大多数以色列国民都需要服兵役)。我以前也给一个以色列学生讲过日本近代史。他是哈佛大学毕业的博士,真的非常优秀,简直不知道他究竟会说几种语言,能写几种文字。这般人才的兴趣是研究国家主义运动的领导者北一辉,有些让人捉摸不透。他在冬天也经常只穿一件短袖T恤,有一次我忍不住问他冷不冷,得到的也是"因为是军人"这样的回答,果然还是捉摸不透呀(笑)。

让我们把话题拉回到曾任以色列国防军军官的特沃斯基身上,他最初考虑的,其实是下面的问题。[59]

假设在一个四周被敌国环绕的民主国家,有一场关于是否归还占领的敌国领土的政策讨论。控制这些土地,毫无疑问是取得战争胜利的关键因素。另一方面,如果归还土地,就有可能降低战争发生的可能性,但是这种可能性并不确定。那么在这种情况下,可以打赌,坚持继续占领的一方会占优势。

我们暂且把是否民主放在一边,这里所设想的国家应该就是以色列了。而被以色列占领的土地,就是属于叙利亚的戈兰高地。戈兰高地自古便是兵家必争之地,在第三次中东战争中被以色列占领。如果将其还给叙利亚,自然可以缓解两国矛盾,降低战争的风险。但毕竟只是降低冲突的可能性而已,以色列与阿拉伯国家之间的矛盾不会就此消除。以色列国内关于继续占领或是归还戈兰高地的争论一直存在,但是正如特沃斯基所言,坚持继续占领的一派已经占了压倒性的优势。

特沃斯基提出的问题有没有让大家想到其他状况相似的地

方呢?"控制这些土地,毫无疑问是取得战争胜利的关键因素",这种以偶然为前提的"确定",却让人感到其可能性明显高于"如果归还土地,就有可能降低战争发生的可能性"。但是历史上有没有相反的情况呢?归还占领的土地,会不会是更合理的选择呢?

——辽东半岛?

啊!虽然不是我设想中的答案,不过这个例子非常好。这确实是通过归还土地使得紧张局势缓解的成功事例。1895年中日甲午战争之后,日本在和谈中要求清朝割让台湾、澎湖列岛以及辽东半岛。结果发生了三国干涉还辽事件,德国、法国、俄罗斯三国要求日本将辽东半岛归还清朝。当时的外相陆奥宗光接受了三国要求,放弃了辽东半岛,但是依然要求清朝支付巨款,作为"赎回"辽东半岛的费用。

归还辽东半岛之后,直到1904年日俄战争爆发,日本得到了差不多10年的缓冲期。可以说正是在这段时间里,日本做好了与俄国作战的准备。

日俄战争中,日本跨过鸭绿江向辽东半岛进军的时候,对海军能否完成兵力输送并没有把握。如果占有辽东半岛的话,可能会在对俄战争中获得一些优势。但那样一来就会使俄国对日本扩充军备的反应更加激烈,日俄之间的冲突有可能会更早爆发。还有,清朝实际上在日俄战争期间有形无形地给了日本一些帮助,如果没有归还辽东半岛的话,日本想来也就得不到这些帮助了。这个时候日本的决策层中也出现了继续占领和退让归还两种意见,首相伊藤博文准备与列强就继续占领展开谈判，而陆奥宗光则准备接受归还要求。

还能想到别的吗？

——……

因为没有归还而吃了大亏的事例，在太平洋战争之前是有的吧。给个提示，南方。

——印度支那？

没错，法属印度支那这个地名，在第一章曾经出现过，在学校里可能还没有学到吧。法属印度支那大致包括了当今的越南、老挝、柬埔寨等国。在太平洋战争爆发4个月之前，也就是1941年7月，除了之前已经占领的法属印度支那北部，日本进一步占据了南部地区。如果日军要继续南下，就必须有空中支援，而法属印度支那正好能提供机场所需的土地。太平洋战争爆发后，日军正是以法属印度支那为基地，入侵了荷属东印度（今印度尼西亚），侵占了那里的石油资源。此外，从法属印度支那出发，攻击美国的殖民地菲律宾，或是英国的殖民地新加坡以及受英国殖民统治的中国香港，也很方便。

军部对于占领法属印度支那南部并没有过多的顾虑。但是这一行动引来了美英等国的经济制裁，对日本的石油出口被全面禁止。

美国虽然采取了强硬措施，但是并没有放弃从1941年4月开始的美日交涉。1941年11月，美国还向日本提出，只要日本从法属印度支那南部撤退，就解除对日本的石油和航空燃料的出口禁令。

如果此时日本按照美国的要求从法属印度支那撤退，或者至少按兵不动等到1942年的春天，太平洋战争是否还会爆发呢？关于这一点，我们会在第四章来讨论。

在爆发战争时，如果听说占领地100%会派上用场，那么就算归还了土地，交涉也不一定会成功的担心就会变得尤为强烈。但是我们需要明白，归还土地达成和解的概率高于爆发战争的概率，也是完全有可能的。被别有用心地误导，以至于忽视了回避战争的可能性，是极为危险的。

日本给出的选项，李顿给出的选项

李顿为了解决"九一八"事变，为日本准备了什么样的选项呢？大家也可以站在关东军的立场上想一想，要将民众引向否定李顿报告书的方向，又要准备什么样的选项呢？

首先，我们来想一想日本政府为本国民众准备的选项是什么样的。一方面日本已经承认"满洲国"，另一方面又想避免退出国际联盟和受到经济制裁。请大家想一想日本政府有哪些选择呢？

——为了维持与国际联盟的关系，让国际联盟承认日本的主张，最终达成妥协。

以留在国际联盟为主要目标，尽力使国际联盟成员国和日本达成一致意见，促成和解。你所设想的日本政府，应该是个自由主义政府（笑）。当时有这样的政府就好了呢。还有其他的选择吗？

——只能在"确保"日本在东三省的利益，或是接受李顿的主张以避免当前的矛盾这两者之间进行选择吧。但是，放弃东三省的话，苏联可能会乘虚而入。

我们从特沃斯基的实验结果得知，人们会被"确保"这样的词汇所吸引。你所设想的选项之一，就很好地运用了这个实验结果。还有，你在第二个选项中用了"当前的"一词，暗示了就算避免与国际联盟对立，保持了和平，也不过是暂时的。更妙的是，你又加上了"但是"这个转折，指出就算接受李顿的建议，还存在苏联南下的威胁。你所设想的，可以说正是日本政府中那些认为只能退出国际联盟、承认"满洲国"、坚持日本政府的既有立场的人会拿出来的选项呢。

若我站在关东军的立场上，会这样说："如果屈从李顿报告书和国际联盟的方针，那'满洲国'就必然不复存在，日军也只能撤退，你们能接受这种结果吗？"

既有自由主义政府的方式，又有那些想要维护既成事实的势力的方式，还有与关东军的主张相近的强硬派的方式，当权者可以用多种多样的方式，把各自所希望的选项呈现在民众面前。

李顿的设问：东三省还是全中国？

接下来让我们站在李顿的立场来考虑。李顿会用何种方式来向日本民众设问呢？

——走世界道路，通过妥协来确保获得较少的利益，或是为了更大的利益与全世界对抗。

日本通过做出一些妥协，来获取较少但是确定的利益，或是走上可能导致战争的孤立道路，这种设问方式很合理。用

"确保"这样吸引人的词汇与"较少"结合，最后再加上"利益"，真是想给出10分的高水平话术（笑）。还有，从李顿的演讲中提取"世界道路"这个象征性的词语作为宾语，来作为选项的关键词，也非常精彩。你已经能够当李顿的发言人了。还有其他的想法吗？

——一直以来日本独自保卫着自己的利益，处境艰难。接下来可以由全世界来共同分担这一重担，反而可以更好地确保日本在中国东北部的利益。

李顿报告书中提到过要创建特别宪警呢。

你的想法很新颖，有些出乎意料。现在确实有论文将李顿的想法与后来的联合国维和部队联系起来呢。[60]

对于日本来说，经济利益当然也很重要，但是苏日和中日关系以及与之相关的日本国防安全问题，其实是当时人们考虑的头等大事。李顿提醒日本，可以让世界共同参与，长久地让大部队驻扎在东三省，可能会给当时的日本带来更高的安全感。这一点确实十分重要。

实际上，在报告书中，李顿也提出了以下疑问。日本无限期地在东三省驻军（日本承认"满洲国"之后，以"满洲国"要求的形式让日军驻扎在当地），是否真的如日本预料的那样，能够有效地防止苏军进攻。驻扎在东三省的日军时刻被怀有敌意的中国民众所包围，是否真的能守住所谓"日本的生命线"？[61]李顿接着给出了建议:

日本甚或可因世界之同情与善意，不须代价而获得安全保障，较现时以巨大代价换得者为更佳。

关注李顿在报告书的最后也是最重要的部分是如何进行总结的，有助于理解他的想法。李顿显然注意到了日本外务大臣内田康哉的以下发言，"帝国政府认为中日关系相较满蒙问题更为重要"[62]。李顿希望日本人能认识到，内田外相是把中日关系的重要性放在满蒙问题之上的。

举例来说，南满洲铁道株式会社在东三省获得的利润约为5000万日元[63]，而日本通过与中国进行贸易，能够得到总计约10亿日元的利润。在这种情况下，李顿提醒日本人，与中国达成和解才是最重要的，你们的外务大臣也明白这一点，不是吗？

但是当时日本所思考的，全是对于中国东北地区已经进行了多少投资。1926年，也就是昭和元年进行的调查表明，日本对这一地区的投资总额达到14亿203万4685日元[64]，占日本在中国投资总额的77%。看到这一点，好像也不是不能理解为什么当时日本会那么执迷于中国东北了。

此前我们介绍过被称为现代经济学之父的亚当·斯密，他以保障人类的幸福、促进国民的利益为目的，论证了英国不应该阻止美国独立；坚持在殖民地驻军，只会导致英国的财政状况恶化。

值得注意的是，在亚当·斯密写出《国富论》156年之后，李顿在其报告书中再一次探讨了类似的问题。在报告书末尾，他宣称如果报告书的建议能够实现，"当能使满洲问题达到圆满之解决，不特有裨远东两大国之利益，即世界人类，亦胥受其赐焉"[65]。

——哇……

正如亚当·斯密在苦思冥想之后创立了经济学，李顿也在为"九一八"事变而苦苦思索，为了解决国与国之间的武力冲突，他的想法已经与现在的联合国维和部队有些接近了。

防卫大学的等松春夫教授是这样描述联合国维和部队的，这支多国部队由安理会主导，兵员主要来自中小国家，配备轻武器。经过发生冲突的国家同意后，部署到冲突地区，从事监督停战或是保证治安等行动。[66]

李顿报告书，可以说是为了实现中日之间的谈判而精心准备了各种条件。那些在谈判开始之后能有利于日本的条件，其实为数不少。

——但是民众一点都没察觉到。

事态本来还有对话的余地，但是在呈现于民众面前的选项中，却看不到这样的余地。

谈判必然会是艰难的，但是李顿还是为中日两国的谈判准备了前提条件。至少日本人可以在看了这些条件之后，再慢慢地加以思索。因为事关退出国际联盟这样的大事，难道不应该多加考虑吗？不过，一旦"'满洲国'必然不复存在"这样的结论被摆到面前，大家可能就不会再去仔细阅读李顿报告书的内容，也不会去认真思考妥协能带来什么结果了。虚假的确定性被作为幌子，用以引导国内舆论，使得当时的日本人对李顿报告书表现出了众口一词的否定态度。

等大家18岁获得选举权的时候，一定要识破那些披着虚假的确定性外衣的设问，认识到选项中的正确含义。就算是在李顿报告书遭到批判的当时，报纸的号外和特别增刊上其实也有刊登报告书的全文，如果大家都能好好读一读的话，结果可能就不同了。

三 当日本做出选择时，当权者在考虑什么？

被 "压制"和"煽动"这两个关键词所掩盖的问题

——民众被新闻媒体搞得激动不已，这种事情确实存在。但最初进行传播的应该是政府吧。很多事情政府也没法一手包办吧。而且很难想象政府中的所有人都要把国家导向不合理的选项，在政府内部不同意见的人也是存在的吧。

你想问的是，讨论国家的选择时，是不是只着眼于民众和新闻媒体就行了？政府在我们刚刚讨论的问题中，究竟扮演了什么角色？目前我们讨论的基本调子就是民众受到了政府的欺骗，而新闻媒体则在其中煽风点火。但是欺骗与被欺骗这种单纯的相互关系，并不能说明所有的问题。政府内部也肯定有人能够清醒地分析事态的发展。

我同意你的意见。对于民众、新闻媒体和国家三者，我们不能把责任完全推给其中一方。对于我们老百姓来说，自然是倾向于民众被政府欺骗了，又被报纸和广播这些媒体煽动了的说法。毕竟当时政府对言论的压制是那么严厉，广播中的煽动性言论又是那么振奋人心。"压制"和"煽动"，这两个关键词似乎可以解释所有问题。但是这么一来，政府到底意欲何为，民众所知的、所希望的又是什么？这些重要的问题就得不到答案了。

对于以上问题，我们需要从两个方向去探讨。首先要对政府和当权者的政策和构想进行考察，其次要弄清楚有哪些因素制约着政府的主张。

什么因素制约着政府和当权者的主张？

政府和当权者的主张会受到哪些因素的制约呢？举个例子，如果有80%的国民都读某家报社的报纸，那么在这份报纸上表达对某一问题的反对意见，政府想来是没法视而不见的吧。新闻媒体是我们很容易想到的一个因素，那么除此之外，还有什么能影响政府和当权者的选择和行动呢？

设想一下，首相想要做些什么的时候，他会想到些什么呢？这里我们暂时排除外交问题，专注于国内，首相会想到国内的哪些问题呢？

——选民的意见，或者对国民有益的事情。

没错，选民的意见非常重要。要说在20世纪30年代，那就是25岁以上男性的意见了吧。

而对国民有益的事情，比如不增税或是不新发国债之类的经济问题与国民的利益息息相关，确实会影响政府的考量。

——还有企业吧。

民营企业和国营企业。嗯，这也很重要呢。满铁、财阀企业、银行、出口行业这些经济组织的利益,也是政府不能不仔细考虑的。

——宪法。

啊,这一点很厉害。这个回答我都没有想到。可能因为我不是立宪主义者,所以才没能想到宪法这个制约因素吧(笑)。

《大日本帝国宪法》第六十四条规定,"国家之岁入岁出须经帝国议会之协赞,每年列入预算"。就算是陆军省和海军省的军事预算,也要经过帝国议会的审议。有关"九一八"事变的预算本来也该好好审议的,奈何帝国议会的议员们,相比内阁更倾向于"勇猛"的军部。另外,在1937年全面侵华战争爆发后,军部开始滥用"临时军事费特别会计"制度。这一制度把战争从开始到结束为止的时间,算作临时军事费的会计年度,让原本由议会每年审议军费的制度成了一纸空文。但是毕竟宪法规定了国家预算须经议会审议,所以这确实对政府是个制约因素。

还能想到别的吗?和现在提到过的都不一样的因素。

——……

我想说的是运动。这里说的不是体育运动的,而是政治运动。

用比较近的例子来说,在国会审议安保法案时,大批群众包围了国会议事堂,无疑也影响了审议。国民可以通过选举选出代表自己的政治家,但是向政治家们传达自己对于各个法案的意见也是同样重要的。

在战前,制约政府主张的一个重要因素,就是那些国家主义团体，也就是右翼分子发起的运动。这些运动也可以说是恐怖活动。

"九一八"事变发生的 1931 年，还发生了三月事件和十月事件。这是由军部策划的旨在更迭内阁的未遂政变。第二年又发生了血盟团事件，我们前面提到过，团琢磨遇害时，李顿调查团就在东京。发动恐怖袭击的血盟团就是一个宣扬改造国家的国家主义团体。这些事件会抑制政府内部和当权者身边那些本应提出合理意见的人的活动，比如那些了解世界经济和政治情况的经济界人士，他们本来应该给政府提一些相关建议，但在恐怖活动的阴影下，很多人选择了沉默。

那些执行暗杀任务的血盟团成员，都是些年轻人。

牧野伸显：满族人也进行了呼应

那么在那样的环境里，日本的当权者们都在考虑些什么？牧野伸显作为内大臣，对天皇和政府都有一定的影响力。所谓内大臣，可以理解为沟通政府与天皇（宫内省）之间关系，并为天皇提供政治建议的人物。因为他时常陪侍天皇左右，所以也被叫作常侍辅弼者。

在李顿报告书公布之前的两个月，牧野伸显在 1932 年 8 月 21 日的日记中这样写道[67]：

> 一直以来，国内外都认为"满洲"的动向是军部一手策划的结果，（中略）似乎并不尽然。不如说 9 月 18 日之后，宣统帝和他的亲信们把独立运动作为幸运的机会加以

利用了。就像现在他暂时不拘泥于名义,以"执政"的形式登场。

牧野伸显本来认为"九一八"事变和"满洲国"是军部策划的阴谋,但是事实上似乎没有这么简单。他在打听了各种情报之后,开始觉得在所谓的"独立运动"中,宣统帝(溥仪)和他的亲信似乎也趁着这个机会利用日本,而并不是完全的被动状态。

根据从东三省回国的日本人那里得到的信息,牧野的想法发生了变化,他觉得"满洲国"似乎并不是军部单独创造的,在当地,也有人呼应了军部的行动。军部的说辞中,也有真实的部分。

这些影响了政府和当权者的情报,可能来自那些参与了所谓"独立运动"的大陆浪人。政府在最紧要的地方就这样产生了动摇。

让我们再来看看内大臣秘书长官木户幸一的笔记。木户幸一在太平洋战争期间担任内大臣,可以说是牧野的接班人。他在1931年末的某天写下"满洲委任统治案——由联盟委任"的笔记,这也很有意思。

我们现在没法知道,这份笔记究竟是木户本人希望通过名义上的委任统治来将东三省变成实际上的殖民地,还是单纯接受了其他人的说明后记下的内容。可以推测的是,当时有过通过委任统治的名义来控制东三省的意见。

天皇：可以做到中日亲善吗?

昭和天皇此时的想法是什么呢?

关于1932年左右天皇的想法，我们能够找到下面的资料。那就是由政治家、官僚还有军人们就各自专业领域内的问题，为天皇进行说明的"御进讲"记录。原则上，天皇在御前会议或枢密院会议上是不发言的，而在"御进讲"的时候，他可以比较自由地发表意见。

1932年1月21日，当时的驻华公使重光葵为天皇说明中国形势，天皇问道："现在还可以做到中日亲善吗?"重光葵的回答是："只要'满洲'问题存在，亲善要真正取得成果恐怕很困难。"[68]虽然天皇表达了希望能够达成某种妥协的想法，但实际负责一线工作的人，也只能回答在当时的情况下，要改善日本与中国的关系是很困难的。

我们可以再看看天皇在1932年2月8日与松冈洋右的交流。前面曾经提到过，1932年10月松冈洋右就要作为日本全权代表前往国际联盟了，而此时的松冈即将被派往上海处理"一·二八"事变。天皇听取的是日本与中国东北地区关系的讲解，他再次问了同样的问题："中日亲善可能吗?"松冈的回答同样是"不可能"。[69]天皇的发问，可以理解为天皇在向政府当局传达自己的倾向，并对政府和当权者的判断产生影响。

2月6日，也就是与松冈见面的前两天，天皇会见了陆军大臣荒木贞夫和参谋总长代理真崎甚三郎。他向两人发问："陆军是不是无论如何都不能同意让张学良在'满洲'复活?"[70]天皇想向陆军确认，在赶走张学良之后，能不能再把他请回来，主持日本扶植的新政权。

在李顿调查团还没有到达日本的时候，先提出了李顿报告书中的临时政府方案，并且准备让张学良来主持，可以说是非常大胆的想法呢。

西园寺公望：要成为裁判员

接下来要说的人物是元老西园寺公望，他是昭和天皇最德高望重的顾问。西园寺公望作为元老，不仅向天皇推荐首相人选，也会就国家政策提供建议。直到昭和天皇步入壮年，西园寺公望一直是天皇的支柱之一。

1932年10月2日，李顿报告书发表当天，西园寺公望对自己的秘书原田熊雄说了下面这段话。[71]

日本要与英美一起掌握裁判权，这样才能确保自己在世界上的地位。如果像法国与意大利那样只能随着裁判的指令行动，那么日本谈何走向世界？关于国家发展的前途，一直以来以伊藤公爵为首的我们这批人，都不会提倡什么"日本要做东洋的盟主"，或是"亚洲门罗主义"之类的狭隘概念，我们着眼的是"世界的日本"。就算是东洋的问题，也应该与英美保持协调关系，在合作中问题自然能得到解决。（中略）我们必须更加重视世界大局，再来考虑国家前进的方向。虽然我恐怕也活不了几年了，但是更要拼尽全力为国家做点事。

日本要与英美这样真正的大国保持协调关系，从而在世界舞台上得到一席之地。一门心思只关心什么亚洲盟主，实在是太狭隘了。对于当时日本的行动，西园寺公望批判得相当严厉呢。他希望日本在那些关乎历史走向的重要瞬间，能够自己掌握决定权。

此时的西园寺公望已经83岁高龄。现在80岁以后依然健康活跃的人不少，但在过去可不是这样。从某种意义上来说，在过去要有相当的生活水准才能长寿，比如西园寺。他出身德大寺家，这是属于清华家（仅次于五摄家的公家家格）之一的名门望族。1871—1880年间，他在法国索邦大学留学，与后来担任法国总理的乔治·克里孟梭等人成了朋友。他的弟弟住友友纯是住友财阀的主人。

西园寺的态度显然是认同李顿报告书的内容，希望日本追随英美的脚步。

松冈洋右要确保的底线

李顿报告书公布之后，日本全权代表团在国际联盟又做了哪些交涉工作呢？终于轮到松冈洋右登场了。松冈英语流畅，但是传闻他说的英语并不是很高雅。从1932年11月出席国际联盟全体大会，到1933年2月离场，松冈洋右在国际联盟行政院和全体大会的台前幕后坚持交涉了几个月的时间。

我想补充一些关于松冈洋右的信息。第一次世界大战之后，他作为外务省报道主任前往法国参加巴黎和会。可以说日本方面的公关、宣传工作都是在他的指挥下进行的。

在巴黎和会上，松冈洋右既要面对高傲的欧洲外交界，这些人依然摆出白人高人一等的姿态，还要面对激烈批判"二十一条"的中国全权代表。松冈需要在众多的对手面前，处理好作为五大国之一的日本的形象。日本代表团中的其他成员，全权代表牧野伸显鲜少发言，而作为首席全权代表的西园寺公望等人在会议一开始还没到巴黎。可以说，松冈洋右的上级虽然也都很有见识，但是暂时都没法依靠。

到了1932年末，松冈洋右作为日本全权代表受命前往国际联盟，这一次他需要就"九一八"事变与中国方面对峙。可能是这些经历让他有了一种好斗的性格，成了那种如果被人说了什么，马上就要加以反驳的人。

但是作为政治家，松冈洋右的内在可能并不是这样的。他在巴黎和会结束后写给牧野伸显的信中，吐露了自己的真实情感，直言虽然自己用日本外务省的官方意见在会议上努力反驳中国代表，但是日本关于"二十一条"的辩解完全没有说服力，实质上就是狡辩。既然其他人都在做强盗，那自己做强盗也不应该被问罪，这算什么话？[72]

就算到了1933年1月30日，日本即将退出国际联盟的时候，松冈洋右依然在发给内田外相的电报中，劝说政府接受国际联盟方面费尽心思为日本准备的妥协方案，不要有退出国际联盟的想法。其中有一段话甚至有些催泪。[73]

众所周知，吃饭应到八分饱。不留一点牵挂，干净利落地离开联盟,这种事情是不可能的,这一点我方政府内部想必最初就知道。洁癖是日本人的通病。(中略)在某一问题上执拗不已,最终走到不能不退出的地步,我深感遗憾,考虑国家前途,还是在此向您直率地陈述意见。

用一句话总结松冈的意见,那就是他强烈建议日本政府进行妥协。我们仿佛能通过文字看到松冈尽力说服外务大臣不要退出国际联盟的样子。

那么,当时的松冈在国际联盟会场做了什么,日本为什么最终还是选择退出国际联盟呢?让我们来看看这一切是如何发生的。

大家应该有考虑过以后要从事什么工作吧。在制造业工作,造出实际的物品,或是成为外交官,在国际组织工作,每个人都会有自己的想法吧。当我们从属于某一组织,就难免会遇到与利害不一致的人打交道,或是被要求去和交易伙伴签订合同之类的事情。这种时候,肯定会有不能退让的底线和可以妥协的地方。作为全权代表的松冈洋右,他在谈判中的底线又是什么呢?

松冈洋右在与国际联盟进行交涉时,是收到了训令的。1932年10月21日,外务省将经过内阁讨论决定的训令交给了松冈,当然,这一切都是保密的。只要看看这份训令,就能知道对政府来说,真正要守住的是什么,可以放弃的又是什么。训令主要有三部分内容。[74]

第一,训令要求"根据《日满协定书》的条目与精神,以及9月15日帝国政府声明的宗旨来寻求问题的解决"。"满洲国"是1932年3月成立的,日本对其加以承认是差不多半年之后的9月15日,《日满协定书》也就是在这个时候签订的。松冈的交涉,不能违反《日满协定书》的内容和宗旨。

那么《日满协定书》规定了什么内容呢?首先,当然是日本承认"满洲国"。其次是"满洲国"方面的承诺,"在'满洲国'领域内,日本国或日本国民依据既存之日中两方间之条约协定,其他约款及公私契约所有之一切权利利益,即应确认尊重之"。还有"对于缔约国一方之领土及治安之一切威胁,同时亦为对于缔约国他方之安宁及存立之威胁,相约两国协同当防卫国家之任,为此所要之日本国军驻扎于'满洲国'内"。《日满协定书》的根本方针,就是保障日本的既得利益,并让日军在中国东北部继续驻扎。

第二,训令要求将问题的复杂性阐明,尽力进行说服。但是如果国联不能接受日本的方针,不要试图将日本的方针强加给对方,应当在保全国联颜面的情况下,引导国联在事实上放弃干预此事。

这些内容倒是很有意思。日本的那些所谓行使自卫权、民族自决之类的主张,国际联盟不接受也无所谓。重要的是在不让国联丢面子的同时,尝试引导国联放弃对中国东北部地区问题的干涉。

第三,训令规定了在这些情况下要寸步不让,拼尽全力试图改变局势。

(1)日本被认定为侵略国,或者是《国际联盟盟约》的违反国，以及进行决议，准备将日本认定为以上两者的情况。

（2）准备发起决议，从而影响《日满协定书》的效力，或是限制《日满协定书》的执行。

日本被认定为实施侵略或是违反《国际联盟盟约》的国家都是不行的。不过要注意的是，李顿报告书中一句都没有提到，日本的行为违反了《非战公约》。李顿在撰写报告书的时候，已经小心地避开了这些可能造成麻烦的陷阱。

限制《日满协定书》的效力和应用也是不行的，但是如果没有限制，只是有所影响呢？这种灰色地带似乎给了外交官发挥的空间。

而且训令中并没有写离席回国之类的要求，只说了要拼尽全力。当时日本真正想要避免的，是被认定为实施侵略的国家或是违反《国际联盟盟约》的国家，让日军立刻收拾行囊离开东三省，以及完全不承认日本已有的利益。日本设想的不能触碰的底线，其实只有三点。日本政府给松冈的训令，似乎并没有新闻标题所表现的那么强硬。

在谈判中，这些训令的内容自然是要保密的。但是日本在交涉中采取的方针，为什么不能用暗示的方式透露给民众呢？外务省应该是有能力让报纸刊登一些温和的报道的。

松冈洋右的努力交涉

松冈洋右又是如何进行谈判的呢？1932年12月，英国外交大臣约翰·西蒙等人提出了基于李顿报告书的解决方案。除英国之外，再叫上美国和苏联，一同参与中日两国的对话。松冈非常希望政府能够同意推进这一解决方案。

此时松冈要向政府推荐西蒙的方案，可以从训令中找出什么内容来作为依据呢？作为外交官，保证自己的行为至少与政府训令中的一部分相符，是很重要的。松冈要推进英国提出的美、苏、中、日、英五方会议，可以利用训令中的哪一部分内容呢？

——"应当在保全国联颜面的情况下，引导国联在事实上放弃干预此事？"

就是这一点，美国和苏联当时都没有加入国际联盟，松冈可能希望通过引入这两个国家来让问题脱离国际联盟的掌控。

美国参与讨论东三省问题的话，很可能会偏向中国，但是松冈大概已经考虑到，李顿报告书本身相当偏向日本。

而且1932年11月富兰克林·罗斯福当选美国总统后，采取了与国际联盟保持距离，偏向孤立主义的行动。1933年2月23日、3月4日，《纽约时报》刊登的评论在对日本的行为表示遗憾的同时，指出"中国还算不上《国际联盟盟约》所规定的'国家'"。[75]

担任威尔逊政府战争部长的小牛顿·迪尔·贝克在给国际联盟协会的詹姆斯·肖特韦尔的信中，也表现出了偏向日本的态度："现在日本能否保持大国地位，全凭运气了，这实在是令人遗憾。日本是唯一一个为了与西方国家合作、共同发展，而容许对本国传统进行改造的东方国家。"[76]

苏联的态度也颇令人意外。当时正在推进五年计划，建设重工业的苏联在农业发展问题上遭遇挫折。有研究认为，在苏联的农村有数十万人被饿死。在这种情况下，苏联担心日本进攻远东地区，于1931年12月31日向日本提出签署互不侵犯条约的建议。[77]此后，苏联同意在其控制区域建设"满洲国"公使馆和领事馆，可以说在事实上承认了"满洲国"。

但是西蒙和松冈的构想，在内田康哉外相的强烈反对下失败了。松冈接下来只能尽力避免日本被认定为实施侵略或是违反盟约的国家了。他向日本政府建议，在十九国委员会的报告书中进行表面上的妥协。

松冈为了做到这一点，就十九国委员会决议案中的内容逐条进行了磋商，并请求政府同意妥协。然而，内田外相不知为何还是不断予以拒绝。

通过现在的研究，我们发现内田没有把希望寄托在与国际联盟达成妥协上，而是准备与中国直接交涉。他乐观地希望能一举解决所有的问题。[78]

但是在天皇和内大臣牧野伸显看来，内田的乐观似乎相当盲目。牧野在1933年1月19日的日记中，记录了内田向天皇上奏时的样子，"内田对于联盟的问题极为乐观，说很快就能度过危机，不会出现退出联盟的情况"。牧野对此意味深长地补充道，"陛下看起来完全没有被说服"。[79]内田似乎相信，只要坚持向中国施压，中国最终就会屈服。内田将希望寄托在中国内部那些准备对日妥协的人身上，结果他的期望破灭了。

我们前面提到过《国际联盟盟约》第十五条，如果十九国委员会起草的对日不利的决议案被国联全体大会通过（事实上确实如此），那么就有可能根据第十六条对日本发动经济制裁，日本甚至有可能被开除出国际联盟。作为国际联盟的创始成员国，与其遭受被开除的耻辱，不如自己退出，这种想法开始被斋藤实内阁所接受。也有研究认为，如果国际联盟不得不开除日本，并对日本实施经济制裁，那么其自身也会受到相当的打击。日本的主动退出，在某种程度上是一种冷却事态的外交战略。在这些研究者看来，日本是为了国际协调而退出联盟的。[80]

"世界道路"再次被摆到日本面前

我们详细地探讨了李顿报告书和可能的选项，至此差不多可以开始总结了。让我们从整体出发，想一想为什么这个问题会演变成日本与世界的对抗。

与李顿在1932年对日本的呼吁类似，之后也出现过对日本的建议。大家能说出来是什么时候吗？日本再次被呼吁或者说是被教导，虽然中国的东三省很重要，但回到"世界道路"上来更加重要。

——远东国际军事法庭？

到了这个时候，与其说是呼吁日本回到"世界道路"，不如说是对没有选择"世界道路"的日本掌权者们的责任进行追究了。通过法庭判决，同盟国明确了自身的正义与轴心国的邪恶，确立了第二次世界大战的神圣性。和我说的呼吁不太一样呢。

——……

其实是在美日交涉的时候。1941年4—11月，美日之间展开了谈判,美国国务卿科德尔·赫尔对日本发出了与李顿类似的呼吁。

例如,日本若在与中国的关系当中,承认睦邻友好、互相尊重主权与领土完整等原则,那么美国可以尝试居间调停中日之间的冲突,促成和平谈判。在美日两国于太平洋地区的经济活动方面进行合作,确保双方能无差别地获得经济发展所需的自然资源。(1941年6月21日美国提案)

二战结束之后,赫尔关于经济的展望通过《关税及贸易总协定》变成了现实。日本也在20世纪60年代签订的《日美安保条约》第二条的支持下,一面接受美国的军事保护,一面将经济活动延伸到了东南亚国家,并取得了相当的利益,经济得以腾飞。日本曾对东南亚地区进行了侵略,去那里做生意本来不应该如此顺利,但是在《日美安保条约》及和平宪法的双重作用下,还是通过出口贸易完成了经济成长。

1932年,英国人李顿作为国际联盟的调查团团长,向日本指出可以走"世界道路"。差不多10年之后的1941年,美国国务卿赫尔又向日本提出了在太平洋地区进行自由贸易的展望。就算不发动侵略战争,日本也能确保自身的利益,美国在战后构筑起的亚洲太平经济秩序在某种程度上证明了这一点。

英国和美国在近10年中,两次向日本伸出了橄榄枝。对于日本来说,这段时间足以使其认识到军部主导的侵略中国东北地区的道路是错误的。实际上,日本有许多其他的选择。然而,就算美国展示了对未来经济合作的预期,在接近10年的时间里,日本也没有改变自己的选择,直到偷袭珍珠港,与美国

1776 年
亚当·斯密

1932 年
李顿

1941 年
赫尔

开战。

是跟随世界的脚步，还是将殖民地吸收进帝国内部，推行区域经济集团化以寻求摆脱危机？日本选择了后者。

美国不仅在谈判桌上呼吁日本回到"世界道路"，也在战场上战胜了日本。18世纪时，亚当·斯密认为允许北美殖民地独立更符合英国国民的利益。20世纪时，李顿和赫尔拼命寻找方法来解决国际争端。我们应该从这些历史中明白，当一个国家有能力向世人传达某种"美好之物"，也就代表着这个国家有能力领导世界。

第三章

军事同盟的含义：在20天里缔结的三国军事同盟

— 1894年　甲午战争

— 1902年　第一次英日同盟

— 1904年　日俄战争

— 1914年　第一次世界大战

— 1919年　巴黎和会（签订《凡尔赛和约》）

— 1923年　关东大地震

— 1929年　大萧条
— 1930年　《第一次伦敦海军条约》
— 1931年　"九一八"事变
— 1933年　日本宣布退出国际联盟

— 1937年　日本发动全面侵华战争

— 1939年　第二次世界大战爆发
— 1940年　签订《德意日三国同盟条约》
— 1941年　美日谈判（4—11月）
　　　　　偷袭珍珠港（12月8日）

1939年

8月23日　《苏德互不侵犯条约》

9月1日　德国进攻波兰

9月3日　英法对德宣战

9月17日　苏联进攻波兰

1940年

5月10日　德国进攻比利时、荷兰

6月14日　德军占领不设防城市巴黎

7月12日、外务省召开"关于强化德意日合作的陆海
　　16日　外三省股长级会议"

8月　　　中日和平工作正式开始

9月7日　德国对英国本土发动猛烈空袭（不列颠
　　　　　之战），德国特使海因里希·斯塔默到达
　　　　　东京

9月19日　御前会议决定承认德意日三国同盟

9月27日　签订《德意日三国同盟条约》

11月5日　罗斯福第三次当选美国总统

一　军事同盟的含义

迫使人类做出重大选择的军事同盟

大家好。据说人体的细胞每3个月就会新陈代谢一遍，距离我们最初的讲座也已经过去3个月，想来大家都有了不少变化。看着大家的面孔，我觉得每个人好像都成长了一些。另外，还有一个好消息要告诉大家，参加我们讲座的唯一一位高三同学，已经成功考上大学，今年4月份开始就是大学生了。

我觉得既然大学生的专业是自己选择的，那么对授课的要求就应该比在高中的时候更高。不过在大学，与其盘算学习的课程能给自己带来什么，不如想一想自己能从这些课程中主动获得些什么。或者说，你能在学习的过程中创造出什么。我希望大家能够以这样的态度进入大学的课堂。

啊，有人的神情告诉我，刚刚那些话好像在哪里听过？没错，其实我套用了美国总统约翰·肯尼迪就职演说中的一句话："我的美国同胞们，不要问你们的国家能为你们做些什么，而要问你们能为你们的国家做些什么。"[1]

　　我们今天的主题是德意日三国同盟,在正式开始之前,大家有什么问题吗?

　　——我想知道,第二次世界大战有哪些可能的走向? 如果我们做出了与现实不同的选择,战后会变成什么样子?

　　这种"不同"的世界,常常会出现在虚构小说里呢,不过思考这样的问题,确实有利于大脑的活动,所以我有时候也会想象一些"不同"的世界。一直以来,历史学界对这类问题都是不屑一顾的,近年来终于发生了一些变化。有人开始考虑如果历史上的某些事件没有发生,那么之后的历史会如何发展。我还在上学的时候,要是说出"如果没有中途岛海战"这种话,就会被骂"想什么有的没的"。这种反应,可能部分来源于在日本广为人知的英国历史学家爱德华·霍列特·卡尔。卡尔老师批评起人来总是毫不留情,他在著作《历史是什么?》当中,有这样一段话: [2]

　　　　当代史的麻烦就在于,人们记得所有的选择机会还在开放着的时刻,因此很难采取历史学家的那种态度,对于历史学家来说,选择的机会早已由于一些既成事实而完结了。这是一种纯粹出于感情的、非历史的反应。[1]

　　我不是卡尔老师,所以对于刚刚那位同学,我不会说他提

_____

　　① 此处译文引自 [英] 爱德华·霍列特·卡尔著,吴柱存译:《历史是什么?》,商务印书馆1981年版,第105页。

的问题是"纯粹出于感情的、非历史的反应"。同样是英国历史学者，艾瑞克·霍布斯鲍姆就在《论历史》这部著作中认为，考察那些真实历史之外的假想，也具有历史学的意义。[3]

所以对于第二次世界大战有没有可能向其他方向发展这个问题，我想用英国政府在1940年5月差一点就同意与德国进行和谈这个事实来回答你。不过考虑到今天的主题，我们还是等讲到德意日三国同盟正式成立时的背景，也就是1940年夏天到秋天那段时间的世界形势时，再详细说明吧。

时间对德国不利

一般来说，第二次世界大战的导火索是德国入侵波兰。当时德国是怎么考虑的呢？其实德国是为了准备与英法的战争，才要先拿波兰开刀。因为德国在与英法作战时，波兰可能会从背后威胁到自己。当时德国还去接近苏联，双方在1939年8月23日签订了《苏德互不侵犯条约》。[4]因为纳粹德国一直反对共产主义，所以这份条约让包括日本在内的世界各国都震惊不已。

英国首相张伯伦此时也在奔走忙碌。1938年9月的慕尼黑会议上，张伯伦牺牲捷克斯洛伐克的利益，将苏台德区割让给纳粹德国，希望以此换取和平。但是希特勒并不遵守协议，1939年3月15日，德军占领了捷克首都布拉格。张伯伦这才醒悟过来，认识到德国入侵波兰恐怕不可避免。到了8月25日，英国终于与波兰签订了《英波共同防卫条约》，试图遏制德国的侵略意图。法国也与波兰签订了相似的协议。[5]英法两国试图告诫德国，入侵波兰，就意味着与英法为敌。

但是德国并不在意英法的威胁，德军在9月1日入侵波兰，英法在两天后对德国宣战，第二次世界大战就这样爆发了。

欧洲的战争爆发后，德国和意大利不希望美国介入。日本在1937年7月发动全面侵华战争之后，一直在与中国作战，也不希望美国插手亚洲战事。所以德意日三国希望通过结成军事同盟，来威慑美国。在第二次世界大战开始约1年之后的1940年9月27日，三国在柏林签订了《德意日三国同盟条约》。

我们把德意日三国同盟作为主题之一，主要有两个原因，我们先详细说说第一个。刚刚已经说过，德意日三国同盟的目的是威慑美国。加入这个同盟，可以说是日本从1931年的"九一八"事变到1941年的日美交涉和太平洋战争，这十年之间所有的抉择当中分量最重的一个。在日本与美国谈判期间，美国始终不变的要求就是，日本退出德意日三国同盟。

日本在1940年9月加入德意日三国同盟，确实是一个影响重大的选择。正是因为日本的加入，欧洲与亚洲的战争真正结合在了一起。

在《德意日三国同盟条约》缔结大约14个月之后，日军在1941年12月8日凌晨2点（日本时间）登陆马来半岛，并在凌晨3点19分偷袭珍珠港。德国和意大利随即在12月11日对美国宣战。德国虽然与日本结盟，但并不是基于同盟条约才对美国宣战的。要说明这一点，还有些复杂，我们下面也会详细解读三国同盟条约的内容，这里就先简单地说明一下。《德意日三国同盟条约》规定，"如果三缔约国之一受到目前不在欧洲战争或中日冲突中的一国攻击时，应以一切政治、经济和军事手段相援助"。这个"目前不在欧洲战争或中日冲突中的一国"，很显然就是指美国。那么严格按照条文规定的话，只要不是美国主动发动攻击，三国其实并没有互相援助的义务。

为什么希特勒在条约没有规定的情况下，就抢在美国对自己宣战之前对美国宣战了呢？一直以来，对于研究欧美历史的人来说，这都是一个没有明确答案的问题。研究德国史的大木毅在《德国军事史》（《ドイツ軍事史》，作品社）中，给出了如下解释。[6]

1941年9月11日，美国发表声明，一旦在大西洋发现德国与意大利舰艇，就会进行攻击。德国因此明白，美国的参战是无法避免的。在距离日本偷袭珍珠港还有3个月的时候，局势其实已经发展到了无法挽回的地步。研究德国史的英国历史学家伊恩·克肖的观点也和大木毅大致相同。[7]

> （希特勒）有一种难以名状的恐惧，那就是时间对德国不利。他坚信，美国能够像在一战时那样，以经济实力取得绝对优势，因此必须在那之前，让美国屈服，或者至少削弱美国的实力。（中略）可以说他的判断非常合理。

在华盛顿的德国陆军驻美武官曾经推测，美国的飞机生产能力会在1941年以后达到德国的3倍。[8]因此德国抢在美国的军工生产全力开动之前，寻找机会对美国开战，也有一定的合理性。

众所周知，《德意日三国同盟条约》让欧洲、非洲还有亚洲的战争结合起来，成了真正的世界大战，给世界人民带去了莫大的痛苦。日本对战争负有不可推卸的责任，因此我们今天依然有必要仔细地回顾、思考当时日本的判断和选择。

对军事同盟的讨论已成为日本的现实问题

刚刚我们说了探讨《德意日三国同盟条约》的第一个理由，至于第二个理由，其实在不久之前都还不存在。在今天的日本，我们已经有必要仔细地考虑军事同盟可能带来的相关后果了。[9]

第一章中我们也提到过相关的内容，安倍内阁在2014年7月1日决定，如果发生"关乎我国存亡，对国民生命、自由有明显威胁或是国民追求幸福的权利可能受到根本性颠覆的情况"，那么行使集体自卫权并不违反宪法。[10]长久以来，日本政府关于集体自卫权的宪法解释都是"日本拥有国际法规定的集体自卫权，但必须在宪法第九条的框架下行使"。[11]国际法对国家之间的相互关系做了规定，而有关集体自卫权的重要条文，应该是联合国创立之初制定的《联合国宪章》。

《联合国宪章》第五十一条规定，国家具有"单独或集体自卫之自然权利"。具体而言，国际法上的"集体自卫权"到底是什么呢？东京大学大学院法学政治学研究科的森肇志教授应该是全日本最了解这个问题的人，他说所谓集体自卫权，就是"A国在B国受到武力进攻时，虽然自身未受直接攻击，但与B国共同反击的法律依据"。[12]

如果联合国安理会判断某国实施了威胁或破坏和平的侵略行为,就会针对该国行使军事或非军事措施。但在联合国采取行动之前遭受侵略的国家就已灭亡了的话,事情就很难办。所以《联合国宪章》第五十一条规定,保证遭受攻击的国家有"单独自卫权",而其他国家有能够施以援手的"集体自卫权"。

然而在冷战期间,第五十一条被严重滥用。例如,美国在1965年全面介入越南战争,就是利用了集体自卫权的概念。其理由是北方的越南民主共和国对南方的越南共和国进行军事渗透,这种行为等同于武力进攻。加之美国也收到了南越政权(美国的傀儡政权)的支援请求,因此军事介入是行使集体自卫权。美国用这些说辞为其介入越南的军事行为披上了"合法"的外衣。实际上美国是担心一旦任由越南局势发展,不仅南越政权会覆灭,还可能让共产主义势力进一步扩张到整个东南亚,所以才搬出集体自卫权来给自己的非法干涉打掩护。

日本宪法第九条规定要放弃战争,所以对于联合国193个成员国都认可的集体自卫权,日本一直以来都保持着不主动行使的立场。

1951年9月8日,《旧金山对日和平条约》(即《旧金山和约》)在美国旧金山签订,随着条约在第二年4月28日正式生效,日本的盟军占领时期结束了。就在《旧金山和约》签订的同一天,时任日本首相吉田茂还签订了《日美安保条约》,也就是所谓的"旧安保条约"。根据这一条约,日本向美国提供军事基地,并承认美国驻军的权利。

到了1960年,两国又签订了新的《日美安保条约》,新条约增加了旧条约中没有的第二条。[13]在第二章的最后，我们曾提到"新安保条约"的第二条又被称为经济条款。在这一条款的帮助下，日本被成功地塑造为冷战中资本主义在东亚的漂亮橱窗。在美国的支援下，日本得以在那些太平洋战争中惨遭日军蹂躏的亚洲地区和平地窃取经济利益。

1960年"新安保条约"的第五条规定，"对在日本管理下的领土上的任何一方所发动的武装进攻都会危及它本国的和平与安全，并且宣布它将按照自己的宪法规定和程序采取行动，以应对共同的危险"。这一条款其实就是美国利用集体自卫权，协防日本的根据所在。可以说，日本一方面利用着美国的核保护伞，另一方面又根据宪法第九条，规避了对美国的军事义务。

但是在2014年7月，情况发生了变化。内阁会议决定，日本可以行使集体自卫权。接下来的问题就是，当这一决定正式成为法案，也就是在2015年9月通过的安保法案之后，日本究竟会如何行使集体自卫权？

如果把"新安保条约"的条文和安倍内阁的决定结合起来加以考虑，就意味着即使日本没有遭到直接攻击，也有可能与美国一起发动对其他国家的攻击。可以说日本已经完全进入军事同盟了。

这就是我希望回顾德意日三国同盟，这个对日本来说意义最为沉重的军事同盟的第二个原因。

枢密院的审查只用了一天

我们先来看看《德意日三国同盟条约》的"御署名原

本"[14]吧。在当时的日本，政府签订的条约公布之前，首先要由天皇询问枢密院的意见。枢密院同意后，天皇才会批准条约，然后条约才能公布。而所谓的"御署名原本"，就是得到天皇署名的宪法、诏书、法律、条约等文件的原件。

　　在下面的"御署名原本"上，可以看到天皇签上了自己的名字"裕仁"，并盖上了御玺。原件的下一页则是内阁总理大臣近卫文麿、陆军大臣东条英机、外务大臣松冈洋右、海军大臣及川古志郎的签名。看笔迹是挺有趣的一件事，东条英机的字看起来意外地让人感觉这是个老实人，松冈洋右的字也与印象中的不同，显得很纤细。接下去的部分就是条约的正文了，三国同盟条约共有6条。

　　对于天皇的政治决定，枢密院承担着最高顾问的职责，需要在天皇过问时给出回答。政府的任何一项政策，都要接受枢密院的审议，所以在内阁看来，枢密院简直就像眼中钉一般讨

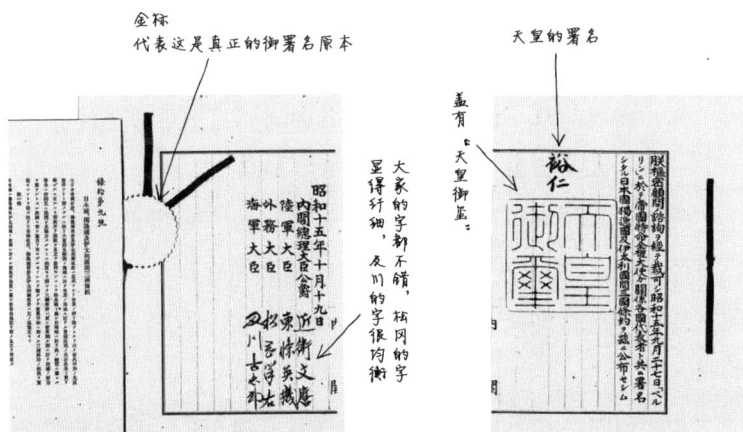

金箔
代表这是真正的御署名原本

天皇的署名

盖有"天皇御玺"

大家的字都不错，松冈的字显得纤细，及川的字很均衡

厌。1930年,滨口雄幸内阁签订《限制和削减海军军备条约》(《第一次伦敦海军条约》,旨在对美、英、日、法、意五国海军的巡洋舰、驱逐舰、潜水艇等舰艇的建造进行限制)时,枢密院的审议就非常拖拉。条约在1930年4月22日签署,帝国议会的审议从4月23日开始,5月13日结束,到了枢密院那里,审议居然从7月24日一直持续到了10月1日。《伦敦海军条约》过议会这关只用了不到一个月,在枢密院却被卡了两个多月。原因在于此时的枢密院与海军军令部勾结,攻击滨口内阁签订《伦敦海军条约》是"统帅权干犯"(旧宪法规定军队的最高指挥权,即统帅权属于天皇,因此内阁签订限制军备的条约侵犯了天皇的统帅权)。[15]

但是在签订《德意日三国同盟条约》时,枢密院的审查只用了一天时间。请大家想想这是为什么?

军事同盟需要哪些要素?

下面要问大家一个问题,古往今来的军事同盟都会包含3个要素,大家能说出究竟是哪些吗?各位可以设想自己在外务省工作,需要起草一份同盟条约,其中需要写上哪些条款呢?

——如在同盟国受到攻击时,需要提供什么样的支援。

没错,如果同盟国被攻击,是需要提供军事援助,还是只要有经济和政治上支援就可以,抑或是必须直接参战。对同盟国有什么样的援助义务,确实是必须要写明的内容。还有其他的吗?

——同盟从什么时候开始,到什么时候结束,效力会持续多久。

就有效期而言，《德意日三国同盟条约》是10年，1902年结成的第一次英日同盟是5年，1960年的《日美安保条约》是10年。如果想要维持比较稳定的同盟关系，那么一般都会定10年吧。还有吗？

——需要共同的敌人。

是的，如果用军事和政治术语来说的话，应该叫什么呢？

——假想敌。

对。假想敌的意思就是，并没有与本国处于实际的敌对关系，但是在制定军事战略、作战计划时，假定会与本国发生军事冲突的国家。战前的日本在制定《帝国国防方针》时，就需要根据自身保有的舰队与美国海军兵力的对比，拟定具体的作战计划。

最初的《帝国国防方针》，是在日俄战争结束后的1907年制定的。当时排名第一的假想敌就是俄国。1918年修改《帝国国防方针》时，假想敌变成了美国、俄国、中国。1923年再次修改时，美国成了陆海军共同的假想敌。[16]还能想到其他的吗？

——条约生效的地理范围。

没错，还是以《德意日三国同盟条约》为例，第一条规定了"日本承认并尊重德意志和意大利在欧洲建立新秩序的领导权"，第二条则是"德意志和意大利承认并尊重日本在大东亚建立新秩序的领导权"。

《日美安保条约》的第五条规定了美国对日本的防卫义务，[17]这种义务生效的范围是"日本管理下的领土"，在当时的情况下，就是指日本本土了。第六条是关于美国驻军以及使用在日本的设施的内容，这一条也写明，"为了对日本的安全以及维持远东的国际和平与安全做出贡献"，对地区进行了限定。这里提到的远东到底包括哪些地区呢？日本外务省的解释是"菲律宾以北，日本与其周边地区，以及处于韩国和（中国）台湾地区统治下的区域"。

关于地理上的问题，如果我们把刚刚的回答扩展一下，除了防守区域，还有什么概念呢？

——占领地盘之类的吗？

嗯，倒也不一定要占领，也可以是某国在某一地区的优先权利，诸如低价获取自然资源或是贸易上的特权。比如说，在日俄战争之后，英国、法国、德国、俄国等帝国主义列强都在中国划分了自己的什么呢？

——……

一时想不到吗？是势力范围。同盟条约需要规定如何处理成员之间的势力范围。

现在军事同盟需要的三个要素已经齐了。简单总结一下，首先需要设定假想敌，然后是包括参战在内的对盟友的各种支援义务，最后是同盟成员各自的势力范围。[18]

以第一次英日同盟为例，假想敌是俄国，如果英国或日本与两个或两个以上的国家交战，也就是说在与俄国作战时，还有第三国参战，那么盟国就要给予军事支援。至于英国的势力范围主要是中国，日本则是朝鲜。

我们在考虑《日美安保条约》等一系列有关日本国家安全

保障的法律时，也要从假想敌、义务、势力范围这三个军事同盟的要素出发，进行思考。

近来日本政府对安保法案的一系列操作，可以看作是参照《日美防卫合作指针》，对1960年签订的《日美安保条约》进行升级修改。

《日美防卫合作指针》最早是在1978年制定的，1997年修订之后，2015年4月又迎来了相隔18年的第二次修订。一般来说，在《日美防卫合作指针》修订之前，日本会先修改自己制定的防卫计划。战后的防卫计划，差不多就相当于战前的国防方针。1976年，也就是《日美防卫合作指针》出台的两年前，日本制定了《防卫计划大纲》。当时由于国际环境的变化，如美苏关系缓和、布雷顿森林体系终结、第一次石油危机等，日本对美国的信心产生动摇，[19]所以防卫计划出现了限于日本本土的自主防卫性质。[20]

基于防卫计划制定的《日美防卫合作指针》，虽然还是基本延续了《日美安保条约》第五条中关于日本本土防卫的思想，但是在海上军事任务方面出现了新的内容。日本海上自卫队需要与美国海军进行海上协作，阻止苏联的逆火式轰炸机和潜艇进入太平洋。这意味着美军希望日本承担一部分封锁苏军兵力、保卫海上交通的任务。[21]

1995年《防卫计划大纲》修订之后（主要内容为提升自卫队效率、缩小规模、扩大自卫队的维和等国际任务），[22]1997年《日美防卫合作指针》也被修订。1997年版指针主要的改变在于，鉴于当时朝鲜半岛和中国台湾海峡出现不稳定的动向，于是以"周边事态"这个概念，重新定义了《日美安保条约》第六条中"为了对日本的安全以及维持远东的国际和平与安全作出贡献"这一部分，修改了相关法律。朝鲜人民民主共和国第一次发射飞越日本上空的导弹，就是在1998年。大家差不多也是在那个时候出生的吧。《日美防卫合作指针》不断修订，地理范围也从"日本本土"扩大到"周边事态"，变得更大了。

那么18年之后，2015年4月修订的《日美防卫合作指针》在地理范围方面又是如何规定的呢？这一次的变化非常大，居然声称要"提供亚洲太平洋与其他地区的和平、安全、安定及经济繁荣的基础"，[23]这范围都已经扩大到整个地球了。

刚刚我们从军事同盟的义务和地理范围这两个要素出发，回顾了日本与美国军事合作的变迁。向假想敌夸示己方的力量，也是军事同盟所追求的重要效果。

2015年8月11日，在参议院和平安全法制特别委员会上，时任日本共产党政策委员长小池晃拿出一份自卫队统合幕僚监部的内部资料，进行了询问。统合幕僚监部成立于2006年，由原统合幕僚会议改组而来，职责是统一调度陆海空自卫队，并与美军沟通合作。负责人是统合幕僚长。[24]

统合幕僚监部在2015年5月，也就是安保法案通过之前，起草了一份题为《日美防卫合作指针与和平安全法制关联法案》的内部资料。不知道出于什么原因，这份资料被泄露了。这种泄露的资料总是会被送到日本共产党那里去呢（笑）。如今在网上就能找到这份文件，主要内容是统合幕僚监部内部在日本政府改变对集体自卫权的解释以及《日美防卫合作指针》

被修订之后，对于今后工作的考虑。[25]这样的内容可真是让人好奇呢。

这份资料总结了有关美日共同计划的一个重要变化。一直以来，美日共同计划都只处于"探讨"状态，因此就连计划的存在都无法对外公布。但是，今后美日共同计划就是正式的"筹划"状态了，可以对外公布有这么一份计划。泄露的文件说公布美日共同计划"在××上有重大的意义"，大家能说出来我隐去了哪两个字吗。

——……

美日共同计划的存在被公之于众，对于假想敌来说，有什么样的效果呢？对于某国的效果，这里的某国，对现在的美日两国来说就是中国。

——抑制效果。

很接近了，不过原本的用词是威慑，宣称"在威慑上有重大的意义"呢。通过安保法案中的一些修改，来对想要威慑的对手明示，美国和日本可是制定了"共同的计划"的。现在的日本居然妄想做这种事就能威慑假想敌，我真是感慨万千。

不过，这其实就是军事同盟的本质之一。人们期望利用同盟来恫吓对手，使对手畏惧。就像用美国和日本的共同计划来威慑对手一样。

只是这种做法会遇到一个问题，那就是对手不吃这一套，如果你的威慑吓不倒对手，那就毫无效果。在开头我们提到过，1939年8月23日德国与苏联签订了《苏德互不侵犯条约》，英法很担心德国就此将矛头转向西面。为了加以威慑，英国在两天之后的 8 月 25 日与波兰签订了《英波共同防卫条约》。此时，德国与英国其实都希望利用同盟条约来威慑对方，但是两国都没有被一纸条约吓住。结果德国入侵波兰，整个欧洲都陷入战火之中。

我们可以从历史中知道，军事同盟表面上的威慑效果，实际上可能会让局势更为恶化，因为威慑会被想象和感情这些因素所左右。军事同盟也许看上去像是一种应对危机的现实手段，但实际上只会刺激对手，使双方的敌意不断增长。明白这一点，就是我们从现代角度去回顾德意日三国同盟的意义之所在了。

二 为什么德国和日本都那么着急？

英国的第二选择

刚刚有同学问，第二次世界大战有哪些可能的走向。接下来，我们就会讲到英国与德国的对立，所以我就先回答一下这个问题吧。

在互相威慑没有成功的情况下，德国和英法因为波兰问题宣战了。但一直到1940年春天，双方都没有什么实质行动，人们因此把当时的战争称为"静坐战"。这样的状态持续了超过半年的时间。另一方面，在德国入侵波兰大约半个月之后的9月17日，苏联也入侵波兰，占领了波兰东部地区。

苏联为什么要这样做呢？其官方的说法是为了在东欧进行反法西斯战争的准备。但是在1939年8月23日签订的《苏德互不侵犯条约》中，苏德两国其实已经通过秘密的附属议定书瓜分波兰，德国还在秘密议定书中承认以立陶宛北部边界作为两国势力范围的分界线。[26]

1940年4月天气好转之后，德国对挪威、丹麦发动闪电战。

5月10日,又突袭比利时、荷兰、卢森堡,转瞬之间就占领了卢森堡。5月13日,荷兰女王和政府逃亡英国,成立流亡政府,荷兰军队在次日投降。之后,比利时与挪威也相继投降了。

看一眼地图就能明白,德国与比利时、荷兰、卢森堡、法国都接壤。虽说有这样的地理条件,德军的进攻速度还是快得异常,在10天之内就推进了150英里(大约241.4千米)。[27]德军在5月20日已经接近英吉利海峡。到了5月末,实质上已经只剩英法两国还在与德国作战了。

那么有人知道在1940年5月,英国发生了什么事情吗?

——……

看来大家对英国史还不是特别熟悉,当时英国的新内阁刚刚上任。在德国入侵西欧的时候,英国派往比利时和法国北部的远征军不敌德军,迅速落败,而表面强大的法国陆军也无法抵御德国进攻。[28]面对溃败的形势,英国政府一度考虑通过意大利的调停,与德国展开和谈。

在德国开始进攻低地国家的5月10日,英国首相张伯伦递交了辞呈。新上任的首相所领导的战时内阁并不稳定,对于是否要通过意大利的调停与德国谈判这一问题,其内部也有互相对立的意见。一时间,希望意大利从中调停的意见似乎占了上风。因为就当时的形势来说,英法能够使用的港口只剩下敦刻尔克(位于法国北部,距比利时边境大约10千米),人们普遍担心,溃逃到敦刻尔克的25万英国远征军与10万法国军队,无法安全撤退到英国本土。

但是,有一个人坚决反对通过意大利进行调停。这个人是当时的英国首相，他曾经在给美国总统富兰克林·罗斯福的信中自嘲为"画手"。

——丘吉尔？

正是丘吉尔。法国总理雷诺提出的通过意大利调停与德国和谈的方案，得到了包括丘吉尔内阁的外交大臣哈利法克斯伯爵爱德华·伍德在内的一批人的赞同，但是丘吉尔还是成功地抵制了这一方案。英国由此做出了一个重要的选择，那就是与德国对抗到底。让我们来看看丘吉尔是用怎样的语言来宣扬其观点的。[29]

> 现在求和，能够得到比战斗到底更好的结果，这种想法是完全错误的。德国人势必会要求我们交出舰队，也就是说我们会被解除武装，海军基地也会被夺走。我们将成为奴隶国家。

大家有没有发现，古往今来的政治家和军事家们在要求开战，或是坚持战斗的时候，说辞都是差不多的。如果失败了就会变成奴隶，从古希腊开始人们就这么说了。

1940年5月，英国差一点就与德国展开和谈了，这就是曾经存在的第二次世界大战的可能走向。负责外交工作的哈利法克斯伯爵也赞成和谈，毕竟就算只是为了给被困在敦刻尔克的英法联军争取撤退的时间，和谈看起来也是一种合理的选择。

进入6月，英国的至暗时刻依然没有过去。在法国宣布巴黎为不设防城市后不久，德军占领巴黎。法国最终在6月22日与德国签订了停战协议。现在只剩英国了。

大家知道卓别林吗？他既是喜剧演员，也是电影导演，留下了很多经典作品。他在电影中的妆容总是很独特，让人搞不清楚他是哪国人，其实他是英国人。1940年在美国上映的电影《大独裁者》中，卓别林扮演的独裁者就是在模仿希特勒。《大独裁者》是1939年9月开始拍摄的，正好是第二次世界大战爆发的时候。这部电影的拍摄过程可谓一波三折，片中最后的演讲情节，居然是在被德军占领两天后的巴黎拍摄完成的。大家如果对这些幕后故事有兴趣的话，可以去读一读大野裕之写的《卓别林与希特勒》[30]，大野裕之本人也从事编剧工作。

当个人要与国家对抗的时候，可以利用各种各样的方式。面对迫害犹太人的纳粹，卓别林没有用非法的手段进行对抗，而是选择在电影中模仿希特勒，并加以夸张。不论是那段玩耍气球地球仪的情节，还是模仿希特勒贴上小胡子的妆容，还有最后的演讲，都是他对独裁者的谐谑。

没有确切的证据表明希特勒也看过这部电影。但是影片在美国上映之后，人们提起独裁者便会想到希特勒。《大独裁者》以娱乐的方式将批判的视角展示给世人，无疑是一部伟大的作品。

当国家消失时会发生什么？

1940年6月10日，德军即将在4天之后兵不血刃进入巴黎，意大利此时决定对法国宣战。意大利是《君主论》的作者、文艺复兴时期思想家马基雅维利（1469—1527）的故乡，对于同

盟之类的问题，总是行动迅速，善于以最小的代价去争取最大的利益。

1914年夏天第一次世界大战爆发时，意大利本来属于三国同盟，应该与德国、奥匈帝国并肩作战。尽管德奥两国要求意大利参战，但意大利还是借口奥匈帝国主动进攻塞尔维亚，并不符合三国同盟条约规定的参战条件，一直拒绝参战。最终居然站到英法一边，向德国和奥匈帝国宣战了。因为英法给出了比德奥更高的价码，通过许诺意大利能够获得奥匈帝国的意大利语区领土，让其站到了自己一边。[31]

而在1940年5月，意大利得知英国政府内部的一部分人正在寻求通过意大利与德国和谈，又看到了英法联军在战场上的失败，于是决定与德国并肩作战。

1940年的夏天，苏联也在不断向东扩张，迫使波罗的海三国接受苏军进驻。直到冷战结束为止，苏联一直控制着这三个国家。

第二次世界大战刚开始的时候确实有些奇怪，这个时候在搞扩张的是德国和苏联。但是在战后的纽伦堡审判和东京审判中，苏联并没有被追究。那是因为同盟国战胜德国最主要归功于苏军的奋战。

但是，心理阴暗的英国人不会放过任何找碴的机会。曾任英国内阁秘书的莫里斯·汉基就说了些有趣的话。他在1950年出版了《政治、审判以及错误》（*Politics, Trials and Errors*）一书，[32]在书中，他虽然没有否认远东国际军事法庭审判日本人的合理性，但同时提醒说，不要忘了苏联在1939年入侵波兰和芬兰，并在1940年吞并了波罗的海三国。他一针见血地指出，既然战争始于政治并终于政治，那么战后的审判当然也不会脱离政治。

有不少日本人觉得远东国际军事法庭的审判有失公正。我觉得在质疑审判的公正性之前，不妨先搞清楚世界上对这个问题都有哪些看法和意见，然后再决定要不要动气。莫里斯·汉基利用一些被法庭拒绝采用的史料，对纽伦堡和东京审判进行了批评。[33]例如，他认为审判战前担任驻英国大使的重光葵是不合理的，因为重光葵重视日本与英国的关系，反对松冈洋右推进的轴心国外交。莫里斯·汉基曾经任职于帝国防务委员会，在第二次世界大战爆发后还短暂进入张伯伦内阁担任国务大臣。

在被德国吞并的奥地利，被德国和苏联瓜分的波兰，被苏联吞并的波罗的海三国，这些地区在原本的国家消失之后发生了什么呢？美国耶鲁大学的提摩希·D.史奈德教授针对犹太人大屠杀问题，写了《黑土》（*Black Earth*）一书，[34]揭示了在被占领地区发生的惊人事实。

提到犹太人大屠杀，我们总会想到奥斯威辛集中营。确实，在那里有上百万犹太人死去，但是大约一半的大屠杀遇害者并不是死在集中营，而是在集中营之外的地方。97%的犹太人大屠杀遇害者，也没有死在当时的德国境内。[35]在那些原本的国家不复存在的地区，犹太人大屠杀就这样轻易地发生了。

现代也有国家失去机能的情况，到2016年，叙利亚的内战已经持续了5年，大量的一般民众成了战乱的牺牲品。英美等国指责阿萨德为独裁者，要求其下台，但是联合国安理会的另一个常任理事国俄罗斯，则坚持阿萨德政权的合法性。在叙利亚问题上，国际社会的意见无法统一。根据报道，在无政府状态的叙利亚战乱地区，已经有47万人丧生。[36]

1940年夏天的欧洲大陆上，继续有组织地抵抗德国侵略的国家已经不复存在。意大利加入战争，希望从德国的"辉煌"胜利中分一杯羹，苏联则在建立自己的东方防线。这就是当时日本所看到的世界局势。在我们继续德意日三国同盟的话题时，希望大家记住这个背景。

仅用了20天签署的条约

1940年7月22日，英国拒绝了希特勒之前提出的最后和谈方案。在和平提案被拒绝后，希特勒在7月31日对德国国防军的高级将领们说了这番话：[37]

> 英国把希望寄托在了俄国和美国身上。如果我们将其对俄国的希望掐灭，其对美国的希望也将破灭。因为在俄国陷落之后，日本在东亚的价值将会得到极大提高。

希特勒认为，俄国与美国的存在，支撑着英国坚持抵抗的意志。如果俄国不能成为英国的救命稻草，那么美国也会随之放弃援助英国。原因在于，俄国被征服之后，日本就不会再受到来自北方的军事威胁。如此一来，日本便可以放手南侵，去威胁中国香港、新加坡等英国在东亚的据点，以及美国在菲律宾的军事基地。美国将会受困于日本在亚洲的军事力量，只能停止援助英国。所以希特勒也是个喜欢假设的人呀。总之，在他的设想中，为了实现向英国施压的目的，对苏战争和对日合作这两个手段被结合了起来。

此时英国这边情况如何呢？丘吉尔遣词造句的水平很高，他在6月15日给美国总统罗斯福的信中这样写道："当前的英国内阁下台的话，在这种颓势下必然会出现主和派。你需要意识到这样的事实，届时英国的舰队也会成为与德国谈判的筹码。如果合众国任由英国被德国摆布，那么就无法指责需要尽职为英国国民求生存的人所选择的行动。（中略）所以请美国把驱逐舰援助给我们。"[38]丘吉尔这是一边威胁美国，一边向美国请求援助。

按照丘吉尔的意思，英国舰队落入德国手中的话，恐怕会对美国不利。丘吉尔这样威胁美国，很可能是因为他自己也在担心相似的问题。法国战败之后，法国海军舰队依然健在，丘吉尔非常担心法军的舰艇被德国人接收。于是英国人发动了"弩炮行动"，不惜使用武力，也要阻止法军舰队落入德国手中。1940年7月，英国海军进攻法属阿尔及利亚沿海的米尔斯克比尔港，残酷地攻击了昔日盟友的舰队，夺走了1297名法国军人的生命。[39]

罗斯福答应了丘吉尔的请求，在1940年8—9月迅速做出了一系列决策。8月13日，美国提出以租借50艘驱逐舰给英国为条件，换取西半球英军基地（哈瓦那、牙买加、英属圭亚那等地）的使用权。9月2日，美国在维持中立的前提下，与英国达成了《驱逐舰换基地协定》，这标志着美国对英国的支持。

在丘吉尔向美国求援的时候，希特勒在做什么呢？喜欢战史的人提到不列颠之战，估计会兴奋地说个不停，这场德国与英国的大规模空战从7月开始，9月7日，德国空军对伦敦实施了猛烈轰炸。

德国飞机在起飞后，最快只要6分钟就能到达英国，英国只能利用雷达来反制德国的速度优势。德国飞机航程较短，因此能够在英国上空作战的时间不多，这一弱点同样被英国利用。英国一旦侦察到德国飞机起飞的情报，就会拉起警报，通过雷达掌握德机的动向，派出战斗机迎击。德国空军在不列颠之战中的大规模行动持续了3个多月，但是最终也没能击败英国空军。

第二次世界大战爆发一年之后，日本依然与欧洲战事保持着距离。但当日本人看到在欧洲大陆所向披靡的德军开始猛烈空袭英国本土，甚至还传出要登陆英国的消息，确实会产生追随德国的想法吧。

德国就在这时向日本派出了特使海因里希·斯塔默，邀请日本加入同盟。海因里希·斯塔默之后又在1943年担任驻日大使，并在任上迎来了德国的战败。

海因里希·斯塔默是在9月7日到达东京的，9日去外务大臣松冈洋右家中进行了会谈。9月19日御前会议决定加入同盟，26日枢密院就迅速承认了条约，27日《德意日三国同盟条约》在柏林签订，前后只用了20天。1902年，日本和英国就第一次英日同盟进行谈判时，为了势力范围问题就争吵了3个月。[40]可见《德意日三国同盟条约》的签订真是非常"高效"。

大众媒体收到的审查标准

《德意日三国同盟条约》签订的第二天，近卫文麿首相发表广播讲话《直面重大时局》，强调了同盟的意义。[41]

> 中日纷争乃是东亚在世界旧秩序的重压之下，爆发的蜕变性质的内乱。除了对世界旧秩序的最底层矛盾施以干脆的修正，没有其他的解决之道。

首先，让人吃惊的就是他把中日之间的战争称为"蜕变性质的内乱"。近卫本人可能原本想用"革命"之类的词汇，但是在那个高压年代，《治安维持法》第一条就明确禁止"变革国体"，"革命"这类词汇简直就是思想禁区，所以近卫才想出了这种不寻常的说法。

不过，就算近卫是为了不抵触《治安维持法》才这样说，把战争视作内乱还是很奇怪，可能有点像现代的美军吧。美军入侵阿富汗和伊拉克，也没有把对方视为正式交战的国家，而是以一种惩罚罪犯的名义在那里打仗，这一点和日军是不是有些相似呢？为了解决中日战争问题，就需要缔结德意日三国同盟这种大胆的手段。

那么在缔结了同盟之后，日本政府需要防备国内出现什么样的反应，实际上日本民众的反应又是什么样的呢？要了解这个问题，可以去看看内务省为了维持国内治安，发给通讯社和报社等机构的"报道管制纲要"（记事取缔要纲）的内容，其中规定了针对媒体报道的审查标准。[42]

关于德意日三国同盟，内务省禁止报道的内容包括：①从同盟条约中受益的只有德国和意大利。②三国同盟无益于解决中日战争问题。③日本政府内部也存在反对缔结同盟条约的意见。④日本与苏联的关系调整是共产党转向者的计划。⑤同盟条约将会对经济造成较大影响。我觉得第三点的意义比较大。

不能报道政府内部存在意见分歧，由此我们可知，反对声音恐怕是相当大的了。对日本人的刻板印象之一，就是日本人很少就某个问题发表多样的意见进行讨论，但是对于德意日三国同盟，其实有很多立场不同的人提出了自己的疑问，进行了激烈的讨论。

同意加入三国同盟的御前会议

1940 年 9 月 19 日召开的御前会议同意加入德意日三国同盟，让我们来看看这次会议的情况。19 日开会时，距离 27 日正式签约，已经只剩下 8 天了。

在战前的日本，如果遇到有关国家前途的重大问题，就会从政府方面召集总理大臣、陆军大臣、海军大臣、外务大臣、大藏大臣等官员，从大本营（战时设置的直属于天皇的最高战争指挥机关）方面召集参谋总长、军令部长等军官，再加上代表天皇进行质询的枢密院议长，开会进行商议，这就是所谓御前会议。9 月 19 日的御前会议上出现的重要人物，主要有参谋总长闲院宫载仁亲王[43]、外务大臣松冈洋右、军令部总长伏见宫博恭王[44]、总理大臣近卫文麿、枢密院议长原嘉道等。

　　参谋总长是陆军负责拟定具体作战计划的参谋本部的长官，军令部总长则是海军负责同样职能的军令部的长官。此时的参谋总长和军令部总长都是皇族。把皇族放在这样的职位，似乎有一种摆设花瓶的感觉，但是闲院宫载仁亲王和伏见宫博恭王都有甲午战争和日俄战争时期的实战经验，在军队内部很有发言权，并不是什么花瓶。外务大臣松冈洋右这些人，倒是在会议上被军部问得手足无措，颇为狼狈。

　　让我们利用当时的参谋次长泽田茂留下的资料[45]，来看看这次御前会议都讨论了什么内容。军令部总长伏见宫代表海军提出了下面的问题：

　　　　缔结这一同盟之后与英美的贸易关系必然再增变数，需要承认在最坏的情况下我们将无法取得依赖进口的必需物资。此外，鉴于中日战争中国力被消耗的情况，在日美战争也有极大可能性陷入持久战的情况下，对国力的维持有何预期及对策。

　　日本加入三国同盟之后，就会与英美敌对。英美限制贸易的话，日本便得不到需要的石油等重要物资。再加上日本在中国战场无法脱身，再与美国打持久战，不知如何维持国力。面对海军的问题，首相近卫文麿是这样回答的：

过去，考虑到这样的情况，我们已经扩大了国内的生产，并且努力保障储备。只要进一步强化军队、政府、民间三方的消费统制，将物资集中供给到最紧要的方面，就能保证相当长时间的军用物资生产。就算是与美国的战争，也能比较长久地供应军需。我认为可以承受相当长期的战争。

虽然近卫文麿说已经扩大了原油的生产和储备规模，只要对消费进行统一管理，就能应对长期战争，但是说实话他的回答说服力并不强。

接下来是枢密院议长原嘉道的问题，也就是天皇的问题：

这一条约是针对美国的同盟条约，德国和意大利认为签订条约能够阻止美国参战。美国近年来取代英国，对日本施加压力，大有在东亚担当警察的意思。但是为了不让日本加入德国与意大利一方，美国并没有不留余地，相反还多有保留。然而一旦签订条约，日本表明自身态度，美国也会极力强化对日压力，加强援蒋（介石）力度。（中略）强化经济方面的制裁，禁止向日本出口石油与铁。（中略）必须考虑到长此以往，日本将会疲乏不堪，无法负担战争。

看得出来，枢密院议长，或者说他背后的天皇，对德国的意图看得一清二楚。虽然美国正在向日本施压，但是为了不让日本站到德国与意大利那边，还是有所保留的。这是因为日本虽然正在与中国打仗，但是并没有插手欧洲的战争。一旦日本明确地站到英美的对立面，那么必然会招致经济制裁，天皇的担心没有错。

原嘉道还向外务大臣提出了尖锐的问题:

> 外相说的对策，在速度和数量上都有欠缺。没有石油就无法打仗。荷属东印度的石油被英美资本掌控，而荷兰流亡政府正在英国，从政府的说明来看，用和平手段获取荷属东印度的石油是不可能的。

"外相说的对策"，指松冈洋右说可以通过德国的中介，或是改善与苏联的关系，来获取石油。但是原嘉道一针见血地指出，这些方法都需要时间，获得的量也不充足。至于荷属东印度的石油，都在英美资本手中，即使德国进行中介，也是没办法获得的。

——很准确地预测到了太平洋战争开始后日本面对的问题。

真的是这样呢。原嘉道，或者天皇所说的，之后都确实发生了。那么对于这样一针见血的质疑，松冈洋右是如何回答的呢?

> 枢府议长的意见很有道理，但是占领了荷兰国土的德国，在有关荷兰的问题上，也能起到相当重要的作用。另

天皇

参谋总长
闲院宫载仁亲王

军令部总长
伏见宫博恭王

总理大臣
近卫文麿

枢密院议长
原嘉道

陆军大臣
东条英机

外务大臣
松冈洋右

大藏大臣
河田烈

海军大臣
及川古志郎

企画院总裁
星野直树

军令部次长
近藤信竹

参谋次长
泽田茂

没有石油就没法打仗

外，国际关系也不是泾渭分明的，很多地方都是可以通融的。（中略）就像前些年日本退出国际联盟之后，还是不断有人来兜售武器。

松冈洋右在承认了枢密院议长的话很有道理之后，又反驳说德国在 1940 年 5 月占领荷兰之后，即使荷兰石油公司被英美资本控制，德国肯定也能说上话。他似乎还考虑到原嘉道是个法学家，表示国际关系其实有很多灰色地带，举出 1933 年日本退出国际联盟之后的事例，当时有观点认为日本将会陷入经济上的孤立，但是依然有很多人准备向日本贩卖武器，所以并不需要过于担心。说实话，松冈洋右的回答很不严谨。

他并没有回答究竟要从苏联控制的库页岛北部进口多少石油，利用同盟国的船舶通融多少物资才能满足需求。原嘉道已经直说没有石油就无法打仗，松冈洋右却没有正面回答他的问题。

为什么首相和外相的预测不如军部准确？

——感觉首相和外相这些内阁中人，给出的都是些不着边际的计划。

你的感觉很敏锐呢。从会议记录来看，首相近卫文麿和外相松冈洋右对局势的预测，简直就是天真。倒是军令部总长和参谋总长这些军人，一直在追问已经陷入中日战争泥潭的日本，是否有余力与美国开战。为什么文官们的视野会不如军部呢？

——实际使用石油这些资源的是军队,究竟需要多少数量军队很清楚,而内阁不知道。

是的,再说明白一些的话,其实不是不知道,是无法知道。当时的日本制定了好几部法律来保护军事机密,比如《军机保护法》(1899年公布,1937年8月修改)、《军用资源秘密保护法》(1939年3月公布)、《国防保安法》(1941年3月公布)等。其中的《军用资源秘密保护法》可谓"罪大恶极",东大经济学部的经济史专家冈崎哲二指出,在制定了这部法律之后,政府统计公布的项目一下子就减少了很多。[46]

1939年公布的《军用资源秘密保护法》中,有关金属、机械、化学等工业的统计数据,都被视作机密,一般人从此就无从知晓了。在总体战时代,这些重工业确实直接支撑着一个国家的军工产业。相关的数据,是日本在1940—1941年间,对可能到来的战争进行评估和预测时的重要材料。

这些材料只被军队和一部分主管经济的官员掌握。可以说,首相和外相在某些问题上的认识不如军队高层的制度性原因,就在这里。

对于就快签署的条约,军部和枢密院议长都在御前会议上进行了尖锐的质疑。请大家注意,这些讨论都是在天皇面前进行的。可以说与美国开战的不安,在这里非常直白地体现了出来。但是就算如此,三国同盟还是在一周之后就结成了,可见事情非同寻常。

"取毅然之态度则战争可避"

之后松冈洋右又说了些什么呢？让我们继续看下去。

> 如果日本放弃整个中国，或者至少放弃一半的话，也许可以暂时与美国握手，但是将来肯定还会受到美国的压迫。特别是即将到来的总统选举最为危险，罗斯福这个野心家如果感受到自身危险，会为了野心做任何事情，对日开战或是参加欧洲战争都有可能。不论是哪一党的总统候选人，只要对日本强硬就能获得支持。

松冈首先断言如果不对美国做出很大让步，两国关系就难缓和。之后有些出人意料地谈到了美国内政，特别是总统选举。1940年秋天，民主党的罗斯福打破了一直以来总统不寻求第三次连任的传统，第三次出马竞选。与他竞争的是共和党候选人，奉行自由主义的企业家温德尔·威尔基。[47]

罗斯福为了赢得选举，可能会不惜对日开战，或是参与欧洲战事，松冈的这番话想必会让御前会议上的众人颇为吃惊。确实，不论是过去还是现在，美国总统大选的候选人都会倾向于在选民面前表现自己对外强硬的姿态。而且通过解决国内问题来让民众满意，也确实不如对外转移矛盾来得轻松。2016年初夏，共和党总统候选人特朗普就在演说中宣称日本依靠美军提供安全保障，应该全额支付美军的驻军费用，博得了支持者的喝彩。

但是，松冈洋右对于美国国内情势的看法是否正确，还要打个问号。的确，不论是罗斯福还是他的对手威尔基，在选举中都赞成即使维持中立，也要将募兵制改为选拔征兵制，这是选战中最为重要的议题之一。而且两人也都赞成对英国进行援助。[48]但是，这是不是代表着他们准备让美国参战呢？恐怕并不是。当时的美国依然有很强的孤立主义倾向，对于把家人送上战场这种事，妇女团体和工会都强烈反对，而政府也无法忽视这些组织的声音。罗斯福在波士顿进行竞选演说时，对群众许下过这样的诺言，"各位父亲和母亲，我向你们再一次保证，（中略）你们的孩子不会被送去参加任何外国的战争。"[49]当然，我们这些后来人知道，最终美国还是参战了。

共和党候选人威尔基也针对美国参战的可能性，在选战中攻击罗斯福。他在演说中宣称，如果罗斯福再次当选，那么"6个月后我国的男人们想必就会被送往欧洲"。[50]1940年11月5日，罗斯福还是赢得了选举，成为美国历史上第一个连任三届的总统。

松冈洋右的说辞简直就和实际情况相反。让我们看看他接下来还说了什么。

　　日本和美国在中国发生的微小冲突，也会迅速演化成战争。现在美国对日本的看法极端恶化，仅凭一点让步是无法恢复的。我们唯有取毅然之态度，才能避免战争。（中略）希特勒其实也希望避免与美国的战争，不仅如此，在与英国的战争结束后，还有与美国发展友好关系的意向。

让人深感兴趣的是，松冈洋右反复提到了中国问题。他关于美日在中国的微小冲突也会引发战争的发言，颇有威胁的意味。而且还宣称改善美国对日本的看法很困难，所以反过来对美国摆出强硬姿态，才能避免战争。

我们再深入分析一下松冈洋右的说法就会发现，日本要缓和与美国的关系，其实可以从尝试改变对中国的态度入手。这一点大概松冈洋右也很清楚。但是在御前会议上，他还是坚持缓和日美关系已经无望，只能利用三国军事同盟的力量。

——"唯有取毅然之态度，才能避免战争"，我搞不懂他在说什么……

一般人都搞不懂松冈洋右说的话。（笑）在松冈洋右看来，毅然的态度是什么呢？他认为要在同盟条约里写上什么样的内容，才能避免美国参战呢？

——把美国作为假想敌。

就是这一点。实际上，在陆军省与海军省的事务级会议（在大臣间的会议之前，中层官僚商讨基本方针政策的会议）上，已经决定将行使武力的对象限定为英国。此时他们预想中的同盟，是在一定条件下，日本站到德国与意大利一边，参与对英国的战争。陆海军还挺老实的呢，他们此时并没有准备和美国打仗。

但是松冈洋右对这种方案并不满意，他认为如果同盟不把对美国开战考虑在内，就无法让德国满意。而且对美国的威慑力不强的话，也就没办法逼迫英国就范。

　　我们刚才提到过，罗斯福和威尔基都赞成实施选拔征兵制。1940 年 8 月，美国参、众两院决定将建国以来一直实行的募兵制改为选拔征兵制。不过根据当时的法律，就算是被征兵了，兵役时间也只有 12 个月。

　　一年之后，美国再次对是否继续选拔征兵制进行投票，1941 年 8 月 12 日，众议院的投票结果是 203 票赞成、202 票反对。[51]美国的征兵制差一点就结束了，就是靠着一票之差，美国陆军才得以继续整军备战。如果征兵制法案被否决，会导致灾难性的后果，如同美日开战时担任美国陆军参谋长的马歇尔所说："几乎所有美国陆军师级单位的作战能力都将被削弱。"[52]

　　在 1940 年的夏天，美国对参战还没有进行充分的准备。可以说，美国在金钱、劳动力、技术、资源等方面都有着几乎绝对的优势，缺乏训练有素的常备军可能是其唯一的弱点。长久以来，德国和日本都实行征兵制，维持着正规军。所以当时的美国陆军在德国和日本看来，有些乌合之众的样子，也不是全无道理。

　　这样一来，如果我们尽量从合理的方面去考虑松冈洋右的那些发言，多少能找到他认为对于美国只有毅然的态度才能奏效的原因。美国当时对战争的准备还不充分，而且非常多的美国民众不愿意被卷入欧洲战争，针对美国的这些弱点，缔结德意日三国同盟，对美国摆出强硬姿态，就能达到阻止美国参战的目的。某种程度上，轴心国就是在赌同盟国方面准备不足，或者说利用同盟国在时间上的劣势，抵消同盟国在资源上的优势。

在条约签订前更迭海军大臣

9月19日的御前会议持续了三个小时。陆海军的统帅部和枢密院议长等人终于松口，原则上同意加入三国同盟，但是依然加上了少有的条件，那就是在表决时可以附上个人意见。首先，闲院宫参谋总长代表陆军强烈建议，通过德国中介，尽力调整与苏联的关系。接着伏见宫军令部总长代表海军提了三点要求：第一，尽一切手段避免与美国开战；第二，向南方发展要使用和平手段；第三，管控那些强硬的无脑反英美言论。[53]

从这些要求中我们能够体会到，不仅是陆海军省的高层和枢密院议长，负责具体作战的统帅部高层也对三国同盟感到强烈的不安。特别是海军方面，表现出了尤为明显的反对情绪。第二次近卫内阁做出加入同盟决定的过程中，原本的海军大臣吉田善吾不堪压力最终辞职，也体现了这一点。

三国同盟居然成了海军大臣更迭的原因，可见这个同盟非同寻常。1940年9月4日，吉田善吾辞任海军大臣，表面上的原因是健康状况不佳，实际上是因为海军内部的意见分歧。吉田自身不愿赞成以英美为假想敌的军事同盟，但是从中日战争全面爆发以来，军事预算不断膨胀，海军也从中得到了很多，此时的海军作为一个庞大的组织，会有自身的行动原则。而且海军的中下层军官当中，也有很多人赞成三国同盟的构想。

吉田的继任者及川古志郎是个喜欢研究学问的军人，在昭和天皇还是皇太子时，他担任过东宫武官，为皇太子解答军事方面的问题。《昭和天皇实录》中有这样一段记载。及川古志郎与皇太子一同观察星空,他回答了15岁的皇太子有关北斗七星的问题。[54]作为昭和天皇的父亲,大正天皇大概既没有时间,也没有机会来把这些知识教给自己的儿子吧。在御前会议上,昭和天皇遇到了24年前给自己讲解过北斗七星的人。天皇与军人之间自幼形成的亲密关系,是其他文官难以企及的。

阅读条文

德意日三国同盟究竟是一个怎样的同盟呢?让我们来看看其中的条文吧。[55]

首先是条约的前文,因为德意日三国敲定最终的条文时,使用的是英文,所以我把英文版也放上来了。

日本、德国和意大利政府认为世界上所有国家都应有其适当地位,是任何持久和平的先决条件,因此决定分别在大东亚和欧洲相互支持和合作,共同努力实现更大的目标,以建立和维持新秩序为主要目的,旨在促进有关人民的共同繁荣和福祉。

The Governments of Japan, Germany, and Italy consider it as the condition precedent of any lasting peace that all nations in the world be given each its own proper place, have decided to stand by and co-operate with one another in their efforts in Greater East Asia and the regions of Europe respectively wherein it is their prime purpose to establish and maintain a new order of things, calculated to promote the mutual prosperity and welfare of the peoples concerned.[56]

大家读下来以后，有什么在意的地方吗？

——现在的《日本国宪法》里也有"持久和平"这个说法。

哇，真是厉害，居然注意到了这一点。《日本国宪法》的前文第二段有这样一句话，"日本国民期望持久的和平"。同样的说法出现在一个军事同盟条约中，真是不可思议。不过，确实有许多战争都是标榜为了和平而进行的。大家觉得这段前文，是日本还是德国提出的呢？

——……

这段话是日本方面要求加上的。准备条约文本的，是外务大臣松冈洋右和他手下的官僚们，[57]他们整出来的文章可真够奇怪的。而且日文版和英文版读起来，给人的印象也不一样。

"世界上所有国家都应有其适当地位"（万邦をして、おのおのその所を得しむる）这一句，在英语中的表述是"all nations in the world be given each its own proper place"。英文版相对容易理解，而日文版读起来就给人一种特有的年代感。这种风格大概是受到了当时突然流行起来的国体论的影响，大家听说过"八纮一宇"吗？

大部分人可能要查辞典才能知道这个词的意思，这个词大致的意思是将全世界置于同一个屋顶之下，也就是天下一家的意思，在太平洋战争中成了日本侵略扩张的口号。这个词还出现在当时的内阁决议中。1940 年 7 月 26 日，第二次近卫内阁决定的《基本国策纲要》[58]就宣称"皇国的国策，是遵循八纮一宇的肇国精神，以确立世界和平为根本"。讲出这种话的国策纲要到底是要传达些什么呢？一般人根本搞不懂吧。

八纮一宇，是宗教人物田中智学根据《日本书纪》中神武天皇定都大和橿原的诏书的相关内容（当然，这些记载全是神话故事）创造出来的词语。1940 年，恰逢政府举办"纪元二千六百年纪念"之类的活动，八纮一宇也成了当年的流行词。要将全世界放在一个屋顶下，就要为各个国家的传统价值观找到各自适当的位置，所以三国同盟条约的前文其实也悄悄地体现着八纮一宇这个口号。

条约第三条以委婉的方式将美国作为假想敌

接下来，我们了解一下条约的具体内容。第一条到第五条原文如下：

第一条：日本承认并尊重德意志和意大利在欧洲建立新秩序的领导权。

第二条：德意志和意大利承认并尊重日本在大东亚建立新秩序的领导权。

第三条：德意志、意大利和日本同意遵循着上述路线努力合作。三国并承允如果三缔约国中之一受到目前不在欧洲战争或中日冲突中的一国攻击时，应以一切政治、经济和军事手段相援助。

　　第四条:为了实施本协定,由德意志、意大利和日本的政府各自指派委员组成的联合技术委员会将迅速开会。

　　第五条:日本、德国和意大利申明,上述协定对三个缔约国与苏联之间目前存在的政治地位没有任何影响。

　　第一和第二条主要阐明了同盟成员之间的势力范围,这是我们提到过的军事同盟三要素之一。

　　第三条没有直接提到美国,而是用了"目前不在欧洲战争或中日冲突中的一国"这样委婉的说法。但是因为后面的第五条又直接提到了苏联,所以剩下的大国也只有美国了。

　　将美国作为假想敌,是松冈洋右和外务省的主意。但是通过相关史料我们知道,松冈洋右设想中的三国同盟条约,与实际签订的条约并不一样。

　　三国同盟条约第三条规定,如果美国进攻德意日三国中的任何一个国家,三国将会"以一切政治、经济和军事手段相援助"。德意日希望建立一个军事同盟,声明"如果美国来打我们,我们就一起还手打回去",以此来威慑美国。

　　但是,松冈洋右与德国特使海因里希·斯塔默会面之前,与外务省的官僚们商讨出的条约草案,只包括德意日三国互相承认各自的势力范围,同意建立"世界新秩序",三国协同应对英国与美国这些内容。可以说松冈洋右构想的草案只是一个简单的共同声明。他希望把那些对美国开战的条件之类的具体内容,交给后续的专门委员会继续讨论。他当时想要的,是一个表面上声势浩大，实际上并没有具体明确内容的同盟条约。

但在实际的条约中，最终还是明确地写上了德国所希望的威慑美国的内容。

所谓"大东亚"是指什么地方?

——条约前文里提到"在大东亚和欧洲相互支持与合作"，具体是指什么地方呀?

这是非常重要的问题呢，大家觉得"大东亚"是指哪里?

——东南亚之类的地方?

嗯，这个词的英文表述是 Greater East Asia，也看不出具体指的是哪里。是否可以理解为这是与欧洲并列的概念呢? 从地理上来说，欧洲的概念很明确，就是欧亚大陆上乌拉尔山脉以西的地方。但是大东亚就让人不明就里了。

当然，德国特使海因里希·斯塔默在和松冈洋右的谈判中，对这一点进行过确认。松冈洋右的回答简直叫人瞠目结舌，所谓大东亚，从南到北包括"澳大利亚、新喀里多尼亚以北的东亚全域"，[59]在东西方向上，则是从缅甸直到荷属东印度。[60]

9月27日条约签订后，当天晚上9点会召开新闻发布会，为了应对外国记者的提问，外务省事先进行了准备。他们准备的回答也相当糟糕。如果遇到"大东亚的具体范围""新秩序到底是什么意思"之类的问题，就只能漠然地回答，"在这里不对字句的含义进行解释"。[61]

但这似乎也不是要故意隐瞒，因为就连日本政府内部，可能都还没有确定大东亚到底包括哪些地方。

1942年2月26日召开的大本营政府联络会议上，参谋总长杉山元在听了内阁对"大东亚建设问题"的说明后，非常直白地问道："'大东亚共荣圈'是个什么范围？"首相东条英机的回答是："就是目前占领的，或是实施作战行动的地区，缅甸、马来西亚、荷属东印度以东诸岛。"[62]东条说的大东亚，东西范围倒是和松冈洋右对海因里希·斯塔默说的差不多。不过他说的前半句话，实施作战行动的地区就是大东亚，着实是让人不知所云，又感觉很厉害。这让我想起2014年11月10日的党首讨论会上，小泉纯一郎回答民主党代表冈田克也的问题时说的"自卫队实施行动的地区，就是非战斗地区"这句话，简直是殊途同归呢。[63]

德国是否理解了条约前文的意思？

读了条约内容，大家还有其他在意的地方吗？

——所谓"建立新秩序"，感觉是德意日三国自己想入非非，并没有什么正当的理由。

哦，这一点说得还挺严厉的。条约虽然写得冠冕堂皇，但是仔细想一想就会发现，日本在"大东亚"推行的新秩序理念，怎么可能和德国、意大利在"欧洲"推行的那一套一样呢？三国同盟的成员完全是各怀鬼胎，比如暗藏着八纮一宇意思的条约前文，德国真的会认同吗？神国日本的这种思想，与纳粹德国的世界观互不相容，如果德国仔细看了条约前文，是不是就不会签字了呢？

当时也有人注意到了这一点：枢密顾问官深井英五在枢密

院审议条约时，提出了下面的问题。[64]顺便一提，深井英五在1931年12月犬养毅内阁成立时，帮助大藏大臣高桥是清重新禁止了黄金出口。

　　　条约前文说，"世界上所有国家都应有其适当地位"，但如果熟悉希特勒的言论，这句话大概会被理解成弱肉强食是自然法则之类的意思。德国方面真的能正确理解这段话的意思吗？

　　德国当时宣扬雅利安人高人一等，将犹太等民族视为"劣等种族"，公然进行歧视和迫害，奉行的完全就是弱肉强食的原则。深井英五担心德国人没法理解八纮一宇的精神。对此松冈洋右是这样解释的，日本外交的使命在于"宣扬皇道，而非为了利害得失，一定会坚决抨击弱肉强食之类的思想"，完全没有回答问题呀。

　　就像这样，德国看起来也没有好好地对条约前文或者"大东亚"之类的字词进行审议，就签订了条约。当时正值德国空袭英国的高潮阶段，英国似乎就快招架不住了，此时与日本结盟牵制美国，威慑的效果可能会很好，所以德国才会希望尽快缔结军事同盟。但是德意日三国对所谓"新秩序"并没有共同的追求，"大东亚"的范围也一直不清不楚，三国同盟条约就是这样一个奇怪的条约。人们最终为这个只用20天就签订的同盟条约付出了巨大的代价。

三 "不要错过公共汽车"

为什么日本没有拒绝？

——因为媒体受到审查，所以不能写同盟只对德国和意大利有利。上回，老师说日本拒绝了国际联盟的提案，那么这一次日本为什么没有拒绝对自己来说并不那么有利的三国同盟呢？

我们讲到过缔结同盟之后，国家对媒体的审查标准。德国和意大利认为，将日本纳入同盟可以让美国害怕。此时的德国确实强大，但是美国在大洋彼岸，并不畏惧德国。德国想要威慑美国，迫使其停止援助英国，于是便想到了与美国隔着太平洋的日本。因为只有日本所拥有的海军力量，能够迫使美国同时在太平洋和大西洋两个方向上展开防御。三国同盟确实是有利于德国和意大利的。

那么日本为什么没有拒绝这个同盟呢。或者说，为什么日本宁可忍受同盟的不利之处，也要与德国结盟呢？

讨论这个问题时，需要先确认一点，首先要求进行相关谈判的，其实是日本。我们之前提到过，德国特使海因里希·斯塔默在1940年9月7日来到日本。其实日本在7月的时候就已经开始活动了，松冈洋右在8月1日正式向德国驻日大使奥托提出了相关事宜。

松冈洋右和外务省为什么希望与德国结盟呢？美国的经济封锁非常可怕，为了加以应对，日本希望从德国那里得到关于什么的确切承诺呢？这种思考角度能够帮助我们接近问题的答案。

如果我们能了解到在新闻媒体和大众的眼睛都看不到的谈判桌上，日本与德、意两国就什么问题进行了交涉，就能明白日本想要的是什么。三国同盟条约的前文和第一到第六条的内容都被刊登在了报纸上。[65]那么是不是存在一种可能，条约还有一些秘密的共识和协议，这些没有出现在报纸上的内容才是日本希望通过一纸条约得到的。

事实上，松冈洋右确实试图通过与德、意两国签订秘密协议，在不承担参战义务的情况下，尽可能多地获取经济上的利益。[66]日本提出的条约草案中，包含了大量的秘密协议，结果海因里希·斯塔默看了之后，不禁抱怨这份草案"只是罗列了日本方面的要求"。[67]

那么秘密协议中日本方面的要求是什么呢？主要有两点。[68]第一点是日本的"生存圈范围"，可谓贪得无厌。除了刚刚提到的大东亚，还包括"满洲国"和汪精卫的"南京国民政府"这些日本控制下的傀儡政权。汪精卫本来是重庆国民政府的二号人物，他在离开蒋介石、逃出重庆后，于1940年3月成立"南京国民政府"，成了日本的傀儡。

日本甚至希望德国承认处在日本委任统治下的岛屿也是日本的"生存圈"，然而这些岛屿本来是德国的殖民地。第一次世界大战之后，德国在巴黎和会上签订《凡尔赛和约》，由此失去了所有的殖民地，其中就包括在太平洋上的诸多岛屿。[69]1919年之后，这些原属德国的岛屿中，位于赤道以北的被交给日本，赤道以南的则被交给澳大利亚与新西兰进行委任统治。日本希望用微小的代价，将这些原属德国的岛屿全都收入囊中。

1940年9月，德国已经征服法国，并将英国逼入了绝境，这个时候日本居然提出要把原本属于德国，某种意义上象征着德国在一战中的屈辱失败的岛屿划入自己的势力范围，说实话，德国面对这样的要求可能会不高兴。

秘密协议的第二点重要内容，是日本能够自由决定是否对英美动用武力。[70]日本希望为对英美动武加上一系列前提条件。[71]诸如，除非对中国的战争结束，不然不会对英美开战，就算真的要打，也需要在内外环境有利（考虑因素包括中日战争、日苏关系、美国对日本的态度、日本的战备情况等），或是国际形势的发展已经刻不容缓。

海因里希·斯塔默认为，如果在条约中加入日本方面要求的这些秘密协议，美国必然会从各种渠道了解到相关内容，这么一来同盟条约对美国的威慑作用就会降低，因此拒绝了日本的要求。但是又经不住日本的软磨硬泡，答应用换文（指双方当事国互换内容相同或相似的照会，就特定事项达成一致的协议)的方式,在其中体现两项秘密协议的部分内容。[72]

但是德国真的只凭换文,就会同意日本给自己留下后路吗?日本所希望的可是即使在美国加入欧洲战局的情况下,也不需要自动对美国开战。就算要开战,也要参照设定的各项条件,只有在符合条件的情况下才会参战。有研究者指出,海因里希·斯塔默只是在东京让松冈洋右与德国大使奥托达成了表面上的共识,并没有将换文内容通知本国。[73]

二战结束后,在东京审判期间,海因里希·斯塔默和奥托都接受了国际检查局的审问,在笔录中,两人坦言并没有将换文的内容通知德国外长里宾特洛甫。

日本希望缔结三国同盟、加强与德国关系的理由

日本为什么要加强与德国的关系,并最终缔结三国同盟呢?与历史相关的电视节目里,常常会用到一句话,"不要错过公共汽车"。意思是日本被德国连战连捷的势头所迷惑,想要搭便车、占便宜。这个说法当然不能说不对,但是如果这样简单地得出结论,就等于放弃了对当时制定相关政策者想法的细致考察。

让我们来看看有什么史料,能够明确地反映那些现实中制定政策的人的想法。在日本,不论是当时还是现在,很多情况下高层的政治人物并不会参与政策的制定。中央省厅里那些负责具体工作的科长级别的人物,会不断开会讨论,拟定出草案,然后交给相关的大臣来决定。在这种情况下,很多政策并非出自大臣或是省内的"二把手"次官,而是出自中层领导

们。中层领导们磋商决定之后，相关问题就被直接拿到御前会议上讨论的情况也很普遍。遗憾的是，大臣、次官这些高层与科长这些中层之间，难免会产生认识上的偏差。

接下来我们要读的是分别于1940年7月12日和16日，在外务省进行的两场"关于强化日德意合作的陆海外三省股官会议"的记录。[74]在距离签订三国同盟条约还有两个月的时候，来自外务省、陆军省、海军省的代表们开会商议条约的重点内容。这种内部会议到底会讨论些什么内容呢？真是让人深感兴趣。

以前的一部电视剧《跳跃大搜查线》的剧场版里，作为主角的刑警有这么一句经典台词，"事件不是在会议室发生的，而是在现场发生的"。外务省、陆军省、海军省的科长还有校官①，这些40岁上下的负责人们开会进行商讨时，似乎也可以说一句，"政策不是在内阁会议上决定的，而是在各省协商的会场上决定的"。

我们就按照发言顺序来依次介绍登场人物吧。头一个发言的是军令部第一部的大野竹二上校，他所在的第一部分管海军的作战和统帅事务。大野竹二曾经在英国留学三年，是有名的"英国通"。

第二个发言的是海军省军务局第一科的柴胜雄中校。军务局掌管着海军省几乎所有的业务。[75]柴中校是个亲德派，日本战败后在美国海军"密苏里号"战列舰上签署投降书的时候，

——————————

①日文为"佐官"，指尉官以上、将官以下的军衔。

他也作为海军方面的随员参加了。

接下来是陆军省军务局军务科的外交班长高山彦一中校。陆军省军务局掌管陆军军政事务，下辖军事科和军务科，前者负责管理一般军政和预算，后者负责制定国防政策、与帝国议会打交道。高山彦一对苏联和波兰很熟悉。

安东义良是外务省欧亚局第一科的科长。[76]欧亚局的名字里虽然有"欧"也有"亚"，不过主要负责的还是欧洲方面的事务。安东义良从东大法学部毕业后，进入外务省工作，后来留学法国，在巴黎大学取得了法学博士学位，自然是个"法国通"。日本战败时，他是外务省政务局长。

最后一个发言的是参谋本部战争指导班的种村佐孝少校。参谋本部是负责陆军作战、统帅事务的机构，战争指导班主要的工作是与军令部、陆军省、海军省、外务省等部门进行沟通协调，准备好在大本营政府联络会议上的文件等资料。说实话，这个战争指导班的成员在能说会道这一点上，肯定是陆军里数一数二的。种村佐孝更是其中最为年轻的一个，当时只有36岁。从他的发言里也能感觉到，这个人吵架应该很厉害。到了太平洋战争末期，他在参谋本部提出了通过苏联进行议和的方案。

接下来，让我们来看看这些人到底在会议上说了些什么吧。首先，自然是刚刚说到的大野竹二上校，他陈述了以下意见：

> 德国在战后，可能会在荷属东印度、法属印度支那和中国积极展开经济活动。（中略）就算不直接占领荷属东

印度和法属印度支那，也会派出活跃的纳粹党员，试图从政治上影响乃至控制这些地区。日本必须抓紧时间，在上述地区展开活动，防止德国势力扩张。日本要做的就是努力切断荷属东印度和法属印度支那与欧洲的联系。

战争结束之后，如果德国取得胜利，不仅会在东亚和东南亚展开经济攻势，可能还会派出纳粹党员施展政治影响力。因此日本在这些地区的政策上，要提前做好对德国的防范。毕竟现在东南亚殖民地的两个宗主国荷兰和法国都被德国打败了，欧洲战争的结果必将影响到亚洲。

值得注意的是，大野竹二的发言中提到了"战后"，这有些让人吃惊。在1940年7月，他就已经在考虑战后了。

接下来是海军省柴胜雄中校的发言：

最近来到日本的赫尔夫里奇说过，日本有不少人认为德国在战后会元气大伤，这种看法完全不对。因为德国在开战前和战争中都扩大了工业生产，战后必然要为工业产品寻求市场，进行经济扩张。如果他说得没错，那么德国在战后想必会针对南洋和中国等地，大量输出商品和资本。

柴胜雄也提到了三次"战后"。他的情报来源是在日本的德国商人。在战时体制下扩大的工业能力，在战后也需要市场，因此他认为日本需要对德国重返亚洲保持危机感。

那么陆军方面是怎么说的呢？下面是陆军省的高山彦一中校的发言：

> 我认为今后德国在荷属东印度与法属印度支那问题上，会对日本采取何种立场，很大程度上取决于德国战后对苏联的态度。（中略）日本得到这些地区的难度，可能出乎意料的并不高。但是如果扯上建设欧洲新秩序的问题，荷属东印度与法属印度支那的处理还是会很麻烦。

陆军长期以来将苏联作为假想敌，所以会关心德国与苏联的关系。还有，高山彦一也说了两次"战后"。在他看来，德国对荷属东印度与法属印度支那的政策会被对苏政策左右。虽然只要德国同意，日本就能轻易得到这些地盘，但是也不能排除德国在"建设欧洲新秩序"的过程中，展现对这些地区的兴趣。高山彦一对未来的预期果然还是比较悲观。

对于陆海军省的意见，外务省的安东义良表示，"有同感，我们应该强烈反对德国对荷属东印度等地区发挥政治上的强大影响力"。

好了，终于到最后一个发言的种村佐孝了，他是这样说的：

> 荷属东印度和法属印度支那问题，恐怕最终还是要看海军的实力。没有强大海军的德国不论如何努力，都没法在日本海军的势力范围之内与日本对抗。所以这事最后还

是日本说了算。

果然吵架很厉害。（笑）因为德国的海军力量不够强，所以就算德国在荷属东印度和法属印度支那问题上说三道四，日本也不必在意。言下之意是，只要日本海军坚实可靠，德国就不能在"大东亚"掀起什么风浪。好像是让日本海军在接下来的谈判里，做好和德国争吵的准备呢。

读了这份会议记录[77]，是不是有些意外？谁都没有提到美国呀，英国也完全没有出现。缔结这个同盟不是为了有效地威慑美国吗？对于这些负责具体事务的人来说，这个同盟的目的是什么呢？他们究竟想要做什么？

——牵制德国。

很好，一语中的。他们讨论的话题，到头来全是关于德国的。

他们的发言中，还不断提到"战后"。这里的"战后"具体而言又是什么呢？在他们的幻想中，当时的那场战争，应该会以德国和意大利的胜利而告终吧。毕竟在1940年7月，挪威、丹麦、比利时、荷兰还有法国，都已经被击败了。美国才刚刚开始准备战争、训练军队，因此对于英国的援助仅限于物资和武器。不论是德国还是日本，都把这些情况看在眼里。

日本的陆军省、海军省加上外务省在一起开会讨论，真是完全只考虑实际利益。他们最关心的，就是那些被德国击败的国家的殖民地。

我们本来是打算从在三国同盟框架内日本是如何看待美国

的角度来回顾同盟条约的谈判过程,结果却发现,日本最关心的是荷属东印度和法属印度支那的最终归属。1932—1933年间,日本回绝了国际联盟的提案,但是对于准备把日本置于极为凶险处境下的德国和意大利,日本却没有回绝与之谈判。这是因为此时日本有了更想要的东西。

为了牵制德国而与德国结盟

如果我们有一张二战前的东南亚地图,就会发现当时很多地方都是法国、荷兰还有英国的殖民地。荷兰的殖民地被称为荷属东印度,包括爪哇岛和婆罗洲等岛屿,这些地方出产石油,后来独立成为印度尼西亚。法属印度支那在地理上大致相当于今天的越南、老挝、柬埔寨等国。英国则占有中国香港、新加坡、马来西亚,如果英国真的在1940年9月投降的话,这些地区大概都会落入德国手中。

第二章我们曾经提到,德国在第一次世界大战后,被迫与协约国签订《凡尔赛和约》。协约国表面上说着不要赔款、不搞吞并之类的漂亮话,实际上却用所谓"委任统治"的方式,瓜分了德国的殖民地。处于大英帝国实际控制下的土地面积,就是在第一次世界大战后达到最大的。

不仅是英法,日本也参与瓜分了德国殖民地,德国人想必会记得这些。所以日本有些人阴暗地揣测,德国在经历了这些之后,这一次恐怕是要对英法的殖民地出手了。实际上,纳粹德国确实认为凡尔赛体系充满了伪善与欺骗,"委任统治制度是战胜国为了把对德国殖民地的瓜分正当化而炮制出的伪善制度，因此最终应当全面夺回原有殖民地"。上面的观点是这个领域的专家等松春天老师说的。[78]

在第一次世界大战后，将德国原本在赤道以北的太平洋诸多殖民地夺走的，正是日本。通过委任统治制度，日本得到了塞班岛、天宁岛、雅浦岛、帕劳群岛、丘克群岛等诸多重要岛屿。日本政府向这些岛屿输送了大量移民，并建立了制糖等产业。[79]同时，这些岛屿还是日本与美国在太平洋上开战时重要的海空军基地。不仅日本视这些岛屿为战略要冲，美国也拟定了通过这些岛屿逐步逼近日本的作战计划。

1945年8月6日，搭载原子弹的B29轰炸机"艾诺拉·盖号"轰炸了广岛，3天之后另一架B29轰炸机"博克斯卡号"用原子弹轰炸了长崎，这两架飞机就是从位于塞班南边的天宁岛起飞的。天宁岛因此出名，而我们也可以从中看出这些岛屿到底有多么重要。如果乘坐小型飞机从塞班岛出发，只要大约一个小时就能到达天宁岛。大家以后有机会的话，一定要去看一看，B29起飞的机场跑道依然在那里。再说一些题外话吧，在被美军占领使用之前，天宁岛的机场其实是日本修建的。而建设机场的工人，是北海道网走监狱的犯人们。[80]建设军事基地时，日本不仅会利用本国的因犯，还会驱使来自朝鲜半岛的劳工，如为冲绳作战准备的机场就是朝鲜劳工修建的。

日本希望在未来德国取得胜利的议和会议上，德国能够承认日本对荷属东印度、法属印度支那以及南洋诸岛的占领。外务省甚至在1940年7月直接组织了所谓"战时对策及和平对策委员会"。可以说当时已经进入议和的气氛了。

　　所以要问陆军、海军、外务省的官僚们与德国结盟的原因，与其说是希望与德国搞好关系，一起打仗，搭上胜利的便车，不如说这些人希望通过与德国结盟，来牵制德国，降低其插手亚洲的可能性。[81]

使用"大东亚共荣圈"概念的理由

　　接下来，让我们想一想日本为什么要用"大东亚共荣圈"这个词。不使用"东亚"（East Asia），而是用"大东亚"（Greater East Asia），其用意何在呢？这一整个词又是为了什么口号而炮制的呢？

　　关于日本与德国结盟的目的，刚刚大家回答说是为了"牵制德国"，真是非常好。那么在这个已经很好的答案基础上，再加以扩展，就能回答上面的问题。就像是在海绵蛋糕上涂抹鲜奶油，就能做出更好吃的奶油蛋糕一样……我怎么就想到蛋糕了呢。（笑）

　　——为了让日本能够在战后独占"大东亚"这整块地盘。

　　没错。近卫文麿和松冈洋右都认为美国不会对日本开战，因此日本就可以在欧洲的危险战争中保持中立，置身事外，独占整个"大东亚"。在日本的美好想象中，最好是三国同盟条约刚刚签订，战争就结束了，德意日三国成为胜利者，日本不战而胜，在"大东亚"独享战败国们留下的殖民地。直截了当地说，既然德国在欧洲打败了亚洲殖民地的宗主国，自然有接管这些殖民地的可能性，而没有参加欧洲战争的日本为了杜绝这种可能性，就炮制出了"大东亚共荣圈"的概念。

当然，对于一般民众，需要讲一些更漂亮、更崇高的故事。于是，日本政府宣称要从荷兰殖民者手中解放爪哇，帮助其独立。

请大家回想一下三国同盟条约的第一条和第二条。日本和德国、意大利分别承认了双方在欧洲还有"大东亚"建立新秩序的领导权。如此一来，在将来的议和会议上，这些条款就可以作为日本占有"大东亚"地区的依据。所谓"大东亚共荣圈"，就是为了这种现实利益而喊出的口号。

最早提出这种观点的，是东北学院大学的河西晃祐教授。[82]2012年出版的《日本外交文书》中，收录了刚刚我们读的陆军、海军、外务三省的会议记录，而河西晃祐教授注意到这个问题的时间要更早。

国家之间缔结同盟，究竟是出于什么理由呢？在谈判开始和结束时，同盟的样貌可能会截然不同。德意日三国同盟缔结之后，成了一个意在威慑美国的同盟。而在谈判之初，日本设想的同盟条约里本来不应该存在参战义务，只有日本独占"大东亚"的秘密条款。日本希望三国同盟是一桩无本万利的买卖，但是实际上的同盟条约与想象中的完全不同。

五角大楼的尤达大师关注的问题

——他们都认为德国会统治世界，很让人吃惊。

看了刚刚的会议记录，确实能清楚地感觉到，那些承担着日本政治和外交具体事务的人，被德国闪电战的胜利冲昏了头脑。但这也是可以理解的。没有亲历那段历史的我们，可以从下面这个例子来了解当时的人们为什么会判断失误。

2015年，美国出版了一本题为《最后的武士》(*The Last Warrior*)的书。[83]这本书的主角名叫安德鲁·马歇尔(Andrew Marshall)。说起马歇尔，第二次世界大战时的美国陆军参谋长、战后成为国务卿的乔治·卡特利特·马歇尔很有名，战后援助欧洲复兴的马歇尔计划就是以他的名字命名。这个安德鲁·马歇尔也很厉害，他在1973年被尼克松总统任命为美国国防部净评估办公室主任，一直工作到2015年退休为止。几十年间美国换了很多届国防部长，但安德鲁·马歇尔的位置一直没变，毫无疑问，冷战期间美国对苏联的战略极大程度受到了他的影响。

我刚开始读这本书的英文版时，日文版也出版了(『帝国の参謀』)[84]。这本书真的很有意思，大家可以向家长们推荐一下，就说"对生活大有用处"，他们买来以后你们就可以读了。(笑)

在这本书的书腰上醒目地印着这样一句话，"以成本强加战略拖垮苏联，被称为五角大楼的尤达的男人"。尤达是电影《星球大战》中绝地武士团的最高大师。安德鲁·马歇尔作为美军总部五角大楼里的尤达大师，国防部长想来也要接受他的指导吧。

美军在二战结束后希望尽一切力量弄清的事情，自然是苏联的军事专家和具体作战计划的制定者究竟是怎么想的。战略分析容易出错的地方，是落入误以为对手会用和自己相同的方式思考问题这个陷阱。为了避开这样的陷阱，尤达大师始终关注着两个问题。其一是1940年5—6月的法国战役中，为什么德国会赢得如此顺利。要知道当时英法联军在兵力和坦克等装备数量上都优于德军。

在冷战期间，美国为了确切地掌握北约军力与以苏联为首的华约军力的对比情况，花了很大的力气去搭建相关的数据库系统。这些数据库囊括了能够动员的人数、防空武器、地对地导弹、军用飞机的数量等诸多数据，并能够根据武器体系的优劣进行战斗力评价。[85]

为了判断这套战斗力评价系统是否能够起到作用，五角大楼的尤达大师尝试将德国闪击法国时德军与英法联军的各项数值输入其中，然后让系统进行判断，这可真是个非凡的想法。如果系统判断的结果与实际相符，那就证明五角大楼的系统值得参考。然而系统并没有得出德军会取得压倒性胜利这样的结果。由此看来，五角大楼的系统依然需要改进。[86]在改进系统的过程中，他们发现欺骗、奇袭、战术、制空权、指挥能力、地形地势、装甲与反装甲系统的对抗等诸多因素都是评价过程中不可或缺的。美国致力于创造一个能够预测出德军闪电战胜利的战斗力评价系统，这件事可以说体现了冷战中美国的"志气"。

尤达大师关注的第二个问题，来源于日本对珍珠港的偷袭。偷袭珍珠港事件，我们在关于日美交涉的下一章中会提到，这里就简单说一下尤达大师的问题。美国通过"魔术"行动，破译了日本的密码，在珍珠港被袭之前已经获得了15条暗示日本将发动偷袭的不同密电。但是美国为什么还是在战略上和战术上都被打了个措手不及呢?[87]我们在下一章也会详细讨论这个问题。

美国为击败轴心国做出了巨大的贡献,在二战结束后,美国的战略思想家也依然不断地思索着德国和日本这两个轴心国引出的问题。

从这个角度来看,我们应该能体会到二战前期德国发动的闪电战有多么让人捉摸不透了。五角大楼研究了这么久的课题,当时的人会看不透,也是正常的。

日文版《最后的武士》里的解说部分是谷口智彦写的。大家听说过这个人吗?安倍晋三在2015年4月前往美国参、众两院演说时的讲稿,还有关于战后70年历史认识的文章,据说都有谷口智彦的参与。而五角大楼的尤达大师,他最后的工作是研究如何与正在成为超级大国的中国对抗。想来日本的首相官邸里,也有不少人会认真地阅读尤达大师的分析吧。我希望大家也清楚地知道这些事情。

中日和平工作

当时中国正遭受日本的侵略,国民政府已经从南京转移到重庆坚持抗日战争,我们当然也要看一看中国对于德意日三国同盟的看法。一般来说,国民政府军事委员会委员长蒋介石在观察到日本与德国、意大利结盟的动向后,自然会去接近英美一方。但是蒋介石也不是没有其他的想法。他在1940年8月4日的日记中,写了这样一句话:[88]

> 敌南进野心猖狂之时，谋于我有利条件之下媾和，未
> 始非计也。

这可真是让人意外。在日本准备南下、夺取欧洲国家的殖民地时，蒋介石认为如果日本能够提出对中国有利的条件，议和也未尝不可。

当时日本确实正在考虑停战的条件，主要有四点。第一，以"睦邻友好、协同防共、经济合作"为基本原则，调整两国外交关系。第二，中国承认"满洲国"。第三，中国放弃"容共抗日"政策。第四，为了对抗共产党，允许日本驻军。日本的这些条件，可远远谈不上对中国有利。不过实际上，陆军大臣畑俊六和参谋次长泽田茂已经许可，可以在搁置中国方面难以接受的第二和第四点的基础上，先停战，再进一步谈判。[89]这是因为一旦与中国谈判，必然会有人跳出来反对，所以即使有让步的念头，也要在表面上摆出强硬的姿态，给出苛刻的条件，暗地里再进行实际交涉。日本的外交工作经常出现这样的情况。

刚刚的那些条件，是陆军试图停战的"桐工作"的一环。蒋介石拿到了和平提案，昭和天皇也对这项工作很是关心。1940年8月5日和21日，天皇两次派遣侍从武官长前往参谋本部，听取和平工作的进展情况。签订三国同盟条约一个月之前，"桐工作"也在不断进行中。

当时英国和法国在日本的压力之下，封锁了向中国输送战略物资的"援蒋路线"。这应该是蒋介石开始考虑议和的原因之一。法国在战场上彻底失败之后，法属印度支那总督在6月

20日自行决定封锁"援蒋路线"。7月17日，英国也宣布封锁途经缅甸的"援蒋路线"3个月。

蒋介石考虑议和还有另一个重要的原因，是什么呢？当时他在中国国内有什么担心的事情？到1940年，日本发动全面侵华战争已经3年了，这段时间里发生了什么？

——中国共产党的实力增强了。

没错，重庆国民政府的军令部长徐永昌在9月29日曾经对蒋介石说："战争再持续两年的话，恐怕新疆、甘肃、陕西、绥远、察哈尔、山西、河北、山东、河南、安徽、江苏的全部或是部分都要变成中共的了。"[90]蒋介石担心，国民党军队如果继续与日军作战，就是鹬蚌相争，共产党可能会渔翁得利，这也是他考虑议和的理由。

日本同样有这种鹬蚌相争、渔翁得利的担心。这里的鹬和蚌分别是"满洲国"和苏联的卫星国蒙古国，而渔翁则是"满洲国"与蒙古国交界处的中共势力。如果蒋介石同意议和，那么双方就可以腾出手来对付中国共产党。

中国的选择

蒋介石对德意日三国同盟究竟是怎么看的呢？他曾经在日记中总结过在外交上可供选择的三条路线，分别是英美路线、轴心国路线、苏联路线。[91]

英美路线很好理解，正是当时中国选择的路线，从美国获得资金与武器，通过世界舆论发声，坚持抗日战争。美国似乎也明白蒋介石面临选择，在9月25日，也就是三国同盟条约签订两天前，宣布向重庆国民政府提供2500万美元的贷款，并在11月30日又追加了500万美元。[92]面对蒋介石做出其他选择的可能性，美国决定不仅在道义上加以声援，也拿出实际的资金拉拢。

选择苏联路线也有合理性。中国和苏联接壤，在中国抗战之初，苏联也曾大力援助中国，不仅提供了军火，还派出飞行员帮助作战。对于苏联来说，在欧洲局势紧张之时，中国能够帮助自己牵制日军，无疑是有益的。只要苏联不放弃中国国民党转而支援中国共产党，那么对蒋介石来说，苏联路线就是有价值的。

那么蒋介石为什么会想到轴心国路线呢？刚刚我们提到的日记，即如果条件有利，与日本议和未尝不可，揭示了可能的原因之一。还有其他的原因吗？

在我读高中的年代，世界史之类的课程在讲到中国时，总是会说这个国家遭受日本侵略，蒙受了巨大的损失，这毫无疑问是事实。但是作为历史学家，如果在研究相关的问题时，脑中只关注对于野蛮战争的罪恶感和责任感，就有可能变得迟钝，以至于忽视中国方面也有政策选择上的可能性，以及做出主动决定的能力。对于当时准备进行选择的中国，我们也必须仔细考察。

蒋介石的一个有趣之处在于，他总是会列出2—5个选项，然后考虑各种可能性。他是如何思考与轴心国的合作的呢？

——似乎德国曾经派人到中国指导军事方面的事情。

你知道得很清楚嘛。中国接收过的最大规模的军事顾问团就是来自德国。汉斯·冯·塞克特为创建魏玛共和国的防卫军做出了重大贡献，他就曾经多次到中国，担任国民政府军事总顾问。之后，他又推荐了自己的助手亚历山大·冯·法肯豪森担任德国顾问团团长。蒋介石大概从1934年起着手准备与日本的全面战争，为他提供帮助的正是德国人。

1936年，日本与德国签订《反共产国际协定》之后，日本不断要求德国停止援助中国，但是效果并不好。[93]

毕竟中德两国当时在经济和军事方面都有诸多合作。1936年4月，双方刚刚签订《德华信用借款合同》，德国向中国提供贷款，中国则用这笔钱购买德国的武器、设备以及技术资料。1935—1936年，德国武器出口总额的57.5%、大约2000万马克都是面向中国的。相比之下，日本只进口了17.7万马克的德国武器，不到中国的1%。[94]中国作为德国的大客户，两国军队之间的关系也不错。如果德国居中调停，说不定可以促成中日停战，在当时的人看来，这种想法不乏合理性。

研究德国史和中国史的学者们还找到一些史料，证明存在一种大陆国家联合的构想。日本、中国、苏联、德国，再加上意大利，就构成了欧亚大陆阵营。这些国家或多或少都对凡尔赛—华盛顿体系不满。

德国自不必说，是第一次世界大战的战败国。俄国也因为爆发革命，退出协约国阵营，继而成立了苏联。这两个国家在凡尔赛—华盛顿体系内，都是被排挤的对象。中国虽然是第一次世界大战的战胜国，但是因为不满巴黎和会上英法将战前德国在山东的特权转交日本，所以拒绝在《凡尔赛和约》上签字。可以说，除了日本，在凡尔赛—华盛顿体系下感到不满的国家大多因为反对这一体系，进行了某种程度上的合作。这个学说是研究德国近代史的成城大学教授田岛信雄提出的，我觉得挺有说服力。[95]

——德国是希望获得资源吗？

是的，德国有把中国也拉入同盟的想法。德意日三国同盟，在经济方面并不能互补，三个国家都没有总体战所需要的充足战略物资。德国外长里宾特洛甫甚至向中国驻德国大使陈介表达过希望中国与日本议和，然后加入德意日三国同盟的希望。

知道这样的构想之后，是不是觉得不能用老眼光看世界了？在我的高中时代，为了打倒纳粹德国，美英中苏等国组成了同盟国，是教科书的标准答案。如果只记住这一点，就很难发现中国和德国曾经认真探讨过合作的可能性。

实际上，蒋介石在1940年11月21日发给驻德大使陈介的电报中，提出日本如果真心寻求停战，必须首先撤军，[96]且无限延期对汪伪政权的承认。这两项要求由德国转达给日本，大家肯定很关心日本会做何反应吧。11月23日的五相会议（除首相外，陆军、海军、外务、大藏大臣参加的会议）同意了这两项要求，并将决定传达给了中国。

蒋介石对于日本是否会信守承诺相当怀疑。[97]实际上，日本确实食言了，就在一周之后的11月30日，日本承认了汪伪政权。通过德国居中调停这条路，被日本自己放弃了。

陆海军各占多少军事预算？

最后，让我们来看看陆海军在德意日三国同盟缔结之前，都在考虑些什么。之前谈到过，在讨论三国同盟的御前会议上，海军高层表达了怀疑的意见。其中原因在于，日本海军从未设想过与英美两国同时作战，其军力不足以负担这种程度的战争。

那么支撑军队军力的军事预算，陆军和海军各占了多少呢？1940年前后的军费，总计大约是70亿日元，大家能猜到陆海军各拿了多少吗？猜到的人在那个时代大概能当个好兵。（笑）请大家举手说说看，用猜的就可以。

有人认为陆海军平分军费，各拿35亿吗？啊，有一位。陆军拿60亿，海军拿10亿呢？……没有人吗？那么陆军50亿，海军20亿呢？大部分人应该会这样想吧？那有没有人觉得陆军虽然嗓门大，但是其实分到的军费不如海军多呢？没人这样觉得吗？

正确答案就是大多数人想的那样，陆军拿50亿，海军拿20亿。[98]大家都很了解军队，能当个好兵呀。

在美国和英国这样的传统海军强国，不会出现日本这样的陆军军费达到海军的2.5倍的情况。诚然，当时陆军军费高昂，是因为有大量的陆军部队正在中国战场作战。在日本银行的官方网站上，有一个"日银教教我"的栏目[99]，里面能查到当时的金额在今天的价值，50亿日元的军费，大约相当于现在的2兆2400亿日元。

另一方面，海军自然就相当难受了，怎么样才能多弄一点预算来呢？如果缔结三国同盟，就意味着站到英美的对立面。但是，不与德意结盟的话，正在中国战场上唱主角的陆军就会掌握话语权，海军能够得到的预算比例就会一直比较低。一旦与英美的关系紧张起来，海军就需要购置能够攻击中国香港、英属马来亚还有菲律宾的军用飞机，并准备好相应的空军基地。如果日军的战场仅限于中国大陆，那么在购买和分配铝材之类的问题上，海军都将相当被动。

事态要如何演变，军事预算的分配比例才会改变呢？首先中日之间的战争需要缩小规模，其次要改善与苏联的关系，海军就是抱着这样的希望，才不惜冒着与英美开战的风险，同意加入三国同盟的。只要陆军能改善与中国、苏联的关系，那么军费就可以被用来准备应对日本南面的威胁，其中的大部分都将流向海军。日本海军希望通过德国的中介改善与苏联的关系，并最终同意加入三国同盟，动机之一就在于陆海军围绕军事预算产生的矛盾。

大家还记得之前讲御前会议的时候，军令部总长伏见宫博恭王提的问题吗？他说日本会难以得到那些依赖进口的物资，而且与美国的战争会变成持久战。在说这些之前，其实他还问了这样一个问题：缔结三国同盟，对于改善日苏关系有多少帮助？这体现了海军对于借助三国同盟来改善日苏关系的希望。

当时海军省调查科有个叫高木惣吉的人，他负责收集内阁和陆军方面的情报，并提交给海军大臣和军令部次长等海军高层。从1940年9月日本缔结三国同盟，到1941年春天与美国开始谈判，高木惣吉在这大约半年的时间里，一直在观察陆军的内部情况。他记录并向海军的高层报告了陆军相关人员进行的宣传活动，这些人对中日战争的长期化负有直接的责任。[100]

"解决事变（因为当时中日之间尚未正式宣战，日本将战争称为事变，此处陆军反驳的是以蒋介石为谈判对手，迅速结束战争的方针）对减轻日本的负担毫无帮助。如果仔细计算之后所需的警备等其他费用，停战最多只能省下10亿日元，为了这点钱改变一直以来的大方针，引起国内外的种种混乱，必须慎重考虑。"陆军认为停战之后还要进行警备之类的任务，如果计算这些费用，那么停战并不能省下太多钱，因此没有必要考虑与蒋介石停战。高木惣吉把这些人的豪言壮语都报告给了海军高层。这样的争论可真是毫无意义，关键的论点居然被缩小到了节约10亿日元军费上。就像后来陆军中出现的继战派（主张继续战争、反对议和的主战派）把争论的焦点集中在停战议和还是继续战争一样。实际上，当时的情况下根本没有争论这种问题的必要。讨论这样的问题，只是那些不希望议和、想要继续打仗的人，在试图干扰对于议和的正常讨论罢了。

陆海军是否认真探讨了日美战争的前景？

海军对日本与美国的战争有什么样的预期呢？接下来我们会看到，海军是如何纠结哭诉的。

1940年7月24日，军令部总长伏见宫博恭王与陆军参谋总长闲院宫载仁亲王一同觐见天皇时，陈述了海军对战争的看法。他坦言如果速战速决，那么尚有胜算，而一旦陷入持久战，取胜就困难了。军令部总长进一步说："如果国内没有做好准备，特别是对各种资源和器材的准备，就算有取胜的好机会，也不应该轻率地发动战争。"[101] 海军负责作战的首脑人物，而且还是皇族，撇开陆军向天皇上奏，说海军还没有准备充分，不应该开战。这让陆军极为气愤。

陆军生气也不是全无道理。因为就在伏见宫博恭王和闲院宫载仁亲王觐见天皇的前两天，除了皇族参谋总长，陆军事实上的首脑人物参谋次长泽田茂在与海军的会议中，曾经专门问过海军如下问题。"万一海军对和美国打海战没有自信，那么就要重新考虑是否强行推进南方策略，这一点请不要隐瞒，把真话说出来。"[102] 当时海军的回答是没问题。但是两天之后，伏见宫博恭王却对天皇说，海军打不了没准备的仗。

对于直到日美开战为止的海军原始史料，森山优大概是看得最多、解读也最正确的人。根据他的研究，海军在1940年夏天真是非常煎熬，留存下来的内部资料直白地证明了这种情况。

1940年8月2日，海军内部召开了关于战备情况的说明会，会上陈述了一些让人吃惊的事实。航空燃料的储备只够用一年，从第二年开始就必须进口至少400万吨原油，如果进口途径被切断，那些依赖进口的物资储备也大多只能维持一年。总之，如果没法从英美等国进口物资，日本就将陷入绝境。说明会结束后，海军大臣吉田善吾指示，对于国家政策，"海军必须坚定不移",　"不能被牵着鼻子走",　"要向陆军明确传达海军的方针和考量,并加以约束"。[103]如果真的如吉田善吾指示的那样,有谁和陆军说了这些就好了。

最后让我们来看看陆军那边的状况吧。如果要反对某人某事,那就不能在关键时刻藏着掖着,一定要大胆说出来。对于陆军来说,他们就有一个必须反对海军自作主张的问题。

1930年,日本签订了《伦敦海军条约》。这份条约对英国、美国、日本、意大利及法国的巡洋舰等辅助舰(相对于战列舰、战列巡洋舰等主力舰而言)进行了限制。条约签订后,如果美国辅助舰的总吨位为10,那么日本就只能保有6.975。很显然,这种情况下日本海军是没法同时与英美两国的海军作战的。

陆军当然也很关注这份条约。1930年3月31日,陆军赶在条约签订之前,火速向海军了解相关情况。河边虎四郎当时是参谋本部作战科的科员,他受命起草了询问海军的文章。这是一篇相当有冲击力的文章。[104]

　　要旨:如果海军军备被限制到让军令部失去信心的程度,那么陆军也不会再为南方作战制定计划。

文章开头就是要旨呢,因为陆军的这类文章一定会从结论开始写。陆军这是在用威胁的方式问话,海军如果要签约的话,那就应该签一个让大家有信心的条约。接着陆军陈述了自己的理由。

如果海战中敌我双方的力量对比是10对7，即便在外行看来，这也是非常令人不安的情况。然而就算如此，还是计划把大量的陆军士兵送往南方作战，（中略）这是因为信任海军。如果海军的兵力被削减到连海军自己都失去信心的地步，陆军是断然不会把众多士兵送到满是瘴气的荒蛮之地，去执行极为困难的作战任务，让士兵们因为疾病、饥饿和敌方攻击丢掉性命的。因为一旦海军无法赢得胜利，陆军付出再多牺牲也只是白白送死。

日军在瓜达尔卡纳尔岛战役、新几内亚战役、英帕尔战役中败退的情况，基本就和上面说的一样，河边虎四郎的文章变成了可怕的预言。

1922年签订的《华盛顿海军条约》，将英国、美国、日本的主力舰总吨位之比定为5：5：3。对于这种劣势，日本试图在辅助舰方面加以弥补，但是《伦敦海军条约》签订后，在辅助舰的总量上，日本依然达不到美国的70%。

站在陆军的立场上来说，与海军协同作战是出于对海军的信赖。如果海军无法取胜，那么在没有制海权和制空权的情况下，陆军再怎么奋战，也不过是白白送死。

面对陆军方面一个科员的抱怨，海军此时并没有好好回应的能力。此时在海军内部，认为《伦敦海军条约》规定的辅助舰比例无法达到国防要求的军令部，与赞成签订条约缩减军备的海军省之间陷入了尖锐的对立。河边虎四郎的话似乎并没有

被海军听进去。

日本在太平洋战争中一败涂地，而且失败的过程中伴随着大量无谓的牺牲，以至于有人在专门研究日本有没有其他"稍好一些"的失败方法。为了在战争中取得优势，就要把对手最讨厌的事情强加到其头上。美国通过"蛙跳战术"（Island hopping），越过西太平洋上日本重兵防守的岛屿，攻击那些防守薄弱的岛屿，牢牢掌握住了战场上的主动权。在那些被美军跳过的岛屿上，日军失去补给，许多人最终被活活饿死。日本海军一直以来都在准备与美军打一场大舰巨炮的决战，而美军却在日军的补给线之外，运用飞机取得了海上决战的胜利。在两份条约决定了日本海军与美国海军的总吨位比例之后，日本其实就应该放弃与美国对抗的道路。

有人说，在太平洋战争中日军战斗过的地区，没有地图也能知道日本兵从哪里走过。因为哪里曾有日军走过，哪里就有未被收殓的遗骨。河边虎四郎在1930年就预见了这样的地狱。

那些在陆海军制定作战计划的部门里工作的人，有着把一切信息图像化的能力。专家们所看到的图像，也应该接受民众的检验，让民众提出问题。我们有必要具备提问的素养。

在第二次世界大战中，陆军给人的印象要比海军坏得多。就算是甲级战犯，也没有一个海军军官被判处死刑。但是如果仔细推敲，我认为海军在1930年3月和1940年8月的表里不一，也是罪该万死。

或许是命运使然，河边虎四郎在日本战败之后的1945年9月，被派往麦克阿瑟在菲律宾马尼拉的司令部，商讨投降事宜。在15年前预言日军的失败之后，他亲自进行了战败的善后工作。

选择所需的时间

今天我们讨论了有关德意日三国同盟的种种问题。表面上这是一个意在威慑美国的同盟，但实际上日本想要从中得到的，是法属印度支那和荷属东印度这些暂时脱离宗主国控制的殖民地。无论是这个同盟本身还是日本的"大东亚共荣圈"口号，都是为了这个目的。后来提出的解放殖民地之类的口号，只是为了粉饰真实目的。只要读一读陆军、海军、外务省三方代表的内部会议记录，就会发现当时日本只有贪婪的野心，没有任何具有吸引力的理念。

而德国与日本一样，只是想要一纸形式上的条约。条约第四条规定，为了实施条约，三国政府"各自指派委员组成的联合技术委员会将迅速开会"。但是1941年4月设立的联合技术委员会下辖的军事委员会，[105]直到太平洋战争爆发之后的1942年1月18日，才开会决定了德意日三国各自的作战区域。[106]可想而知，这个军事同盟的本质是多么空虚。

这一章开始的时候，有人问第二次世界大战有没有其他可能的走向，如果当时做了不同的选择，后来的历史会如何发展。历史确实有向其他方向发展的可能性。在前面，我们暂时放下那些道德伦理上的是非曲直，考虑了纳粹德国称霸世界这场噩梦成真的可能性：1940年5月，英国有可能通过意大利的调停与德国议和；同年秋天，蒋介石也有可能通过德国的调停与日本停战。

当我讲这些内容的时候，脑子里总是在想一件事，那就是2016年4月14日夜里还有16日凌晨，在熊本、大分连续发生了6.5级以上的地震。有人通过对美国1976—2015年记录的4176次6级以上地震数据的分析，计算了在6.5级地震之后，马上发生7级地震的概率，得出这一次熊本地震发生的概率只有0.3%。但是这样的小概率事件，却真实地发生了。

同样地，那些在历史上发生的事，似乎也不能单纯说是因为可能性高才发生的。地球上的国家，战略资源、国土面积、人口数量、经济和科技水平各不相同，所以每个国家的领袖和人民拥有的机遇，并不是公平的。但是，我们每个人都有公平的时间，来对眼前的局势进行判断，从而做出选择。英国的丘吉尔最终说服了议会的议员们，统一了全国的舆论。中国的蒋介石也顶住内部妥协派的压力，选择了坚持抗战的道路。

而日本那些负责具体事务的科长级别的人物们，醉心于眼前的利益，直到事后才想起来需要给自己的行为找一个冠冕堂皇的理由，再附上一些空洞的口号。陆海军之间本应有最密切的协商，但是纵使早在1930年就有人预见了日军可能的失败，陆海军最终没能进行实质性的商讨。能够用于选择的时间，也被公平地赋予了日本，但是在当时的条件下，似乎并没有发挥作用。我们学习历史时，应该注意到这些问题。

让我们把眼光放到今天。一直以来的《日美安保条约》，简单而言就是日本通过出借基地来换取美国保护的"基地交换协定"。但是今后情况将会发生变化。大家是面向未来的年轻人，所以必须对变化有所准备。

接下来，我们会讨论日美交涉，这是当时日本剩下的最后时间。

我要给大家留一个作业，请大家通过各种媒体，去查一查有关日美交涉的事情。通过网络或是书本，相信大家能找到各种各样的信息。下一次的讲座上，我想听一听大家都查到了哪些有意思的事情。

第四章

日本人为何孤注一掷地发动战争：日美交涉的深意

1941 年，从日美交涉到太平洋战争

- 1894 年　甲午战争

- 1904 年　日俄战争

- 1914 年　第一次世界大战

- 1919 年　巴黎和会

- 1923 年　关东大地震

- 1929 年　大萧条
- 1931 年　"九一八"事变
- 1933 年　日本退出国际联盟

- 1936 年　"二二六"事件
- 1937 年　全面侵华战争
- 1939 年　第二次世界大战
- 1940 年　德意日三国同盟
- 1941 年　日美交涉(7—11 月)
　　　　　偷袭珍珠港(12 月 8 日)

- 1945 年　接受《波茨坦公告》

1941 年

3 月 8 日	野村大使与赫尔国务卿会谈
3 月 11 日	美国《租借法案》生效
4 月 13 日	《苏日中立条约》签订
4 月 16 日	美国与日本以《日美谅解案》为基础开始谈判
6 月 22 日	德国进攻苏联
7 月 2 日	御前会议决定《适应世界形势演变的帝国国策纲要》
7 月 28 日	日本侵入法属印度支那南部（6 月 25 日决定）
8 月 1 日	美国全面禁止向日本出口石油
8 月 9—12 日	大西洋会议
9 月 6 日	御前会议决定《帝国国策遂行要领》
10 月 16 日	第三次近卫内阁全体辞职
10 月 18 日	东条英机内阁成立
11 月 26 日	美国提出《赫尔备忘录》

一　两个敌对国为何在战争前夜坐到谈判桌前？

负责日美交涉的野村与赫尔

大家好，今天我们要讲的是日本战前面临的三个重大谈判中的最后一个，即从1941年4月开始，一直持续到太平洋战争爆发之前的日美交涉。

1939年9月，第二次世界大战在欧洲爆发，战火很快进一步扩大到中东和北非。1941年12月，日本偷袭珍珠港并进攻东南亚各地，太平洋战争爆发。就这样，东南亚和太平洋地区的民众也被卷入了第二次世界大战。日本对世界史上发生的这一切负有不可推卸的责任。

在第二章中，我曾说李顿报告书就像是十年后日美交涉的预告片。之后的第三章，我们又讨论了1940年9月结成的德意日三国同盟。这个同盟把美国作为假想敌，希望通过结盟阻止美国参战。

但是，日本在加入德意日三国同盟4个月之后，就开始与美国谈判。大家应该听过这样的说法，那就是日本与美国谈判是为了避免发生冲突。入江昭老师在哈佛大学上了很长时间的历史课，是有名的国际政治学者。他认为日美双方进行谈判的理由很简单，"日本想利用美国从中国战场这个泥潭脱身，美国则通过与日本谈判来拖延时间，以便准备与德国作战"。[1]

日本与德国结盟，准备对付美国，结果还没过半年，就去找美国谈判了。而美国居然也接受了。要全面地说明其中的理由，仅靠入江昭老师的一句话是不够的，我们还需要仔细考虑当时日本与美国面对的世界情势，如欧洲局势是否发生了特别的变化，或者德意日三国同盟是否给日本带来了不利情况等因素。

1941年4月16日，美国国务卿科德尔·赫尔向日本驻美大使野村吉三郎亲手递交了《日美谅解案》，以此作为双方谈判的基础。随着这份文件在第二天被野村送往日本外务省，日本和美国正式开始了谈判。

在谈判持续了7个月之后，美国在11月26日（华盛顿时间）将最终的交涉方案，也就是所谓的《赫尔备忘录》交到了野村手中。日本方面认为这一方案过于严苛，于是选择与美国开战。

负责与美国交涉的野村吉三郎，是专门为了这次谈判而被任命为驻美大使的。此人出身海军，军衔是海军大将，进入预备役之后，还曾当过学习院的院长，并进入1939年8月成立的阿部信行内阁，担任外务大臣。野村吉三郎是海军的大人物，还有担任外相的经验，他出任驻美大使的消息立刻引起了各方的注意。1941年1月，野村正式走马上任。

　　野村对美国相当熟悉，在1914—1918年间，他一直在日本驻美大使馆任武官。[2]这段驻外武官的经历，让他目睹了美国如何在1917年4月迅速实施动员，在短时间内向欧洲送出了超过400万人的军队和大量物资。[3]野村在驻外武官任上，还结识了时任美国海军部助理部长的小罗斯福。[4]曾任美国海军舰队总司令的威廉·维齐·普拉特也是野村的老相识。[5]野村作为驻美大使前去拜访总统时，罗斯福称他为"老朋友"。

　　美国方面由国务卿科德尔·赫尔负责谈判。与出生在纽约州海德公园的罗斯福不同，赫尔是美国南方人，出生在田纳西州。[6]他是个老练的议员，从1933年开始担任国务卿，这个职位相当于日本的外务大臣，而他负责的美国国务院，则相当于日本的外务省。赫尔在政治倾向上接近第一次世界大战时的美国总统威尔逊，不仅与罗斯福很合得来，同时也得到了国会中自由、保守两方议员的信任。美国的第一位女性内阁成员、劳工部长弗朗西斯·珀金斯曾经说过一件关于赫尔的趣事：赫尔惊讶的时候会说"Oh Christ（老天！）"，但是因为他的南方口音，别人听起来就像是"Oh Chwist"，内阁成员们听到之后总是想笑，但是又得拼命忍住。[7]

　　为了维护赫尔本人还有南方人的名誉，我得说一说他在担任国务卿期间推动的经济计划给战后世界带来的影响。自从1929年大萧条爆发以来，美国的国际贸易中，进口贸易的比重在1932年降到了大萧条爆发前的30.1%。1933年赫尔就任国务卿之后，就着手以自由主义的方式来变革美国的贸易结构。[8]

　　英法等国在大萧条之后，试图通过在殖民帝国内部进行经

济集团化来度过危机。美国同样为了维持国内的就业率，对外国货物征收如同摩天大楼般的高额关税，日本向美国出口的金枪鱼罐头、棉布、拉链等商品就遭遇了高额关税。

在赫尔看来，这种做法并不能真正帮助美国走出困境，他认为自由贸易的低关税才是出路。从1934年开始，美国陆续与比利时、荷兰、法国、英国、加拿大，以及中南美洲的几个国家签订互惠贸易协定，成功地降低了大量商品的关税。[9]因为一项协定的成果可以被其他国家共享，因此日本与美国的贸易也从中获益了。

野村与赫尔在1941年3月8日举行首次秘密会晤的时候，赫尔最先介绍的就是他关于自由贸易的经济理想。[10]可见这一构想对于赫尔来说有多么重要。作为赫尔的理想之一，低关税政策没能在当时的日美交涉中实现。不过，第二次世界大战结束之后，在1947年签署的《关税与贸易总协定》继承了赫尔的理想。在第二章中我们提到，有关贸易协定的构想，在李顿报告书中也曾出现。这些从二战之前就进入人们视野的理想，在世界遭受了巨大的损失之后，终于在战后得以实现。

敌对双方在战争前夜谈判的意义何在？

下面让我们来思考一下，互相把对方当成假想敌的两个国家，为什么会坐到一起谈判呢？我认为其中一个重要原因在于，可以通过与敌国的谈判，让国内的民众明白为什么要与敌国打仗，也就是宣传战争的目的。

——宣传战争，是为了给战争一个正当的理由吗？

正是如此。日本在进行甲午战争（1894—1895）和日俄战争（1904—1905）的时候，与欧美列强之间还存在不平等条约（日本恢复关税自主权是在1911年）。因为不平等条约而在国际关系中处于弱势的日本，其实是相当在意列强的目光的，所以必须努力证明自身在战争中的正当性。这样一来，一方面能避免列强在战争中介入，给日本带来不利影响，另一方面也可以方便向列强借款，作为战争经费。让人稍感意外的是，明治时期的日本相当擅长通过战前的谈判工作，来获得战争的"正当理由"。在甲午战争中，日本指责清政府"拒绝朝鲜的改革，是拒绝文明"。到了日俄战争时，又谴责沙俄"不实施门户开放乃是文明之敌"。[11]当时捏造出这些说辞的，都是福泽谕吉和吉野作造这些高级知识分子。

在甲午战争爆发前两个月，日本向清政府和朝鲜政府提出，朝鲜需要进行改革。而在日俄战争之前，日本与沙俄之间的谈判已经持续了半年之久。通过这些在外界注视下的"外交"工作，可以将双方之间的分歧展示出来，进而指出对方的不当之处，为自身争取支持。从某种意义上来说，战前的交涉就像是在橱窗里展示自己的宣传语。接下来我们就从这个角度着眼，看看日本和美国分别展示了什么吧。

关于日美交涉，大家会查些什么？

上次讲座的最后，我请大家利用身边的各种媒介，如书本或是互联网，去查一查日美交涉的相关信息。大家都是从什么方面入手去查询的呢？

——我还不怎么了解日美交涉，所以就先查了日美交涉的具体内容。在这个过程里，发现了一个叫亚洲历史资料中心（アジア歴史資料センター）的网站，真是个很好的网站，里面对相关人物还有详细的说明。

哦哦，你找到了好东西呢。亚洲历史资料中心是在线的资料库，里面有很多的原始史料。与出现在第一章的村山谈话一样，亚洲历史资料中心也是当时日本政府在"战后50年"这个时间节点实施的一系列和平友好交流计划的一部分。这个网站由国立公文书馆负责运营，旨在让每个人都能随意查阅那些战前遗留下来的原始史料，可以说是一个划时代的史料库。在"网络专题特展"这个栏目里，就有"公文中的日美交涉"这个专题。[12]就像刚刚这位同学说的，里面不仅有主要人物的介绍，还有相关年表、术语解释等很多内容。所以现在我都不用再多说什么了（笑）。大家还查了些什么呀？

——我也不太了解那个时代，所以试着通过读书来了解大概的情况。有一件很让我吃惊的事情，那就是美国当时已经破译了日本的密码。在谈判中，日本不仅自己手忙脚乱，底牌还都被美国看得一清二楚。

选择通过读书来掌握一个问题的全貌，是个很好的选择。在外交和国防这些问题上，如果本国的方针被谈判对手掌握，那可是非常不妙的事情，所以要用复杂的密码来加密通信。面对这种情况，人类的选择也是空前一致，从古希腊、古罗马时期开始，人们就在钻研如何破解密码了。历史发展到近代以后，人们依然做着一样的事情，比如监听无线电、窃取密码本,抑或是利用数学方法破译密码。

美国当然也试图破解日本外务省和陆海军使用的密码。美国将外务省密码称为"紫色"(Purple),这一密码在1940年9月被美国的密码破解小组破译,破译获得的情报代号"魔法"(Magic)。[13]日美交涉中日本外务省的电报,自然也都被美国掌握。近年来,英国和美国解密了一大批关于第二次世界大战前后谍报工作的史料,促进了相关研究的开展,我们也知道了很多过去不知道的事情。[14]不只是美国在破解日本的密码,日本也在做着同样的工作,而且收获了不错的成果,破译了大部分的美国外交电报。森山优的研究发现了这个有些令人意外的事实。[15]

就算是美国国务院使用的最高级别密码,也被日本陆海军和外务省的相关人员用三年时间成功地破解了。[16]森山优推测,赫尔国务卿发给东京美国大使馆的电报中,有87.1%都被破译了,而美国大使馆发给赫尔的电报,则有91.2%被破解。[17]这个数据可真是让人吃惊。当时的日本虽然在很多方面逊于英美,破解密码的水平倒是挺高的。

为什么日本破解了美国外交电报这件事长期以来都不为人所知呢?除了史料方面的原因,其实还有其他的理由。

在日本国内,长期以来都有意见认为,美国已经预见了日本会发动偷袭(确实如此,不过当时美国预测日本的目标并不是珍珠港,而是美国在菲律宾的基地),但是美国政府故意利用了偷袭珍珠港这一"卑劣行径",来鼓舞民众的士气。相信这种说法的人,自然会倾向于认为美国掌握了日本的所有秘密，主动允许日本发动了偷袭。

甚至有人更进一步，宣称美国为了介入欧洲战事，故意没有把日本可能偷袭珍珠港的消息通知珍珠港当地美军，从而让日本偷袭得手。上面的说法如果是真的，那么第三章提到的五角大楼的尤达大师，也就是那个一手谋划了美国对苏战略的马歇尔，恐怕就不会把偷袭珍珠港当作敌国最不合理的决定，进行长期的研究了。稍后我们还会说到，偷袭珍珠港给战后的美国留下了怎样的心理阴影。

还有一点，那就是日本既然破解了美国的密码，应该能预料到，美国一样会尝试破译日本的电报，并派出联邦调查局探员（中情局此时尚未成立）监视那些参与谈判的民间和政府人士。[18]日本接受了这种"不安全"的环境，选择在华盛顿展开谈判。如果想要更方便保密的谈判环境，那么完全可以由外务大臣出面，在东京和美国大使约瑟夫·格鲁谈判，就像签订《德意日三国同盟条约》时，外务大臣松冈洋右和德国特使斯塔默在东京的谈判一样。

那么日本为什么同意在华盛顿谈判呢？在明知自己的密码可能并不可靠的情况下，有什么事情是比自己的机密电报被破译更可怕的呢？在第二章里我们讨论过，哪些因素会制约当局的行动，大家还记得吗？当时有什么东西在威胁着政府？

——暴动、政治运动之类的。

没错。民间的反政府运动，其实有着相当大的威力，能够制约政府。在与美国进行谈判的时候，日本政府就在担心那些反对运动。如果在日本国内谈判，当时的那些右翼国家主义团体肯定会瞪大眼睛关注进展,难以预料他们会做出什么事来。

我们之前曾提到,海军在讨论德意日三国同盟的御前会议上,要求管控那些不负责任的强硬言论。从这一点也能看出,当时反英反美的人很有势力,他们的行动力也非同小可。

从日本把谈判地点选在美国,就可以看出当时的日本政府确实是认真对待这次谈判的,他们希望与美国的谈判能够成功。

日本是被《赫尔备忘录》逼迫的吗?

——我在网上看了一些个人的博客,里面有详细介绍日美交涉的文章。另外还看了日本共产党的机关报《赤旗报》的网站,把几篇文章比较着读了一下。

很有意思啊,为什么会想到去看《赤旗报》的网站呢?

——只是偶然看到的。我一开始看的博客里,说日本是收到了美国的《赫尔备忘录》之后,被迫做出攻击珍珠港的决定的。美国当时需要一个正当的理由来加入战争。有好多这类文章都不约而同地说日本的教科书里,是不会写美国的这种意图的。

刚刚我们说到过,《赫尔备忘录》是1941年11月26日美国交给日本的提案。其中包括日军从中国和法属印度支那全面撤军,在中国不承认重庆国民政府以外的政权之类的内容。日本的教科书也会提及《赫尔备忘录》,认为当时的日本无法接受其中的条件,所以《赫尔备忘录》等同于最后通牒,让日美交涉陷入了死胡同。你看的那些博客,宣称美国通过《赫尔备忘录》来逼迫日本先出手。嗯……看来是某些沉迷阴谋论者的博客被你发现了呢，这下坏了呀。

——（笑）《赤旗报》的观点就不一样了，那里说《赫尔备忘录》的内容并不是在最后才突然通知日本的。这些内容是美国的基本态度，在谈判开始时就很明确。比较两边的说法，我觉得如果美国的态度一开始就很明确，那显然日本就不是被《赫尔备忘录》"逼迫"的。到底是怎么一回事呢？

还有，因为加藤老师也参与编写了山川出版社的教科书，所以我也想问一问，对于教科书不提美国的意图这类观点，老师是怎么看的。今天来的时候就一直想着要向老师提问，又忐忑又期待（笑）。

——（在场的人都笑了）

你先看了一些喜欢历史的普通人的博客，然后又看了从二战之前就一直把历史当作科学对待的日本共产党的机关报，就算是相同的史料，在这两种人的眼中恐怕也会呈现不同的意思。于是你也就发现了他们的观点之间存在矛盾。美国在谈判中的态度，究竟是从一开始就未曾改变，还是渐渐变得严厉起来的呢？

还有关于教科书的问题，也是相当犀利呢，谢谢（笑）。山川出版社的教科书是我和其他很多老师一起编写的，教科书还需要文部科学省审定，所以稍微有些不自由。今天我会用原始史料，来分析说明前面的问题。

——因为我想知道当时其他国家对日美交涉有些什么影响，所以读了一些相关的内容。发现当时不仅中国不希望美国和日本走到一起,英国因为正盼着美国早点帮忙攻打德国,也不希望日美交涉顺利进行。

这一点很重要呢。对于日美交涉,其他国家有什么反应,施加了什么影响?这些问题可以作为镜子,来帮助我们思考日美交涉的性质。

赫尔在把《赫尔备忘录》交给日本之前,召集澳大利亚、荷兰、英国、中国的大使,陈述了他设想中的《对日本最终提案》(暂定协定案)的大致内容。让人吃惊的是,这份暂定协定案的内容与《赫尔备忘录》大相径庭,只要求日本从法属印度支那南部撤退到北部,允许日本在法属印度支那北部保留25000人的兵力。只要做到这些,英国、美国、荷兰就解除一部分对日本的贸易禁运。

赫尔以需要更多时间来加强菲律宾的防卫力量为理由,希望几个国家的大使支持这份暂定协定案。除了中国大使,其他几位大使都表示,如果日本军队真的能从法属印度支那南部撤退,就同意支持这一方案。但是在 11 月 25 日,也就是赫尔提出《赫尔备忘录》的前一天,国民政府军事委员会委员长蒋介石向美国发了好几封电报,坚决反对暂定协定案。英国首相丘吉尔这一次也站在蒋介石一边。赫尔最终放弃了暂定协定案,向日本提交了重点放在原则问题上的《赫尔备忘录》。[19]

虽然有这样的插曲,但绝不意味着美国向澳大利亚、英国、荷兰、中国等国通报了与日本谈判的详细内容。在与日本交涉的过程中,美国保持着高度的独立性。

1941年5月25日，赫尔召见了英国驻美大使哈利法克斯伯爵，对英国反对日美交涉之事，表示了强烈的不满。我们已经无法知道赫尔当时有没有把"Oh Christ"说成"Oh Chwist"，不过哈利法克斯伯爵在发回英国的电报里，说自己"第一次见到他失去理智的模样"。[20]赫尔认为，与日本谈判是一个让日本国内的轴心派（支持德意日三国同盟者）失势的机会，所以才对英国的反对感到生气。从这一点出发，我们也可以看出美国对于日美交涉的态度是相当认真的。

美国为什么要与日本谈判？

美国与日本谈判的必要性在哪里呢？在日本与美国正式开战后，野村吉三郎大使乘坐双方交换滞留人员的交换船返回了日本。他在回国后的一场讲座上，说美国"为了在1941年八九月前完成谈判，付出了相当大的努力"。[21]美国国内并非铁板一块，各派势力中也存在希望与日本达成协议的人。赫尔国务卿就是其中之一，罗斯福总统也同样如此。

请大家思考一下，美国为什么要与日本谈判？一个很容易想到的理由是为了拖延时间，那么美国为什么要拖延时间呢？

——……

对于1939年9月爆发的第二次世界大战，当时美国的态度明显偏向正在对抗德国的英国，以及退避到英国的波兰、荷兰、比利时等国的流亡政府。但是普通的美国人，即使同情那些国家的民众，也不见得愿意为了他们参战。查询当时的盖洛普民意调查结果，会发现有一半以上的美国人赞成对英国进行军事援助，但是88%的调查对象都坚决反对美国直接参战。[22]

当然，美国的援助也不能白拿，英国为了美国的武器和物资，付出了不少代价。[23]到了1940年末，这笔金额达到了50亿美元。英国在处境变得凶险之际，更是不惜用大西洋上的海军基地，来换取美国的老式驱逐舰。

这种情况在日美交涉开始前一个月，即1941年3月发生了一些变化。罗斯福总统提出的《租借法案》在国会获得通过，美国可以将武器和物资迅速交给需要的国家，对方可以在战后以实物而非美元进行偿还。[24]

罗斯福总统有一档有名的广播节目"炉边谈话"。据说一旦这个节目开始播放，连电影院里都会变得空空荡荡，因为大家为了听总统的谈话，都回家去了，可见罗斯福非常善于与民众沟通。在12月16日的记者会上，他用下面这个巧妙的比喻，来说明自己关于《租借法案》的设想。

　　　设想我的邻居失火，而我家里有一条浇花用的水龙带，要是让邻居拿去接上水龙头，我就可能帮他把火灭掉。我怎么办呢？我不会在救火之前就对他说："老兄，这条管子我花了15元，你得照价付钱。"那么我怎么办呢。我不要15元，我要他在灭火之后还我水龙带，就是这样。要是火灭了，水龙带还是好好的，没有损坏，那么他就会送还原物，连声道谢。①

日本首相也喜欢用火灾来打比方。啊，让大家惊讶了吗？我说的是最近（2015年7月20日与21日）的事，安倍首相在民营电视台的节目中，用了火灾的比喻，来说明集体自卫权。从历史的因果关系这个层面来看，首相的写手们可能也参考了罗斯福的演说吧。

《租借法案》在国会通过不久以后，美国司法部长杰克逊发表演说，"目前发生的侵略战争，是针对国际共同体的内乱，对于现在正在进行中的肆意侵略，（中略）国际法体系中的战争与中立地位，已经不能再套用过去的概念了"。[25]在击败轴心国之后，同盟国成立国际军事法庭，审判纳粹战犯。杰克逊作为美国的总检察官参与其中，为纽伦堡审判建立了法律基础。大家现在正处在人生中记忆力最好的时期，对杰克逊"针对国际共同体的内乱"的说法，有没有感觉在哪里听到过？

——近卫文麿在广播讲话里好像说过"蜕变性质的内乱"。

没错，这是他在《德意日三国同盟条约》签订之后，针对中日战争的说法。不论是杰克逊还是近卫，都把战争比作了"内乱"。

杰克逊的演说并不是很直白，他的意思是，德国在欧洲的

---

① ［美］威廉·曼彻斯特著，广州外国语学院美英问题研究室翻译组译：《光荣与梦想》，海南出版社、三环出版社2004年版，第219页。

侵略战争，是针对国际共同体或是全世界的反叛。在这种情况下，美国可以在保持中立的情况下援助英国。

在当时，如果两个国家之间爆发战争，其余的国家为了保持中立，就需要担负一些责任。例如，中立国不得只向战争中的一方进行武器援助，也不能只向其中一方提供港口。虽然1937年全面侵华战争爆发之后，中日两国也没有正式宣战，但是从1931年的"九一八"事变开始，日本在中国领土上的所作所为毫无疑问就是侵略战争。在这种情况下，日本还是对苏联、美国、英国、法国援助中国的行为极为不满，认为这些国家声称中立，却完全不中立。

因为中日两国都没有宣战，所以日本的不满并没有什么法理上的依据。就算中日两国实质上是战争状态，但是在已有的国际法框架下，对中国的援助也只能说是处在一个模糊地带。杰克逊演讲中一个重要的论点就在于，既然德国的侵略行径不是战争而是"内乱"，那么美国通过《租借法案》对英国进行援助，也不会与美国的中立地位发生冲突。

1941年3月《租借法案》正式通过之后，美国对英国的援助大增。运输船队满载美国生产的武器和物资，在军舰的护卫下前往英国，其中很多运输船遭受德国潜艇的袭击而沉没。德国海军实力不及英国，因此运用大量潜艇展开了破交战。但是，随着英国反潜能力的增强和德国潜艇密码被破解，战争后期德国潜艇的战果显著下降。美国也不希望好不容易造好的武器和物资白白沉入海底，因此开始在大西洋上部署巡逻部队。

虽然罗斯福是一个谨慎的人，但还是在4月15日同意将海军巡逻部队的警戒区域，向西扩大到巴西与非洲之间海域的中间线，把格陵兰和亚速尔群岛都包括在内。[26]美国海军的巡逻部队虽然不能直接为英国运输船队护航，但是可以向英国人通报德国潜艇的位置。

为了在浩瀚的大西洋上巡逻，美国海军不得不把太平洋上的一部分兵力调往大西洋。这就是美国暂时不希望与日本在太平洋上发生冲突的原因。

英国的处境在1941年春天依然没有好转。意大利在1940年秋天入侵希腊，德国也在1941年4月入侵巴尔干半岛。虽然英国派遣了远征军，但依然无法阻止巴尔干半岛落入轴心国之手。面对德国的猛攻，英国可以说是连战连败。

为了让日美交涉顺利进行，美国方面一开始知晓相关情况的人只有罗斯福、赫尔、海军部长诺克斯，以及曾任罗斯福竞选顾问的邮政署长沃克这四个人，就连在东京的驻日大使格鲁也不知情。[27]我们之前介绍德意日三国同盟的时候，讲到过日本政府内部激烈对立的意见。美国政府面对重大问题时，内部也会出现截然不同的意见。

赫尔和诺克斯认为，为了在大西洋上援助英国，就应该在太平洋上暂时缓和与日本的关系。另一方面，美国政府内部也有人认为对于日本这样缺乏资源与财力的小国，不必有太多顾忌，应当做出强硬姿态，让日本屈服。战争部长史汀生和财政部长摩根索都是对日强硬派。

日本为什么要与美国谈判？

接下来，让我们思考一下日美双方在1941年4月开始谈判的背景。当时日本方面最大的危机感，来源于《德意日三国同盟条约》会真的生效，从而导致与美国开战这一点。

三国同盟条约第三条规定："三国共同承诺，如果三缔约国中之一受到目前不在欧洲战争或中日冲突中的一国攻击时，应以一切政治、经济和军事手段相援助。"也就是说，只有在美国来攻击德意日三国中的某一个国家时，才符合同盟条约的规定。不知道大家有没有想到一个问题，美国的什么行动会被认为是"攻击"呢？

三国同盟条约第四条规定："为了实施本协定，由德意志、意大利和日本的政府各自指派委员组成的联合技术委员会将迅速开会。"1941年4月，确实成立了这样一个委员会，[28]但是当时还什么具体问题都没有解决。

所以美国做了什么，会被认为是对德、意、日三国的攻击呢？这个问题让日本非常不安。日本海军上层很清楚海军的战备状态（美国禁运的情况下航空燃料只够使用一年），想来更是害怕得脸色发青吧。

松冈洋右很有自信地表示，关于是否要行使武力这一点，已经在德国大使奥托的信件中确认，日本能自行决定。[29]不过事实上，德国特使斯塔默并没有向德国报告过这一点。

当时美国已经着手加大对英国的援助，那么就不能否认，如果美国驱逐舰在巡逻过程中与德国潜艇发生战斗，就有可能导致美国与德国开战。所以从某种意义上说，美国援助英国的举动，也促使日本坐到了与美国的谈判桌前。

此外，我们在第三章也讲到，日本为了取得德国的许可，从荷属东印度得到石油，确保本国在"大东亚"的生存圈，也需要更多时间。不仅是宫内省、外务省、大藏省的一部分亲英美派，就连陆海军也赞成日美交涉，其中一部分原因就在于此。4月22日，海军从野村那里收到《日美谅解案》之后，火速给华盛顿的日本大使馆驻外海军武官发了电报，表示："陆海军都认为，应该抓住这个机会，以4月17日野村大使电报中提到的贵地案（《日美谅解案》）为基础，调整日美关系。"[30]

丘吉尔写给松冈洋右的信

刚才有人说过，想知道其他国家对日美交涉有什么影响。我们接下来就看看，英国和德国这两个非常关心美国动向的国家，都有什么反应。

首先是英国，有趣的是，丘吉尔居然给时任日本外相松冈洋右写了一封信。而且松冈洋右收到丘吉尔的信时，并不在日本。1941年3月12日松冈从东京出发，访问柏林与罗马，并在归国途中访问了莫斯科。4月13日，松冈用极短的时间，让日本与苏联签订了《日苏中立条约》。松冈访问欧洲，一方面是为了展示德意日三国同盟的成果，另一方面陆军参谋总长闲院宫同意加入三国同盟的条件是与苏联缓和关系，松冈此行也是为了实现这一目标。

在《日苏中立条约》签订的前一天，也就是4月12日，英国驻俄大使找到松冈洋右，把丘吉尔的信件交给了松冈。当时丘吉尔作为首相，还兼任着外交大臣一职，他的信写得非常简洁，但是内容十分深刻，字里行间还流露出某种冷淡的幽默感。不过，松冈读了以后想必会愤怒不已。[31]

"我认为日本帝国政府和日本国民有必要注意下面这两三个问题。"在这样的开场白之后，丘吉尔马上就逐条写出了问题。

（一）德国能否在 1941 年冬天之前，在没有制海权和白天制空权的情况下征服英国。（中略）在明确这些问题的答案之前，静待事态发展应该对日本更为有利。

丘吉尔耐着性子，向松冈和可能读到这封信的日本政府高层提出了问题。日本真的认为德国能在半年之内通过空袭让英国屈服吗？日本是不是应该等到尘埃落定，再选择对自己最有利的做法？

松冈洋右访问柏林时，德国请求日本攻击英国在远东的基地新加坡，[32]松冈对与德国结盟非常热衷，但这一次倒是意外地拒绝了德国。[33]这一插曲可能就是丘吉尔写信的背景。不过，就算松冈这一次拒绝了德国的请求，对英国来说，日本对新加坡依然是一个威胁。丘吉尔又接二连三地抛出了下面的问题。

（二）在英国与美国把全部工业实力投入军事生产之

后，德国对英国海上运输线的攻击能否阻止美国的援助到达英国。

（三）对于眼下的战争，日本加入三国同盟，到底是让美国参战更容易了，还是更困难了。

丘吉尔一针见血地指出了德国最大的弱点。就算利用潜艇展开破交战，攻击英国商船来削弱英国的作战能力，但是日本作为海军大国，应该有相应的海军知识，日本真的相信德国海军的力量已强大到能让英国屈服了吗？

丘吉尔的第三个问题也很严厉，日本加入德意日三国同盟，到底有什么效果？美国现在为了援助英国，通过了《租借法案》，反而越来越靠近战争了。丘吉尔最后利用数据，抛出了另一个问题。

（八）1941年美国的钢产量为7500万吨，英国则有1250万吨，加起来几乎接近9000万吨。万一德国像从前那样失败了，日本仅凭700万吨的钢产量，能否支撑本国单独打一场战争？

如果能仔细考虑这些问题，日本应该会感到，要避免可怕的战祸，还是需要与英国这个西方的海洋大国合作。

"万一德国像从前那样失败了"，这句话可真是让人生气呢。我刚读到这一句的时候，不禁有些毛骨悚然。"像从前那样"，说的是什么时候呢？应该是第一次世界大战吧，毕竟在第一次世界大战中,日本与英国同属协约国,击败了德国。

——很有意思,这些好像是循循善诱,又好像是蛊惑人心的话语,很能体现英国的想法。

丘吉尔并不在乎触怒松冈洋右,于是在日美交涉之前寄来了这样的信件。如果松冈被信件内容激怒的消息传开的话,反而能让丘吉尔的信在日本政府内部得到更广泛的关注。丘吉尔直白地抛出了日本政府最不喜欢的问题,促使日本慎重考虑自己的选择。

英国最急切的愿望,应该是让美国尽早参战。但是在美国开始将大量武器、物资援助给英国的时候,如果日本向南进军,进攻新加坡,将对英国造成极大的打击。所以英国才会直率地要求日本暂时按兵不动。

丘吉尔本人,大概也希望松冈洋右能认真面对与美国的谈判,考虑美国方面的要求吧。

德国大使奥托写给松冈洋右的信

德国不希望看到日美交涉成功,让我们来看看,德国人是如何在给松冈的书信中表达反对意见的。[34]1941 年 5 月 17 日,德国大使奥托与松冈会面。在两人会面之前,野村大使已经在 4 月 17 日向东京转交了美方提案,而日本也在 5 月 12 日完成了对美方提案的回应。日本对美国的提案会做何反应,德国当然是非常在意的。奥托大使的信里是这样写的:

德国政府认为,阻止美国参战最好的方法,是日本坚决拒绝就美国的提案与美国展开谈判。对于日本在德国说明自身意见之前，就回应了美国这一点，德国政府表示遗憾。

从这些内容中我们能得到不少信息。德国非常强硬地表示，要阻止美国参战，日本断然拒绝与美国交涉是最有效的。而且令人意外的是，松冈洋右在回复美国的提议之前，并没有与德国交换意见。有一些关于日美交涉的书，描述松冈在成功签订《日苏中立条约》之后得意扬扬，对日美交涉并不上心，甚至还加以阻挠。但在考察了当时德国的态度之后，就会发现日本政府对日美交涉反应相当积极。在奥托大使的信中，德国还在继续抗议。

脱离或者弱化三国同盟的事实，会导致事态走向消极方向，最终使得三国条约成为泡影。

德国威胁日本，说向美国传达弱化同盟的信息最终会让同盟成为泡影。德国的忧虑并不是杞人忧天。就在不久前的5月9日，泽本赖雄海军次官和近藤信竹军令部次长向身处华盛顿的野村发去了机密电报。[35] 两人认为，一旦德国与美国开战，日本将有权自行决定在什么时间给予德国什么样的援助。因此不能认为美德开战会直接引起美日战争。美国与日本之间首要的战争风险并不是三国同盟的存废，而是美国在什么情况下会对日本实施全面经济制裁。

　　德国对日本海军寄予厚望，希望借助日本海军的力量阻止美国参战。但是日本海军的次官和军令部次长联名发电报，阐述了对三国同盟中义务的"独特"理解。在他们看来，三国同盟条约并没有什么分量，日本只关心美国的经济制裁。奥托大使要是知道了这些，怕是要被气死吧。

二　史料中的痕迹

《日美谅解案》

日美交涉的终点，是1941年12月发生的偷袭珍珠港事件，因此留下了许多没能被正确解释的问题。"野村吉三郎大使相关问题"就是被误解的典型事例。有些人认为，野村不是职业外交家，因此把4月16日赫尔交给自己的那份最初方案，当成美国政府的正式提案交给了日本政府。但是这份方案其实只是由美日两国的民间人士准备的，野村的失误让日本政府对谈判产生了过高的期待，以至于做出了错误的选择。[36]就连有些大学采用的教科书里，也有类似的观点。

但是这种说法在史实层面就是错误的。在野村发给东京方面的电报中，最早提及《日美谅解案》的那一份就直白地指出，谅解案是"经过内部工作，'听取'了美国政府方面的赞同意见"得来的方案。[37]野村非常诚实地传达了《日美谅解案》的情况。

但是也不能说这份方案是由几个民间人士随随便便捣鼓出

来的。在民间人士细致的磋商之后，方案中的项目还经过了赫尔、野村、美国国务院日本方面负责人、日本大使馆工作人员等多方面的斟酌，这才成了国与国之间交涉的基础。这份方案甚至已经得到了罗斯福总统的肯定[38]。赫尔在美国国务院将《日美谅解案》交给野村，无疑代表了这份方案的官方地位。

不明白这一点的话，就很难理解在5月之后依然没有得到日本政府回应的赫尔，派出密使与日本方面联系的理由。[39]赫尔的密使传达了这样的信息，"日本可能在忧虑美国派出军舰保护前往英国的运输船的举动，导致迟迟没有回应美国提出的方案。这种担心是不必要的，美国绝不会为与日本的谈判设置障碍，请尽快回应美国的方案"。

赫尔所言非虚。5月8日，美国政府在战争部长史汀生等强硬派的推动下，决定为英国运输船队护航，[40]但是同时仍然有80%的美国民众反对美国参战。[41]罗斯福总统对国内的情况有很清醒的认识，所以虽然他在5月27日发表了振奋人心的演说，表示"全国进入无限期紧急状态，倾举国之力壮大我们的国防力量"[①]，到了第二天的记者会上，却依然否认"有命令海军进行护航的考虑"。[42]

我们再来看一看4月16日赫尔交给野村的《日美谅解案》[43]的内容到底是什么样的。不论是英文原文还是日本大使馆翻译的日文译文，用的都是极为正式的文体。

---

① 译文引自［美］富兰克林·罗斯福著，赵越、孔谧译:《炉边谈话》，中国人民大学出版社2017年版，第182页。

一、日美两国怀抱的国际与国家观念

（前略）两国政府为确立恒久的和平，基于两国间的相互尊重，希望开创一个信赖与合作的新时代，在此声明两国的相关政策。（中略）

两国政府坚信，双方应该保持基于传统的国家观念与社会秩序，以及作为国家社会基础的道德原则，杜绝危害以上原则秩序的外来思想蔓延。

——最后提到的"外来思想"是指什么？

这句话是很突兀呢。这部分原则内容的草案，是美国方面提出的，用意可能是希望表现日本与美国都反对纳粹德国倡导的那一套理论。而日本方面对"基于传统"的那些内容的理解，是美国在暗示门罗主义（提倡美洲与欧洲互不干涉），那么日本也可以在亚洲提出相似主张，所以两国在这部分内容上能够达成一致。[44]

谅解案的第二条，标题很普通，是关于德意日三国同盟如何发挥效力的。

二、两国政府对于欧洲战争的态度

日本政府声明，轴心同盟是防御性质的，目的在于防止军事联盟关系扩大到目前未加入欧洲战争的国家。

（中略）基于轴心同盟产生的军事义务，仅在该同盟缔约国德国遭受目前未加入欧洲战争的国家的主动攻击的情况下生效。

　　美国政府声明,欧洲战争不论是现在还是将来,都不应该被援助一方而攻击另一方的攻击性同盟所支配。

　　日本确认了三国同盟的军事义务,只有在德国遭受目前未加入欧洲战争的国家(指美国)的主动攻击的情况下生效。"主动攻击"一词,可以说是日本在对美国表达妥协的意思,让美国不必对三国同盟过于担心。

　　后半部分还有要求美国不要援助一方而攻击另一方的内容。但是实际上,美国正在援助英国,责难德国。可以说这些内容是日本对美国的牵制,美国能够同意加上这些内容,也是在释放妥协的信号,让双方能够进一步谈下去。

　　第三条是关于改善中日关系,以及美国在这个问题上的作用。

　　三、两国政府与中日战争的关系

　　美国总统认可如下条件,并在日本政府保障这些条件生效的情况下,劝说蒋介石政权接受和平谈判。

　　A. 中国的独立。

　　B. 在中日之间达成协议之后,日军按照协议从中国撤军。

　　C. 不吞并中国领土。

　　D. 不要求赔偿。

　　E. 重启"门户开放"政策。(后略)

F. 蒋介石政权与汪精卫政权合流。

G. 控制从日本向中国大量输出集体移民的行动。

H. 承认"满洲国"。

（中略）

日本政府应在上述条件的范围内，秉承睦邻友好、共同防共防卫及经济合作的原则，向中国提出具体的和谈条件。

这些内容的草案是由日本提出的。让人惊讶的是，居然有"承认'满洲国'"这一项。美国一直以来都赞同李顿报告书的意见，不承认"满洲国"。在拟定《日美谅解案》的时候，没人知道罗斯福总统最后会如何处理这一内容。不过加上这一条的理由，大概是为了让日本更积极地对待这场谈判吧。

当然，能让美国感到高兴的条件也是有的，比如日本在达成协议后从中国撤军，或是控制移民数量等。当时美国担心，战争结束之后，会有更多的日本人前往中国。

我们已经大致看了谅解案的前三项内容，大家有什么想法吗？

——内容很难，关于中日战争，写了好多的条件啊，现在就想到这一点。

没关系，现在能理解这一点已经够了。刚刚的回答其实非常重要。为什么在日本与美国的谈判项目中，最详细的内容是如何结束中日战争呢？就连三国同盟的生效条件之类的问题，也不比对中日战争的讨论更详细。

为了说明这一点，我们要举出日本希望与美国谈判的另一个理由，那就是结束在中国的战争。在第三章的最后，我们提到虽然蒋介石也有和谈意愿，但是日本方面因为与汪精卫的南京国民政府的条约缔结期限将至，直接承认了汪精卫的傀儡政权，使得德国居中调停的和平谈判化为泡影。日本政府内部，海军此时也希望结束陆军主导的侵华战争，从而获得更多的经费。日本方面还认为，自侵华战争开始，罗斯福总统就一直对中国抱着同情态度，足以担当日本与中国停战谈判的中介。大家还有其他的想法吗？

——第三条里面提到"秉承睦邻友好、共同防共防卫及经济合作的原则"，好像在第三次近卫声明里也有一样的内容。日本就这样把自己的想法，写进了与美国的谈判当中。

很好，这位高中三年级的女生，大概是整场讲座里对史料吃得最透，可以利用史料来反驳我的人了。所谓第三次近卫声明，是1938年12月时任首相近卫文麿向全世界公布的对于中日关系的调整方针，倡导睦邻友好、共同防共和经济合作三原则。当时国民政府内部的二号人物汪精卫正准备投靠日本，近卫文麿就算只是为了造成蒋介石政权的内部分裂，也要搬出一些漂亮话，粉饰自己的对华方针。

但是中国正在遭受日本的侵略，脸皮要有多厚才能对着中国说出"睦邻友好"这种话呢，大家不觉得奇怪吗？日本已经在1937年12月犯下了南京大屠杀这样的罪行，当时还在对重庆等地展开空袭，炸死了很多的平民百姓。至于"共同防共"，则是为了拉拢国民党内部想要排挤攻击共产党的那部分势力，同时也是为了给日军制造继续驻留中国的借口。把这些内容写到《日美谅解案》当中，应该是为了让日本的军部能够同意谈判。

大家现在应该可以明白，《日美谅解案》的文本是在经过了日美双方的周密磋商之后才确定下来的。我们从中可以看出，某些特定的内容是由哪一方要求加上的。

日本与美国的目标

让我们继续看《日美谅解案》的内容。其中第四项要求解除两国军事力量在太平洋上的对峙。

> 四、有关太平洋上的海军与航空兵力量以及海上运输
>
> A. 日美两国（中略）不在太平洋上布置相互威胁的海军与航空兵力。（后略）
>
> B.（略）
>
> C. 在中日战争得到解决之时，日本政府将根据美国政府的希望，退役目前正在服役的本国船舶，并承诺按照与美国的契约转交美国，用以在太平洋海域服役。这些船舶的总吨位将在日本与美国的会谈中决定。

日本海军应该不会对这一项目的 A 条内容感到高兴，他们一直以来都准备着在太平洋上与美军作战。不过，对于面临太平洋与大西洋两个战场的美国来说，在自身准备尚不充分的太平洋方面，解除双方的对峙状态，可谓正中下怀。然而在后续

的谈判中，这一内容再也没有出现过。

C条内容也很有意思。中日战争结束之后，日本退役多余的船舶，这些船舶由美国接收，重新在太平洋上服役，真是个大胆的提案。我看到这一条之后，马上想到了第一次世界大战当中的船铁交换协定。当时美国禁止出口钢铁，导致日本的造船等行业陷入困境。帮助日本脱离困境的就是船铁交换协定，美国出口钢铁，日本用这些钢铁造船，再将船舶出口到美国。那些拟定日美交涉文本的人们，是不是也想到了船铁交换协定呢？[45]

接下来的第五和第六项内容，是关于经济和金融方面的。作为日本放弃南侵获得资源的交换，美国提供了经济上的相应补偿。当然，也有一部分人认为，这些内容是赫尔着眼于战后的经济构想的一部分。

五、两国之间的通商与金融合作

（前略）在希望缔结新的通商条约时，日美双方将召开会议进行研究，遵循惯例缔结条约。

为了促进两国间的经济合作，美国将为日本提供充足资金，以促进工商业发展，实现经济合作，从而改善东亚地区经济状况。

第六项主要关于日本和美国在西南太平洋方面的经济活动。只要日本保证不在东南亚等地区使用武力，那么美国就可以帮助日本获得所需的石油等物资。这一部分体现了双方的上述愿望。

第七项主要是太平洋的政治安定，这些内容某种意义上也如实反映了美国的担心。对于菲律宾，日本与美国共同保证其独立。也就是说，日本保证不会袭击菲律宾的美军基地。对于这一点，日本海军可能会不太乐意。

读到这里，大家觉得日本和美国是为了什么目的而谈判的呢? 虽然并没有明确，大家能推断出来吗?

——结束战争?

啊，很有意思。在当时的情况下，是要结束哪场战争呢?

——首先结束中日战争，然后再结束欧洲战争。

你的预知能力相当厉害呀。虽然4月16日的《日美谅解案》中并没有写明，但是5月12日日本回应时，在三国同盟的相关部分中，加上了日美两国"不仅将合作以防止欧洲战争扩大，还会努力尽快恢复和平"的内容，美国看到这些想必会很不高兴。美国与日本合作，结束欧洲战争的想法，应该是来自松冈洋右。

在美国看来，如果不加强对英国的支援，那么德国就会称霸世界。在这种情况下，怎么能轻言结束欧洲战争呢?

还有其他什么想法吗? 可以想想在谅解案中已经出现的词语。

——经济合作，在战争结束后建立新的秩序之类的。

在天国的赫尔听到这些，一定会很高兴的。参与谈判的野村大使也注意到，美国已经在准备建立一个战后的新世界。[46]第五项中提到的日美经济合作，或是改善亚洲经济状况之类的内容，与1951年日本签订《旧金山和约》之后在东亚开始的经济活动如出一辙。

不过还是和我想的不一样。如果这一条能实现的话，应该会很有冲击力，让世界大吃一惊吧。

——……

我设想的答案是美日首脑会谈。在《日美谅解案》第四和第五项中，已经出现日本和美国的"会谈""会议"等内容。双方也确实计划让近卫文麿和罗斯福在夏威夷檀香山见面。最初美国方面更急于实现首脑会晤，计划在完成磋商后尽早安排。

首脑会谈计划，美国与近卫的关系

居然会这样？大家有没有感到惊讶呢？在1941年8月，日美首脑会谈实现的可能性已经相当高，但是正如大家所知的那样，事实上会谈并没有发生。之后不久，罗斯福与丘吉尔进行了会晤。

1941年8月9日，丘吉尔和罗斯福在大西洋的美国军舰上会晤，之后发表了《大西洋宪章》。大家听说过这份文件吗？在日美交涉的同时，罗斯福与丘吉尔展望了打倒纳粹之后的国际合作体制，并将相关内容总结成了《大西洋宪章》。这份文件主要包含了不扩张领土、民族自决、贸易自由、国际经济合作、公海航行自由等内容。

美国当时是中立国，但是对英国进行着援助，当局因此受到了反对派以及日本等轴心国的批评。在这种情况下，向全世界响亮地传达英国和美国所希望的战后世界图景，是对所受批评的回应。

当然，日美举行首脑会谈的难度，与美英首脑进行会谈的难度是不可相提并论的。但在现实中，就算是对立的两国也有可能举行谈判，签订中立条约。就像松冈洋右1941年4月在访欧途中，签订了《苏日中立条约》一样。苏联当时在巴尔干方面与德国处于紧张关系，于是希望在东方与日本缓和关系。日本则准备南侵以获得荷属东印度的石油资源，所以希望在北方缓和与苏联的关系。在这种情况下，虽然日苏两国对立已久，但是短期内依然可以找到共同的利益，达成妥协。

近卫文麿让自己的长子近卫文隆前往美国留学。1934年，他以出席儿子的高中毕业典礼为由前往美国。时任贵族院议长的近卫文麿访问美国，其实是半官方性质的，目的在于修复日本退出国际联盟之后的日美关系。[47]在1919年的巴黎和会上，近卫文麿曾作为日本全权代表西园寺公望的随从参加会议，在那里他结识了威尔逊总统的智囊豪斯上校（Edward Mandell House）。这一次他访问美国，就通过豪斯上校见到了各种各样的人物，既有美国东部的企业家和华尔街的投资家，也有前总统胡佛和时任总统罗斯福。在日本的政治家当中，应该没有谁像近卫这样，见过这么多美国的各界人士，并给他们留下了不错的印象。

那么让近卫和罗斯福在檀香山见面，能够给日美交涉带来什么样的好处呢？

——能够抑制国内的反对派。

没错，就是这一点。在日本国内，那些负责具体事务的科长、校官级的官员们，在政治活动中的发言权不小。除此之外，还有内阁、大本营政府联络会议等麻烦的机构。如果首先举行首脑间的会晤，那么只要获得天皇的首肯，剩下的部分就都可以省略。而且首脑会晤也可以让美国政府内部的对日强硬派知道，日本政府内部存在可以沟通的对象。

而且如果在檀香山举行首脑会晤，那么日本政府内部的反对派经常用的，故意把自己不喜欢的谈判内容泄露给新闻媒体的手段，就比较难奏效了。实际上，野村确实向松冈抱怨过日本内部的这种泄露事件。[48]

日美交涉舞台背后的主角

我们已经说到，《日美谅解案》是由日美双方的民间人士和政府方面共同周密准备的文件。除了作为窗口的赫尔和野村，还有很多人在日美交涉这个舞台的背后，默默地推进着整场谈判的进行。

首先我想介绍在华盛顿的日本大使馆参赞井口贞夫。参赞在大使馆中的地位次于大使，是专业的外交官。井口贞夫长期以来饱受批评，因为类似于日本大使馆破译密码拖延，没有及时将最后通牒交给赫尔，导致日本对珍珠港的攻击成为偷袭这些"神话"，都与井口贞夫有重要的关系。我们之后会仔细分析这些"神话"，现在请大家先记住井口贞夫的名字。

作为民间人士，最早着手起草对美交涉草案的是井川忠雄。井川曾经担任大藏省驻美国财务官代理和外汇管理部审查

课长等职务。他被派往美国参加日美交涉时的职务是产业组合
中央金库的理事。他还有另一个重要的头衔——昭和研究会的
成员，这个组织是近卫内阁的咨询机构。井川忠雄在华尔街有
不少人脉，还认识前总统胡佛。1941年2月16日，井川作为特
使，乘坐"冰川丸"前往美国参加日美交涉。

　　陆军省的军事课长岩畔豪雄也被派往美国，以便在谈判中
传达陆军的意见。岩畔豪雄是被陆军省军务局长武藤章选中
的，陆军希望他能在谈判中找到结束中日战争的方法。美国玛
利诺外方传教会的杜兰特神父也参与了早期的日美交涉，井川
忠雄在给杜兰特神父的信中这样介绍岩畔豪雄："他不仅是军
务局长武藤章的左膀右臂，也是陆军内能说上话的实力派。他
被选中参加这次任务，可见谈判的意义非凡。"[49]

　　在我们的印象中，日本的旧陆军是一个独断专行、信奉精
神万能论的团体。不过，武藤和岩畔这两个军人稍微有些不
同，可以说他们更像是政治家。在第二次近卫内阁时期，武藤
章曾经考虑要修改明治宪法，解散现有政党，以近卫文麿为中
心重组新党。比起打仗，武藤章当时更加关注日本国内的政治
改革。虽然他为日美交涉出了力，但是在战后的东京审判中，
还是因为担任第14方面军参谋长时，日军犯下的罪行被判处了
绞刑。

　　井川和岩畔这些人虽然不是外交官，但是都得到了日本官
方的支持。

　　美国方面，又有哪些人参与交涉呢？我们已经提到过，日
美交涉最初基本上是赫尔国务卿、罗斯福总统及邮政署长沃克

这几个人推进的。此外，玛利诺外方传教会的杜兰特和沃尔什两位神父也是参与者。天主教的大本营梵蒂冈，对日美交涉也有帮助。

1941年4月正式开始的日美交涉，其源头可以追溯到前一年11月杜兰特与沃尔什到访日本。盐崎弘明最早着手研究那些推动日美交涉的民间人士，根据他的研究，两位神父在日本会见的人物都很有来头。首先，杜兰特与沃尔什一到日本，就马上与山本信次郎见了面。山本信次郎是天主教徒，也是海军军人，还在宫内省任职。1921年昭和天皇还是皇太子时，曾经花了半年时间游历英国、法国、比利时等欧洲国家。当时作为东宫武官陪同皇太子出访，并兼任英语和法语翻译的，就是山本信次郎。在那次访问中，皇太子还与罗马教皇见了面。

两位神父之后又拜访了外务省美洲局的局长寺崎太郎，以及曾任国际联盟事务局长的泽田节藏。顺便一提，泽田也曾陪同昭和天皇出访欧洲，而且也是基督徒。1940年12月，两位神父又与时任外相松冈洋右、首相近卫文麿、陆军省军务局长武藤章等人见面。而安排武藤章与两位神父见面的，就是刚才提到的井川忠雄。[50]

综上所述，在1940年12月时，虽然关于日美交涉的一切都还是未知数，但是日本的天主教势力、宫内省、首相和陆海军的一部分人员都已经在努力推动交涉正式开始。不过此时的多方努力，最终在日美交涉破裂之后，以及东京审判的过程中，变得模糊不清了。

日美交涉背后的深意

这些民间人士到底是抱着怎样的想法参与到日美交涉当中的呢?

杜兰特神父的想法,大体上可以总结为以下三点:基本认可远东的门罗主义;欧洲列强势力在东亚的收缩不可避免,需要防止欧洲的战火传导到亚洲;为了达到以上目的,美国应该为东亚的发展提供资金支持。[51]

在由两国的天主教人士起草的交涉方案中,会有什么特别的内容呢?

——……

一下子想不到吗?那么请大家发动逆向思维,想一想宗教人士会讨厌什么样的世界呢?当时有个国家把宗教场所改造成人民的运动场,想来美国和日本的天主教徒是不愿看到这种情况的。说到人民这个词,大家能想到哪两个国家?

——中国和苏联。

没错,具体来说,斯大林在1931年12月炸毁了莫斯科的基督救世主主教座堂,准备在原址修建苏维埃宫。不过苏维埃宫最终因地质与战争等原因未能建成,苏联解体后又在原址上重建了教堂。

虽然在谅解案中没有明确写,但是美国和日本都想加以限制的,应该就是共产主义思想。在《日美谅解案》的背后,是两国对苏联力量以及共产主义思潮的恐惧。

——如此说来,《日美谅解案》开头提到"杜绝危害以上原则秩序的外来思想蔓延"，这里的"外来思想"也包括共产主义思想吧？

嗯，确实是这样呢。既然要"保持基于传统的国家观念与社会秩序"，那么确实就要反对共产主义思想了。你的分析可谓入木三分，很了不起。

如果我们像刚刚那样，在深入思考时代背景的情况下去阅读史料，就能发现其中可能留存了书写史料者思考的痕迹。对于美国和日本的天主教势力以及天皇周边的人来说，共产主义可能比法西斯主义更危险。

下面我们来简单地看一看杜兰特神父的备忘录。[52]

> 在准备好的"草案"中，虽然只是间接，但是倡导美日合作以对抗俄国和共产主义的意味相当强。如果允许共产主义在中国蔓延，就会让苏联和中国结成对抗日本的统一战线。（中略）能够在军事上威胁到日本的势力有两个，俄国和美国。如果美国保证不攻击日本，让日本在远东确立政治与经济上的支配权，就等于间接与美国结成了对抗苏联的联盟。日本完全可以应对剩下的一个敌人。

《日美谅解案》关于调停中日战争的部分里，加入了近卫声明的内容。而近卫声明的一个关键词就是"防共"。日本入侵东三省和华北的众多借口之一，就是要遏制共产主义在中国的传播。但是另一方面，当时在中国唯一能够对抗共产主义的蒋介石政权，正在被日本攻击。可以说日本的侵华战争持续得越久，共产党的势力就越强大。日本在中国陷入了进退两难的境地。美国和日本的天主教势力，显然非常理解日本的两难境地，并以解决这个问题为目标展开了活动。杜兰特神父的方案，通过邮政署长沃克迅速递交到了赫尔和罗斯福的手中。

因此，《日美谅解案》并不仅仅是关于对三国同盟、中日战争的处置问题，以及战后的经济构想的，在某种程度上，还预言了第二次世界大战结束之后，国与国之间新的对抗关系。

美国为了维护议会民主制和自由主义经济这些立国理念，首先必须摧毁德国的纳粹思想。为了达到击败纳粹的目的，又不得不依靠苏联的力量。美国就这样做出了自己的选择，与苏联联手打击纳粹德国。但是在击败纳粹德国之后，英美就会再次面临如何对待苏联的问题。

在"外来思想"这个词的背后，隐藏着美国的反共意识。第二次世界大战结束后，这种意识很快就现出了原形，成为美苏对抗的背景。这是日美交涉背后的深意。

三 日本为何没能预测到美国的制裁？

中日战争解决方案的变迁

下面让我们来分析一下，日美交涉方案在谈判的过程中发生了什么变化。要整理交涉方案变化的过程，一个方便理解的方法是根据日本外相的更迭来划分不同阶段。1941年4—7月，松冈洋右担任外相，我们就把这段时间作为一个整体来分析。

综观松冈外相时期的日美交涉，在三国同盟、结束中日战争、亚太地区的经济合作这三个主要问题中，最受重视的就是中国问题。刚才问大家对《日美谅解案》的感想时，有同学回答说关于中日战争的内容非常多。正是如此，就算松冈洋右对日美交涉并不热心，但是他也明白，要解决中日战争这个问题，美国的力量不可或缺。

野村吉三郎曾经再三催促松冈洋右尽快批复对《日美谅解案》的意见，松冈洋右却总是拖延。野村大使也有过担任外相的经历，与松冈洋右的关系并不融洽。不过即便如此，松冈洋右还是会见了杜兰特神父等人，并在日美交涉开始前三个月，在中国召集当地的日本领事们开会。在会议上,他传达了调整与美国关系的意向,并派出外务省美洲局长寺崎太郎到中国各地考察。[53] 可以说,松冈洋右的心里其实很明白,需要借助与美国的交涉来解决中日之间的问题。

从另一个角度来说,中日之间的问题就是日美交涉的关键。不论是野村还是松冈,都清楚这一点。野村在1941年1月提出的备忘录"对美试案"中,[54] 就指出美日矛盾的核心是中日问题,想要缓和美国对日本的不满,就必须解决中日问题。

美国在中国有不少资产和权益,但是日军在侵华战争中,肆无忌惮地轰炸了美国所有的医院、学校、银行等资产。美国极为不满,列出了一张超过300项的清单,枚举了其在中国因日军攻击所受的损失。特别是1937年12月日军飞机轰炸长江上的美国海军炮舰"帕奈号"之后,美国国内舆论对于日本的不满更是日益高涨。

松冈洋右期待美国能让蒋介石坐到谈判桌前,而野村希望通过逐一解决美国对于日本侵华战争的不满,来改变美国国内一部分人持有的近乎宗教激进主义的僵硬立场。不论是完全倾向德国的松冈洋右,还是亲美的野村吉三郎,都准备利用美国来促使中国坐到谈判桌前。

我们来看看在4月的《日美谅解案》之后,美国与日本是如何就中日战争问题进行谈判的。5月12日,日本提出的方案[55]要求美国承认日本在中国造成的既成事实(诸如近卫三原则、日本与南京的汪伪政权缔结的条约、《日满华共同宣言》等),以此作为美国进行调停的前提条件。此外,还要求美国签署秘密文件，约定美国在蒋介石不接受调停的情况下，停止对蒋介石的援助。

6月21日，美国对日本的方案进行了回应，[56]除了认可近卫声明，拒绝承认其他既成事实的要求。对于蒋介石，也不会使用"劝告"其谈判这样的表述，只会用"希望"其为了停止战斗行为与恢复和平进行谈判这样较弱的语气。在4月最初的谅解案中出现的"承认满洲国"这样的内容，也被"关于满洲国，可进行友好的交涉"这样的表述代替。日本方面的要求被大幅度地削弱了。

7月15日，日本方面决定撤回5月12日提出的方案，接受美国6月21日的方案。不过，依然保留了要求美国在蒋介石不接受调停的情况下停止援蒋的条件。然而，日本在正式回应之前，恰逢松冈洋右卸任外相，所以野村建议由7月18日新成立的第三次近卫内阁来重新决定日本的回答。

行使武力的条件

日美双方对于谈判的热情程度，是随着情势变化而变化的。而给谈判带来的最大影响，就是1941年7月日本对法属印度支那南部的入侵。在考察这一事件的影响之前，我们先来了解一下日本海军的南进政策。

美国反对日本入侵法属印度支那南部，而日本为什么仍不顾正在与美国进行的谈判，做出了南进的决定呢？海军当时对事态的发展有自己的预期，认为只要不入侵荷属东印度，也就是今天的印度尼西亚，英国和美国就不会出手干预。请大家回

想一下，在缔结德意日三国同盟的时候，陆军、海军和外务省
负责具体事务的官员们都讨论了些什么。他们幻想着德国胜利
之后，能够分到自己单方面主张的"日本的生存圈"内的石
油。就因为这种自私的想法，他们推动日本迅速地与德国结
盟。由此可以看出，日本是多么垂涎石油产量丰富的荷属东
印度。

在1940年8月底，海军军令部与陆军参谋本部（与军令部
类似，是独立于陆军省负责作战的机构）的成员经过商议，已
经决定了在东南亚方向上不惜动用武力也要侵占的区域。[57]因
为一个月之前《随着世界情势推移的时局处理纲要》这一国策
刚刚被决定，所以陆海军才会在此时商讨这个问题，以便具体
实施。

日本从1940年6月开始向法国施压，并最终在9月入侵法
属印度支那北部。[58]这是为了切断从越南运送物资到中国的
"援蒋路线"，属于日本解决中日战争国策的一环，由陆军负责
实施。但是接下来，日本进一步入侵东南亚的行动，还需要海
军的配合。

关于实施武力入侵的条件，海军起草了一份总结性的文
件。大家可以试着从任职于军令部的那些校级军官的立场出
发，想一想负责制定海军作战计划的人会提出哪些条件。虽然
日本对中国的入侵需要大量的兵力与资源，再侵略别处并不是
一个好主意，但是海军还是提出了下面这两种关乎"帝国存
立"，不得不行使武力的情况。

A. 即使中日战争仍在进行，为了帝国存立，必须行使武力的情况

1. 美国实施全面禁运，并得到第三国的响应，日本为了取得必要的物资，不得不行使武力。

2. 当美国与英国明确表现出共同或是单独对日本施压的意图，太平洋方面的状况出现变化，威胁到日本的国防安全。

除了上面两种假设，如果日本能够成功从中国战场脱身，那么在下面两种情况下也可以实施侵略战争。

B. 中日战争基本得到解决，出现行使武力的机会

1. 美国加入欧洲战场，没有余力干涉东亚事务。

2. 英国即将失败，没有多余力量投入亚洲，而且日本占领英国远东殖民地之后，美国也不会加以援助。

什么是"行使武力的机会"呢？具体而言，应该是德国在战场上取得决定性优势，甚至登陆英国本土。如果出现上面这些情况，日本海军就准备入侵荷属东印度。

那么在上面的假设当中，哪一种情况最有可能发生，从而爆发战争呢？

——A种情况。

没错。美国实施全面禁运，并有第三国响应的情况，是最有可能发生的。日本发动战争与否，居然不是基于自身的意

志，而是由外部条件决定的。只要美国发动经济制裁，对日本实行全面禁运，那么日本就要发动战争。

请大家再想想，上面的假设中最不可能发生的又是哪一种呢？

——B种情况需要许多先决条件，大概很难实现吧。

没错，出现这种情况，需要先满足各种条件，非常不容易。首先英国要陷入败局已定的状况，其次美国还不能援助英国。海军通过加入这些前提条件，在陆军和民众面前表现出了对开战的为难态度。

海军虽然并不希望与英美开战，但是一旦说了泄气的话，陆军和外务省肯定会不高兴。毕竟就算不如陆军的预算高，海军一直以来得到的军费也不少。而海军获取预算的一大理由，就是要准备与美国的战争。在这种情况下，海军很难开口说自己对付不了美英组合，因为海军从整体规划上就没有考虑应对这样的情况。所以海军才在开战的条件里加上了各种制约因素，希望避免战争。

当我在大学的课堂上说这些观点的时候，有学生提出了这样的问题。大家前面也提到了，海军总结的几种情况当中，可能性最高的是"美国实施全面禁运，并得到第三国的响应，日本为了取得必要的物资，不得不行使武力"。那么是不是可以说，就算海军拼命挣扎，如果美国和英国都实施经济制裁，战争同样会爆发。海军的中层有不少主战派，这样的条件是他们设定的吗？这位学生的观点很有说服力，也确实可以这样理解。

不过我认为设定这一条件的，并不是海军的主战派。确实，不论是在陆军还是海军当中，都有相当一部分人认为与英国这一个国家开战不会出什么问题。还有人认为，在英国最虚弱的时候，应该趁着美国尚未加强远东防御，抓住机会，主动出击。但是如果真的是这些人设定了A1那种情况，就需要一个前提条件，大家能说上来吗？

——如果日本没有触及美国的底线，美国是不会发动全面禁运的。

差不多答对六成了。给大家一个提示，这个问题我们此前已经提到过，是关于日本过去预测失误的史实与现实问题的关系的。

——日本没有预料到入侵法属印度支那南部会彻底激怒美国，遭到全面禁运。

就是这一点。这个问题可能有点难，是来参加这次讲座的高中的老师回答的。日本入侵法属印度支那南部，是为了获得有利位置的机场与港口，以便进一步南下侵占荷属东印度。现在越南中部的岘港、南部西贡（今胡志明市）等处的机场、金兰湾等港口都是日军的目标。

我们在第二章讨论过坚持占领而遭到失败的事例，日本为了封锁向中国运输物资的路线，准备入侵法属印度支那北部。1940年6月法国向德国投降后，日本就向维希政府还有殖民地当局提出了封锁通向中国的铁路等要求。9月22日，日本与维希法国签订协议，[59]约定日本可以在法属印度支那北部驻军，兵力最多可达2.5万人。[60]日军进驻的过程中，还是出现了违反协议，与法军发生冲突的问题。

到了1941年，日军这一次的目的是控制法属印度支那的机场和港口，因此入侵的规模相比前一次更大。日军占领岘港、金兰湾、西贡这些战略要地之后，就对菲律宾和英属马来亚等地区形成了威胁，为日军未来可能的侵略行动带来了"确定"的优势。

经济制裁也有不同的级别，海军设想中的"全面禁运"，指的是美国冻结国内的日本资产，并全面禁止向日本出口石油相关产品，是极为严厉的制裁。在入侵法属印度支那南部前，对美国可能的制裁手段进行预测，是真正关乎"帝国存立"的问题。

但是从史料中我们可以知道，制定政策的陆海军中层军官们都轻视了这个问题，他们并不认为美国会冻结日本资产并实施全面禁运。

当然也有人意识到了这种危险，泽本赖雄海军次官和近藤信竹军令部次长就指出，美国与日本之间首要的战争风险，就是美国对日本实施全面经济制裁，所以他们才会在电报中要求野村吉三郎在日美交涉中全力以赴。

那么，为什么军方的中层都没有预见到美国的全面制裁呢？首先，他们所预测的只能基于自己已有的认识。1940年8月底，日本与法国达成了允许日本在法属印度支那驻军的协议，这份"外交成果"给了日本军部一种形式上的安全感。在1940年6月之后，法国的一部分领土被德国直接占领，其余部分则由维希政权控制。在二战中，一部分法国人事实上是通过

向德国屈膝来求得生存的。二战结束后成为战胜国的法国,并
不愿意提及这段历史。[61]因此,维希政权或者说轴心国与同盟
国是如何处理法国殖民地的,有关这些问题的具体细节,一直
以来都没有被彻底研究清楚。日本与法属印度支那殖民当局还
有维希政权交涉的过程,也是直到近些年才得到了详细的
研究。

1941 年 7 月,法国再次接受了日本军队进驻法属印度支那
南部的要求。这一次,日军与当地的法军并没有发生冲突,可
以说是一次"和平"的进驻。但是日军部署的 5 万兵力,[62]对英
国在远东的殖民地造成了极大的压力。而且让英国没想到的
是,日本居然用缔结协议、"和平"进驻的方式,把军队开进
了法属印度支那南部。

参谋本部有一个叫战争指导班的部门,第三章出现的种村
佐孝就是这个部门的成员。在这个部门的官方记录中,1941 年
7 月 25 日有如下内容:"本部门确信,仅仅进驻法属印度支那,
不会招来禁运。"第二天又写道:"本部门判断,美国不会进行
全面禁运。(中略)海军的小野田也持相同意见。"[63]这里提到
的小野田,应该是指任职于海军军令部的小野田舍次郎,他负
责与战争指导班的沟通。[64]

如果陆海军的中层军官们能认识到,侵占法属印度支那南
部会招来美国的全面禁运,那么 A1 无疑是主战派喜欢的、便
于开战的假定情况。但是这些人并没有这样想,他们的"乐
观"反而让 A1 成了最危险的那个选项。

被动的一方

我最近觉得，日本这个国家，虽然总是行使武力、发动战争，但是又喜欢装出一副自己并不想这样做的样子。现在就从这一点出发，来看看甲午战争（1894—1895）爆发之前，日本的外务大臣陆奥宗光是怎么想的。陆奥宗光写了一部题为《蹇蹇录》的外交回忆录，我们可以从中了解他的想法，不过对于这类史料，需要批判性地阅读。因为这是日本取胜之后写的，容易出现"我当初早已料到某些情况，故而决定开战"之类自夸的后见之明。

甲午战争时的外相陆奥宗光，因为战争胜利的功劳，常常与日俄战争时的外相小村寿太郎一起被人们夸赞。霞关的外务省里唯一的一座铜像，就是陆奥宗光。

陆奥宗光出身幕末的纪州藩。纪州藩当时比较开明，是较早着手进行军事改革的藩。在明治维新之后，陆奥宗光追随伊藤博文，成为新政府的一员。陆奥宗光精明干练，被称为"剃刀陆奥"，在政坛崭露头角。但在1877年却因为被怀疑与西南战争中的反政府势力勾结，被判入狱。这样的遭遇让陆奥自此之后一直对萨长藩阀持批评态度。陆奥对后来出任首相的原敬有知遇之恩，原因之一就是原敬出身于盛冈藩，这个藩在幕末反对以萨长为首的倒幕派，以至于被指为"朝敌"（朝廷的敌人）。陆奥病危弥留之际，原敬抱着见陆奥最后一面的心情前去看望，并在自己的日记里记录了当时的情形，读来催人泪下。[65]

陆奥宗光担任外务大臣的时候，原敬是他的副手，任外务次官。在陆奥病倒离开外务省后，原敬也决心辞职，准备到大阪每日新闻报社去工作。原敬与陆奥道别之后，已经感到此去或是永别，结果走出房间下楼时又被陆奥叫住。陆奥叮嘱原敬到了大阪之后如果不顺利，可以随时找自己帮忙。就算自己的生命已如风中残烛，陆奥宗光还是关心着辞官前往大阪的原敬。

下面来看看甲午战争爆发之前的相关情况吧。朝鲜半岛在1894年爆发了东学党起义，朝鲜政府请求清朝出兵援助。清朝在派兵的同时，将此事通知了日本，于是日本也一同出兵了。东学党起义很快就被镇压了。

清朝认为既然起义已经平息，日本就应该一起撤军，这是冷静合理的意见。但是日本方面已经有4000人的军队登陆朝鲜半岛，并开往汉城。日本提出要与清朝一起，帮助朝鲜改革内政。这其实是在寻找开战的借口。结果两国拉锯交涉，日本颇有些下不来台，陆奥当时是这样指示的。[66]

> 如果发生战争，我国当然要倾注全力贯彻最初的目的，但在不破坏和平的情况下，应尽力保全国家荣誉，维持中日两国的势力均衡；其次，我国尽可能地居于被动地位，事事使中国成为主动者。[①]

---

① 译文引自〔日〕陆奥宗光著，伊舍石译：《蹇蹇录》，商务印书馆1963年版，第10页。

　　陆奥认为，要尽量维持中日两国在朝鲜半岛的势力均衡，并制造日本被动而清朝主动的局面。

　　他的说法还挺有意思的，日本不是往朝鲜半岛派了大量的军队吗？而且不论是清朝还是朝鲜当局，都不认为需要日本来插手朝鲜的内政改革。这下可头疼咯，下不来台了吧。在这种情况下，陆奥还是希望把"拒绝谈判"的责任推给对方，并让清朝来开武装冲突的第一枪。也就是所谓的让日本"居于被动地位"。

　　我们刚才读的海军设想的开战条件当中，也有类似"居于被动地位"的想法。他们虽然并不真心觉得会出现设想中的情况，但是依然假定，如果美国发动全面制裁，就无论如何也要开战。在后人看来，这种最有可能发生战争的情况，居然完全取决于对手的行动。我在读到这些内容的时候，有一种陆奥的亡灵附身在了那些陆海军中层军官身上的感觉。

　　居于被动位置，等待好时机，日本的这种决定与选择的特点，被研究者们称为"无决定的计划"[67]或"两论并记"[68]。直到最后关头，都要准备好可以表达两方立场的文件，再根据当时的状况做决定。这种决策方式，确实能够灵活地应对国际环境和国内政治的变化。但是另一方面，面对具有长远眼光和长久规划的国家时，日本就难以在交涉中保持立场的连贯性，甚至出现态度前后不一、支离破碎的情况。这种缺陷可以说是致命的。

为何要加上"对英美开战也在所不辞"这句话?

在"两论并记"的情况下,那些影响了历史走向的国策又是如何被决定的呢?让我们来看看1941年7月2日的御前会议是如何决定《适应世界形势演变的帝国国策纲要》的。[69]

在大部分的教科书或者普及性的历史年表里,对于这次会议决定的事项是这样说明的:准备对苏联作战的同时,也不放松对英美作战的准备。也就是说,日本既要北进也要南进。在"帝国国策纲要"的"方针"里,提到要"根据形式的发展解决北方问题",还要"通过建设大东亚共荣圈促进世界和平"。那句有名的"对英美开战也在所不辞",则出现在"方针"之后的"要领"中。

大家对7月2日御前会议的决定有什么感觉呢?是感慨日本终于下决心要和英美开战了,还是认为日本是要抓住德国入侵苏联的机会,一起攻击苏联?无论如何,大家恐怕都会把这一天的决定当作是日本的不能回航点(point of no return),在越过了这一点之后,日本就和剩余燃料不足以返回出发点的飞行器一样,只能继续向前了。但是,如果我们查阅海军的内部史料,就会发现当时海军怎么都不像是下了决心要与英美开战的样子。为什么会这样呢?

为了说明这种奇怪的情况,我们先来回顾一下当时的世界形势。刚刚我提到"抓住德国入侵苏联的机会",是指在这次御前会议之前的1941年6月22日,德国投入150个师、2700余架作战飞机、3300余辆坦克、总计超过300万人的大军,向苏联发动了进攻。

事实上，从1941年春天开始，以斯大林为首的苏联高层已经得到了德国准备入侵苏联的情报，但是因为他们怀疑情报的真实性，担心这是英美策划的计谋等，并没有做好防御准备。苏联红军总司令部四局的传奇间谍佐尔格，当时正在日本收集情报。他在6月1日向莫斯科发送情报，警告德国即将发动进攻，爆发战争的概率是95%。[70]在日本，佐尔格表面上的职业是纳粹德国的记者。他利用这一身份，取得了德国驻日大使奥托的信任，得到了许多准确的情报。但是苏联方面得到佐尔格关于德国入侵的情报后，却认为"存在疑问，已作为挑拨诱导信息处理"。佐尔格拼命获得的情报，被白白浪费了。

苏联对德军进攻缺乏准备，所以也难怪在前期遭遇了一溃千里的失败。也正是在这个时候，外相松冈洋右和陆军参谋本部开始认为，呼应德国夹击苏联的话，苏联可能就会土崩瓦解。也就是说在1941年6月末，北进论突然流行了起来。这是不是非常惊人？因为松冈洋右为了推进德意日三国同盟，在御前会议上许诺了要改善与苏联的关系，并着手结束与中国的战争。就在不久之前，他刚刚推动日本与苏联签订了《日苏中立条约》，而现在又开始准备进攻苏联了。这种变脸的速度，让希特勒也吃了一惊。

所以在7月2日决定"帝国国策纲要"的御前会议上，其实存在两派势力，其中之一是主张北进的松冈洋右和参谋本部，另一派则是反对北进的海军军令部、海军省以及陆军省。简单从结论来说，为了对抗松冈洋右和参谋本部，军令部等部门才在国策文件中加上"对英美开战也在所不辞"加以平衡，让文件整体不会变成陆军对苏联的"宣战书"。[71]战争指导班在6月30日的记录中，有这样一段话。[72]

　　　表面文章就是表面文章，毕竟日本制度上是陆海平等的，没办法。

战争指导班是赞成北进的。他们有些自嘲地说，在制度上陆军与海军是平等的，所以虽然并不乐意，但还是得听听海军的意见。而"对英美开战也在所不辞"，就是海军为了压制北进论而做的表面文章。

在这次御前会议之后，关东军在7月7日开始了"关东军特种演习"，从日本国内向接近苏联国境的中国东北地区增派了2个师团的兵力，并将原本驻扎在朝鲜半岛和中国东北的14个师团扩充为战时编制。日本部署了16个师团[73]，超过70万人的兵力，对苏联虎视眈眈，反映出当时北进论得到了相当大的支持。

但是军部没有料到，美国对日本入侵法属印度支那南部的行动采取了严厉的制裁措施。日本不仅遭到全面禁运，在美国的资产也被冻结。面对南方的紧张局势，日本陆军在8月被迫放弃了1941年策应德国进攻苏联的计划。

日本为何在入侵法属印度支那南部一事上失算了?

日本入侵法属印度支那南部以后，美国先是在7月25日冻结了日本的资产，又在 8 月 1 日决定禁止向日本出口包括燃料与润滑油在内的各类油料，这些制裁措施实施得非常果决。但是就像我们之前谈到的那样，日本完全没有预料到美国会实施这种程度的制裁。请大家想一想，为什么会出现这种情况呢？

首先，有一个因素，那就是日本在入侵之前，与法国有过形式上的交涉，日军是在两国签署协定之后，"和平进驻"当地的。当然，这只是日本的一厢情愿，在美国看来，日军的"进驻"就是侵略。

其次，当时日本不仅把自己的行为视作"和平进驻"，而且认为美国也做了相似的事情，这种心理也是日本未能正确预测美国行动的一大原因。

1941 年 7 月 7 日，美国派军进驻冰岛。冰岛位于大西洋北部，在北极圈附近，在二战前已是主权国家，但军事外交等权力仍然属于丹麦。1940 年 4 月丹麦向德国投降后，英国派军占领冰岛。1941 年春天，英国在叙利亚和非洲的战事不利，不得不将驻守冰岛的部队也调往中东和北非。美军就是在这种情况下，进驻冰岛以填补英军留下的空白。美国尚未参战，却在冰岛建立了军事基地，这引起了当时人们的关注。

美国国务院的汉密尔顿作为赫尔的使者，在 7 月 15 日晚上会见野村吉三郎，质问日本是不是要入侵法属印度支那，并在那里设置海军和空军基地。野村吉三郎当时便这样反问道：[74]

目前出现这类谣言，本使（野村自称）毫不惊讶，毕竟美国不久前刚刚占据冰岛，还有消息说接下来要把手伸到达喀尔和亚速尔群岛。因此就算关于日本的谣言成真，也没什么奇怪的。

野村没有正面回答汉密尔顿的问题，而是指出美军此前进驻冰岛，接下来可能还要染指西非要冲达喀尔和葡萄牙在北大西洋上的领土亚速尔群岛。

当然，就算日本和法国有形式上的谈判和协定，所谓的"和平进驻"毫无疑问依然是侵略行动。野村吉三郎在日美交涉的过程中，故意将美国的进驻与日本的"进驻"进行单纯的比较，或许是推进谈判的一种手段。就这样，美国的进驻行动便成了日本误判形势的第二个原因。

还有谁想到了其他原因吗？历史学家爱德华·霍列特·卡尔曾说，在对某一事件进行历史的考察时，首先要确认这一事件在当时是否具有特殊性。那么关于这一节我们提出的问题，需要确认些什么呢？我认为是日本在1940年6—9月入侵法属印度支那北部时，美国的态度和反应。当时的政府官员和军人们应该也都能想到，通过研究美国对日本上一次"进驻"的应对措施，可以帮助自己预测接下来面对相似行动时的反应。

美国对日本入侵法属印度支那北部的反应

日本入侵法属印度支那北部之后，美国在1940年7月26日宣布将石油与废钢铁（生产钢材的原料）加入出口管制目录。这意味着日本之前能够自由购买的这些物资，现在需要得到美国政府的许可才能进口了。而石油和废钢铁，恰恰是日本需要从美国进口的最重要的战略物资，这些物资支撑着日本的军工产业。不过，此时美国并没有把事做绝，向日本出口需要许可，那申请许可就好了。就废钢铁来说，直到美国在9月26日最终决定全面禁止向日本出口这一物资，日本还是获得了56.3万吨的出口许可，可以说美国为日本留足了应对的时间。[75]

至于石油，在7月31日，也就是出台管制政策的5天之后，美国进一步明确了相关商品种类，结果只有辛烷值在87以上的航空汽油和润滑油被禁止出口。

汽油的辛烷值代表了其抗爆性，一般来说辛烷值高的燃料，不容易在发动机内发生异常燃烧（爆震）。当时的高性能航空发动机，就需要高辛烷值的航空汽油。美国将禁售的标准定在辛烷值87以上，其实也有安抚日本的意思。当时日本的航空发动机，可以使用较低辛烷值的燃料。实际上，日本就用辛烷值86的航空汽油，或是对允许进口的高纯度原油进行加工，来继续支撑自己的战争机器。

虽然出口管制和禁运这些制裁手段听起来非常可怕，但是在实际的操作中，美国其实相当克制。为了不过度刺激日本，美国仔细地计算了制裁可能造成的伤害，并将其限制在了一个较小的范围内。事实上，在宣布出口管制之后的半年里，日本从美国进口的航空汽油还是有340万桶之多。[76]

为什么美国实际上给日本留足了回旋的余地，表面上却一定要做出强硬的姿态呢？首先，罗斯福政权内部存在财政部长小亨利·摩根索和战争部长史汀生这样的对日强硬派，他们的意见也是举足轻重的。而且在美国民众的眼中，日本是侵略者，他们在道德上倾向于同情中国和法国，向日本继续出口战略物资，是不得民心的。

犹太移民出身的小亨利·摩根索对纳粹德国恨之入骨，对纳粹德国的盟友日本自然也不会有什么好感。他认为通过对日本施加经济上的压力，能够阻止日本向南方扩张。当时在欧美有一种观点，日本是"以黏土为足的巨人"。

——以黏土为足，意思是晃晃悠悠站不稳吗？

没错，就是这种感觉。日本虽然看上去强大，但是并没有牢固的基础，资源贫乏，钢产量只有美国的 1/12，所以才会被称为"以黏土为足的巨人"吧。20 世纪 20 年代，日本向美国出口的主要产品是生丝。在当时的美国人眼中，日本不过是一个用生丝从美国换机床的后起资本主义国家。1935 年，日本的棉纺织业产值超越了英国，结果欧美不少人认为，日本是用低于成本的价格进行倾销，才超越英国的。在那个时代，欧美充满了诸如此类的偏见。这样看来，就算对日本施加经济上的压力，经济方面并不强大的日本也没法报复美国。小亨利·摩根索希望通过经济制裁，让日本这个"以黏土为足的巨人"屈服。

不止小亨利·摩根索，在美国国务院，也就是赫尔的手下当中，也有一些人抱着相似的观点。斯坦利·亨培克当时是赫尔的特别顾问，是个中国通，也通晓国际法。他曾说："至今为止，还没有一个国家因陷于绝望而开战。"在日本偷袭珍珠港之后，斯坦利·亨培克可能免不了要受到周围的指责吧，因为他对日本行动的预测失败了。到底有没有国家因为绝望而开战，我也说不好，但是学习了古希腊、罗马的战争史之后，就会发现历史上存在因为恐惧和名誉而开战的国家。

虽然美国内阁里对日强硬派不少，但是在赫尔的国务院（斯坦利·亨培克其实比较特殊）里，也有一些人并不赞同对日本采用强硬手段。我们之前讲到，日本海军有一份规定了开战条件的文件。美国国务院明白日本会准备这样的东西，不赞成对日强硬态度的人认为，过于严格的禁运，有可能反过来给日本提供借口，让日本正当化自身在远东的侵略行动。这部分人清楚美国的制裁行动有可能引发日本的武力对抗，他们不希望在美国做好准备之前，过度刺激日本。美国应该在太平洋方面配置经过充分训练的军队，来完成日常警戒和互相支援等各种任务。如果没有做到这一点就仓促与日本开战，美国就会在错误的地点打一场错误的战争。

日本破译了东京的美国大使馆与国务院之间的外交电报，因此很清楚美国对实施全面禁运态度慎重，也因此做出了过于乐观的预测。

美国对日本入侵法属印度支那南部的反应

就这样，日本在1941年7月再进一步，入侵了法属印度支那南部。请大家想一想，为什么美国这一次最终实施了全面禁运呢？

一年之前日本入侵法属印度支那北部时，美国低调地给出了只有懂行的人才能看出深意的警告，禁售辛烷值87以上的汽油。而在一年之后日本入侵法属印度支那南部的时候，美国突

然采取了全面的强硬措施，这是为什么呢？一个很容易想到的
原因是，日本占领了法属印度支那南部，让统治着菲律宾的美
国直接感受到了压力。而且日本显然还在觊觎荷属东印度的石
油，这也让英国和美国十分头疼。有谁能想到其他方面的原
因吗？

——……

给大家一个提示，在1941年6月发生了什么事？我们刚刚
讲过，是关于战争的……

——苏联遭到了德国的入侵。

就是这一点。美国此时面对的国际环境，与一年前日本入
侵法属印度支那北部时相比，已经完全不同。之前与德国作战
的只剩下英国，而现在苏联加入了战局。

1941年7月的美国，很担心苏联在遭遇了初期的大败后，
会就此崩溃。第三章我们提到过，希特勒认为英国继续抵抗，
是因为苏联和美国尚在。他需要日本来牵制美苏两国，所以才
会搁置种族主义偏见，与日本结盟。美国在这个时候坚决地反
对日本的行动，是不是为了支持北边的苏联呢？美国学者瓦尔
德·海恩里希斯（Waldo Heinrichs）[77]认为，美国对日本全面禁
运石油的原因之一，就是要给战争初期遭受重大打击的苏联鼓
舞士气。

此外，还有一个原因。刚才我们说到，财政部长摩根索和
国务卿赫尔在对日本的政策上，意见截然不同。而罗斯福总统
在1941年春天，依然支持赫尔一方，反对摩根索激进的对日强
硬政策。那么一直以来巧妙地抑制着强硬派的赫尔和罗斯福，

是不是遇到了一些问题呢？

——……

这一点还挺有趣的，与日本相似，美国的官僚体制内部也有派系对立。中央政府的各部门存在着各自垂直领导的问题，相互之间的协作并没有那么完美。赫尔和罗斯福因此出现了失误。如果没有这样的失误，日本参谋本部战争指导班关于美国制裁措施的预测，本该是正确的。

1941年夏天，罗斯福为了参加母亲的葬礼，赫尔为了治病，双双离开了华盛顿。同年8月，罗斯福还要在大西洋上与丘吉尔举行会谈，日程可谓繁忙至极。

我也曾经体验过华盛顿的夏天。在刚刚研究生毕业到山梨大学工作的那个夏天，有一次我走在华盛顿一条满是各国使馆的街道上，天气异常炎热，走了一会儿就感觉要倒在地上，那时候周围一个人影都没有。在盛夏时节，华盛顿的许多人都会跑去避暑胜地鳕鱼角（Cape Cod），很多的外交工作也会自然地转移到那里。1941年赫尔和罗斯福体验的，应该也是一个酷热的夏天吧。

赫尔在养病期间，时常用电话与国务院进行业务上的联络，但是国务院也没法掌握所有的情况。财政部下属的外国资金控制办公室掌管着有关经济制裁的事务。就在赫尔和罗斯福不在华盛顿期间，内部主张对日强硬的外国资金控制办公室宣布了对日本实施全面禁运并冻结日本资产。国务院方面为什么没能阻止强硬派呢？一部分原因与1941年1月就任副国务卿的迪安·艾奇逊（Dean Acheson）有关。此人与小亨利·摩根索一样，都对轴心国十分强硬，[78]可以说真正领导着外国资金控制办公室的就是迪安·艾奇逊。[79]

经济制裁的相关事项大多由财政部掌管。一年前日本入侵法属印度支那北部时，罗斯福和赫尔阻止了摩根索做出更强硬的举措，但是这一次他们没能这样做。摩根索下令对日本实施全面禁运之后，罗斯福和赫尔甚至还不知情。一直到8月底，他们才了解到比较全面的情况。

——总统也不知道，还有这样的事……

我们总觉得政府部门之间的不协调，是日本特有的现象，其实在美国也会发生。

9月4日，直到野村吉三郎向赫尔说明情况，赫尔才知道美国已经对日本实施全面禁运。[80]从8月1日起，美国就没有再向日本出口过哪怕一滴石油，各个港口都停止了发货。

不过作为日本人，大藏省和横滨正金银行在这件事上倒是表现得非常耿直。日本方面也有人预料到了美国将冻结日本资产，因此并没有眼睁睁地接受美国的制裁，而是提前采取了规避措施。日本从幕末时期开始，长期受制于列强的不平等条约，也因此在经济方面锻炼出了一些不可小觑的敏锐感觉。根据相关研究，1940年初，横滨正金银行纽约支行保有的资产最多时超过1亿6000万美元。但是到1941年12月日本偷袭珍珠港时，只剩下2900万美元。[81]出现这种情况，只能是日本瞒着美国，早早地把资产转移走了。

四 民众被教导只有那一条道路

外相人选与近卫的文书

让我们继续看日本接下来的行动，外交努力依然在继续。1941 年 4 月的《日美谅解案》当中，提到在 5 月举行近卫文麿与罗斯福的首脑会晤。但是不赞同《日美谅解案》的松冈洋右，反复以"我不知道啊"之类的说辞来拖延，一直拖到了苏德战争爆发，日美双方的首脑会晤最终停留在了构想阶段。

7 月 16 日，第二次近卫内阁总辞职，松冈洋右因此卸任外相。近卫文麿在 7 月 18 日，起用丰田贞次郎作为外相，并进行了一些其他的人事调整，组成了第三次近卫内阁。第三次近卫内阁上台之后，日美交涉也迎来了最终阶段。

为了换一个外务大臣，就组了一届新内阁，大家历史课上要记的东西也变多了，真是不小的罪过呀。（笑）在战前，首相并没有更选国务大臣的权力，所以近卫只能自己先辞职，才能把松冈洋右换下来。松冈洋右做了什么，以至于近卫文麿费那么大的周折也要换掉他呢？6 月 21 日，美国对交涉草案进行回答之后，松冈洋右置之不理。他只关心第二天爆发的苏德战争，并坚称日本应该马上进攻苏联。近卫文麿因此下决心要换掉外务大臣。

代替松冈洋右出任外相的丰田贞次郎，是第二次近卫内阁时期及川古志郎海相的副手，担任海军次官。可能有人会奇怪，松冈洋右的继任者怎么是个军人。这个丰田贞次郎曾在东京外国语学校，也就是现在的东京外国语大学学习英文，外语能力很强。1911年，他还被海军派往英国牛津大学留学，总之是个非常优秀的人才。1932年开始担任美国驻日大使的约瑟夫·格鲁在日记中这样形容丰田："他是个有同情心和人情味的人，在我至今为止打过交道的外务大臣中，我最喜欢他。"此外，当初野村吉三郎并不愿意出面负责日美交涉，正是丰田贞次郎根据海军高层的意向，才说服野村接受了这一重任。

丰田上任之后，得到了一个好消息。7月24日，野村大使通过美国海军的关系，得到了与罗斯福总统面谈的机会。通常来说，一国大使与总统直接会面的机会并不多，而野村在华盛顿任职期间，与罗斯福见面的次数可能有将近10次。在这一次会面中，罗斯福表示在美国国内，一直以来要求对日本实施石油禁运的呼声就很高，自己之前为了维护太平洋方面的和平，压制了这些意见。但是遗憾的是，日本入侵法属印度支那的行动，让自己失去了继续这么做的理由。接着罗斯福向野村抛出了一个重要的提案：虽然自己还没有就这个提案与国务院沟通，不过日本要是能从法属印度支那撤兵，并有一个向各国公平分配法属印度支那资源的方法，那么自己也会为找到这一方法努力。[82]

美国方面还通过驻日大使约瑟夫·格鲁，向日本强调了这一提案的重要性，希望日本不要误解或是轻视罗斯福的提案。[83]近卫和他的亲信们在接到这些消息之后，感到事态重大，认为此时应该越过外务省等部门，先让日本首相和美国总统直接会晤。8月7日和9日，丰田外相两次向野村大使发出训令，向美国提议举行首脑会晤。

赫尔在接到日本的提案之后，最初相当冷淡。这也是没办法的，因为日本已经让赫尔大失颜面。罗斯福政府的对日强硬派此时正在严厉地批评赫尔，说日本表面上与美国谈判，暗地里却占领了整个法属印度支那，指责主持与日本谈判的赫尔上了日本的当。

不过，野村在8月17日与罗斯福见面时，意外得知罗斯福本人是愿意参加首脑会晤的。[84]为了抓住这个机会，近卫文麿在8月26日亲自给罗斯福发送了如下消息。[85]

> 8月17日野村大使亲手递交的文件中，提议总统阁下与本大臣举行会晤。总统阁下能对我方提议表示赞同，本大臣深感荣幸。

罗斯福此时刚刚结束与丘吉尔在大西洋上的会面。8月14日，英美两国公布《大西洋宪章》，表明了双方对纳粹德国的态度。罗斯福这时候的心情应该还不错，他是不是希望通过自己的力量，在太平洋方面达成和平呢？

目前世界陷于动乱,国际和平的关键系于美日两国。如果两国关系继续恶化,不仅对两国来说极为不幸,也意味着世界文明的衰退。我方对维持太平洋和平的重视,不仅是为了改善美日关系,也是为了以此为契机,实现世界和平。

美日两国的关系恶化到今天这个程度,主要原因在于两国政府之间缺乏沟通,相互之间不断产生疑虑误解,还有第三国的谋划策动。

近卫文麿首先说了一番谁都没法否定的大道理,然后抛出了第三国破坏日美关系的言论。不对吧,是日本先侵略中国,并且毫不在意美国在中国的权益,这才让日美关系恶化的呀。近卫却绝口不提这一点。日本最近入侵法属印度支那的行动,更是进一步恶化了美日关系,近卫也装不知道。他接下来是这样说的。

两国首脑直接会面之后,不必拘泥于一直以来关于具体事务的谈判,应该从大局全局出发,讨论两国间关乎整个太平洋的重要问题。在首脑会晤之后,再由相关部门根据需要进行谈判。(中略)我方希望尽早实现会晤,至于会晤的地点(中略)以夏威夷为宜。

美国在7月25日冻结了日本资产,对日本的石油出口则在

8月1日全部停止。8月26日，近卫给罗斯福送去了这样的信息。从近卫的文字中可以看出，虽然他对美日两国关系恶化原因的叙述并不充分，但是坚信与罗斯福的会晤能够帮助打开局面。近卫的文书在情感上，还是相当诚挚的。

制约交涉的问题

近卫文麿发出的消息，最终带来了什么结果呢？最初的情况似乎不错。罗斯福对传递消息的野村表示，可以花三天左右的时间来与近卫文麿会谈。[86]但是不久之后，事态急转直下。

先是野村大使向美国媒体泄露了这一消息。[87]美国的新闻记者为了报道这一大新闻，不舍昼夜，四处奔波蹲点。野村待人温和，不善拒绝。有一次野村拜访赫尔之后，刚刚走出赫尔的住处，便被记者一声"野村先生"给喊住，结果在谈笑风生之间走漏了消息。

外务省在战后对野村吉三郎的评价并不高，我认为这是不对的。野村并不是专业的外交官，只是因为与美国海军高层和罗斯福关系都不错，才被安排到了大使这个位置。读过外交电报和会议摘要等史料之后，可以看出野村在谈判中往往能抓住事物本质，针对美国的弱点进行反驳。但是在近卫给罗斯福的文书这件事上，野村无疑是做错了。

野村透露给美国记者的消息，在被美国的报纸报道之后，又被传回日本，出现在日本的媒体上。那些国家主义团体认为这是首相要向美国妥协，自然强烈反对，批判交涉相关人员的传单四处传播，内容令人不安。他们还要求政府公布近卫文麿文书的内容。[88]下面我们就实际看一看其中一份传单的内容。

> 平沼骐一郎任首相期间，没有缔结德意日三国同盟，
> 也就是说他是亲英美派的巨头。三井的池田成彬是财阀的
> 巨头，他与平沼相勾结，两人又通过陆军大将荒木贞夫，
> 勾搭上了关西财阀。由此形成了财阀官僚旧党沆瀣一气的
> 大幕府势力。

国家主义者们在这份传单中，试图找出那些伺机让日本退
出德意日三国同盟的亲英美派，将他们的名字曝光。平沼骐一
郎是第二次近卫内阁上台之前的总理大臣，不过只维持了半年
多，就丢下一句"欧洲形势复杂怪奇"的名言辞职了。平沼骐
一郎担任首相期间，《德意日三国同盟条约》尚未签订，但是
三国已经签署了《反共产国际协定》，并开始摸索成立一个攻
守同盟。就在日本举棋不定的时候，德国在 1939 年 8 月突然与
苏联签订了《苏德互不侵犯条约》。日本完全没有接到德国的
事先通知，德国态度的 180 度转变让平沼骐一郎大丢脸面，于
是发出了"欧洲形势复杂怪奇"的感慨。

平沼骐一郎在第二次近卫内阁时是内务大臣，在第三次近
卫内阁时则是无任所大臣，无疑是内阁里的重要人物。国家主
义团体认为，一些老牌政党、官僚、财阀的势力组成了一个邪
恶的"大幕府"，而他们提到名字的这些人，就是这个"大幕
府"的成员。他们在传单中还这样写道：

　　平沼就是事实上的首相。加上财阀的池田（中略），
宫中的汤浅仓平内大臣，松平恒雄宫内大臣，（中略）外
交领域的有田八郎、丰田贞次郎、芳泽谦吉这些反国体亲
英美的人，构成了一个犹太资本幕府，欲将皇国据为己
有。昭和维新勤王讨幕迫在眉睫。

　　之前说的"大幕府势力"，现在又被加上新的前缀，成了
"犹太资本幕府"。这里的"幕府"一词，源于镰仓幕府、室町
幕府、江户幕府这些过去的幕府。

　　为什么当时"幕府"会变成含有贬义的词，用来辱骂对手
呢？那时候如果被人说是幕府，可是天大的罪过。因为人们普
遍认为，幕府用武力夺权，阻断了天皇治下的理想政治。在明
治维新之后，形成了一种新的历史观，全面否定之前武家实行
的幕府统治，人们对幕府的印象也随之一落千丈。至于给幕府
加上犹太资本这个属性，倒不是这些国家主义者接受了纳粹的
反犹主义，当时日本基本是用这个词来批判英美的资本主义势
力的。

　　在当时日本国内的反英美派和国家主义者看来，既存的政
党、金融行业、财阀、天皇侧近、亲英美派的外交官员都是损
害皇国利益的恶人。

　　国家主义者在8月掀起了要求公开近卫文书的运动，同样
在8月，被列在恶人名单上的平沼骐一郎遭到枪击，身负重伤。
凶手来自一个叫"勤皇诚结"（勤皇まことむすび）的国家主
义团体。

这样的事情有没有让大家联想到其他时代的类似情况？近卫文麿和平沼骐一郎这些被国家主义团体记恨的人，结成幕府，与犹太资本勾结在一起做坏事。近卫给美国送信，要屈服于美国，他到底写了什么，必须公开。这种强硬的做法，是不是和某个时代的某些势力有些类似？

——幕末？

幕末的什么事件推动了尊王攘夷运动的发展？

——井伊直弼签订通商条约。

没错。1858年，德川幕府的大老井伊直弼在没有得到天皇同意的情况下，签订了《日美友好通商条约》。日本在1854年签订《神奈川条约》之后，打开了国门。当时的天皇是孝明天皇，他是明治天皇的父亲。孝明天皇与德川幕府的关系本来挺好，但是他反对将神户（兵库）作为通商口岸，因为

犹太资本幕府
昭和维新勤王讨幕迫在眉睫！

那里距离天皇所在的京都太近了。然而幕府并没有得到天皇同意，就与美国签订了内容包括开放神户港在内的《日美友好通商条约》。

在尊王攘夷派批判幕府进而发起倒幕运动的过程中，舆论攻击幕府的理由之一就是幕府无视天皇意见，在没有"敕许"的情况下，擅自行事。事实上，幕府本身就被天皇赋予了政治统治职能，并不一定需要天皇的许可。而且从当时列强和日本的力量对比来看，恐怕日本早晚都是要接受这些条约的。但是这样的理性判断，并不能被当时的大部分人接受。在历史上，幕府被无视天皇意见的批判所压倒，井伊直弼也在1860年的樱田门外之变中被暗杀。

某些政治运动，很好地利用了那些蕴藏在过去历史认识当中的能量，来让自身迅速发展壮大。当时大部分日本人的历史知识，来源于寻常小学校的"修身"课程。所以"维新"这个词，给日本人的印象基本是正面的。他们认为，日本经过"维新"迎来了明治时代，赢得了几场对外战争，获得了殖民地，成了五大国之一。在人们普遍持有这种历史认识的情况下，鼓吹"昭和维新、勤王倒幕"，鼓动人们反对那个巴结迎合美国的近卫内阁，并不是难事。

最终内阁只能向媒体公开了近卫文书的内容。结果掀起盖子之后，大家发现里面似乎也没有多少向美国献媚的内容。只是经过这一风波，日本政府内部反对与美国谈判的势力，仿佛得到了人民的支持，反而变得更强了。

参谋本部战争指导班在1941年6月底时是最支持北进论

的，那么他们此时对参与日美交涉的人会作何评论呢？[89]

> 丰田最反轴心，其次是海军。(中略)主要是海军省的首脑们。如果"上面"有问题，那国家的前途可就完了。

说丰田和海军的坏话也就罢了，让人惊讶的是，这里提到的"上面"，指的可是天皇，他们担心天皇本人也是亲英美派的。作为国家机关之一的军部，其中一个部门的官方记录里，出现了与那些国家主义团体的奇谈怪论同一水平的言论。

昭和天皇在战后曾经就开战之前日本国内的政治状况进行过类似于自我辩护的说明。他声称，如果真的出手压制主战派，就会被视为向美国屈服，"国内舆论必将沸腾，政变将会发生"。[90]1946年3—4月，也就是远东国际军事法庭开庭之前，天皇对宫内省的亲信们说了这番话，并被记录了下来。当时盟军方面有一种观点，天皇结束战争的命令得到了军部的服从，那么天皇在战争爆发之前，为什么没有命令军部不要开战呢？这难道不是天皇的责任？不过，因为驻日盟军总司令部的最高司令官麦克阿瑟已经决定不再追究天皇的战争责任，所以盟军对天皇的追责也就止于疑念了。

虽然天皇发言的背后有这样的政治因素，但是我们确实能从中感受到当时情势的紧迫感。[91]

> 如果我对开战的决定行使了否决权，那么日本必然发

> 生大内乱，我所信赖的人们将被杀害，我本人的性命也将
> 面临危险。

天皇回想当时的情况，认为可能会发生内乱，不仅是亲信，就连自己也会有生命危险。在 1941 年 8—9 月，日本的政治环境也让天皇感到害怕。昭和天皇目睹了 1936 年"二二六"事件的整个过程，看到了参与事变的青年军官和同情这些人的军部高层如何行动。在"二二六"事件中，内大臣斋藤实、大藏大臣高桥是清、陆军教育总监渡边锭太郎等高官，都被起事军官杀害。天皇提到的"信赖的人们将被杀害"，是 5 年前真实发生的事。

说起来，大家知不知道当时日本有多少国家主义团体？根据内务省警保局的记录，在 1940 年 12 月底，大约有 2000 个此类组织，参与的人数约有 63 万。[92] 袭击平沼骐一郎的"勤皇诚结"有大约 3000 名成员。查阅内务省的其他史料，还能知道在这 63 万人当中，有越来越多的人支持德意日三国同盟。

担任内大臣的木户幸一，陪在昭和天皇身边，为其提供政治上的建议。他在 1941 年 8 月的日记中，[93] 不断提到警视总监、内务省警保局长、宪兵司令部本部长这些人来报告治安状况。随着日美交涉的进行，国家主义团体的动向都在不断被报告给宫内省。

日本与美国开战之后，负责交涉的野村吉三郎在滞留美国半年后回国。他在演讲中提到，美国也曾希望在 8 月完成谈判，但是随着日本国内反对日美交涉的运动愈演愈烈，双方达成妥

协的机会也随之破灭了。

警方在9月18日破获了针对近卫文麿的暗杀计划，又在10月2日破获了袭击美国大使馆官员的计划。[94]

美国国务院对近卫文书的回应相当冷淡，他们担心在举行首脑会晤后，日本军队要是再一次做出类似入侵法属印度支那南部的事情，将会给罗斯福的威信带来不可挽回的损失。

10月1日，赫尔对野村表示，在日美双方负责具体事务的人员谈判达成一致之前，举行首脑会晤是危险的。这也是美国对近卫文书的最终回复。[95]

尾崎秀实与天皇的民众观

那么对于日美交涉，日本的普通民众又是怎么看的呢？要知道这一点，可以通过阅读普通的男男女女留下的日记，去了解他们的所思所想。但是这样的调查需要花费大量的时间，比想象的要难得多。面对这样的问题，历史学可以通过审视那些与一般民众处于不同阶层的人对民众的看法，来推测民众的状况。从某种意义上说，就是通过镜子，来间接得到民众的样貌。

首先我们来看看与苏联间谍佐尔格合作的尾崎秀实是如何看待民众的。大家听说过尾崎秀实这个名字吗？

——不知道，是佐尔格的同伴吗？

是的，他与佐尔格合作进行谍报活动。大家知道1936年12月发生在中国的西安事变吗？张学良认为国民党应该与共产党合作，共同抗日，于是软禁了蒋介石，最终促成了国共合作。

在事变发生之后,日本国内外的报道大多认为蒋介石已经丧命,尾崎秀实却能够洞察事变的背景,并正确预测事件的后续发展。作为一名优秀的记者,尾崎秀实成了近卫内阁的智囊,也就是昭和研究会的主要成员之一。

第三次近卫内阁在10月16日宣布总辞职,而就在前一天,尾崎被捕。选择这个时机逮捕尾崎,可能有促使内阁更迭,让东条英机上台的用意。

接下来我想和大家一起读的,是尾崎在被捕两个月之前,为南满洲铁道株式会社写的文章。在这篇文章里,他向在大连的满铁本社介绍了东京的政治状况[96],直白地描写了日本政府高层的动向和普通民众的活动。

> 日本国内庶民的意向,基本与统治者的苦恼无关,只是反对英美。(中略)这也是因为自从"九一八"事变以来,民众在十年的时间里一直被统治阶级教导要向着这个方向走。(不难想象)只有在战败之后,屈服才会成为可能的选项。就算统治者在经济上陷于困窘,发现了尽早屈服的合理性,但是对于大众来说,那也完全是天方夜谭。

这段话体现了尾崎对民众的看法。他认为民众已经完全陷入了"打击英美"的反英美情绪中,而这是统治阶级长期引导的结果。第二章我们曾提到,李顿说日本民众并不知道"九一八"事变的真相。当时的日本人错误地认为,"九一八"事变不是关东军发动,而是中国方面挑起的。所以尾崎秀实指出,如果统治者突然要求一直以来反英美的民众与英美和好，那只会让民众不知所措。

　　除了描写民众反英美的情绪及其成因，尾崎还写到了统治者目前的困境，这是很有意思的一点。他没有花费过多的笔墨，而是只用三言两语就干脆利落地写出了当时日本的窘境，让我觉得他作为一名新闻工作者确实非常优秀。尾崎对日本未来的预测非常灰暗，就算统治阶级认识到日本经济的弱点，想要做出向英美屈服这样合理的选择，民众也不会答应。直到日本在战争中失败，民众才会承认屈服是正确的选项。

　　1944年11月7日，尾崎秀实与佐尔格一起，在巢鸭监狱被施以绞刑。法庭给他定的罪名是违反《国防保安法》《军机保护法》《治安维持法》。行刑当天正好是俄国十月革命（1917年11月7日）纪念日，这无疑是某种暗示。后来远东国际军事法庭在巢鸭监狱处决7名甲级战犯的时间，被定在1948年12月23日，这一天是明仁皇太子的15岁生日。

　　接下来让我们看看与尾崎地位截然不同的昭和天皇是如何看待民众的。1941年10月13日，也就是尾崎被捕前两天，日美交涉的前景已经变得相当黯淡[97]，昭和天皇对内大臣木户幸一说了这样一番话：

　　　　从近来的情况看，日美交涉取得成果的可能性恐怕越来越低。万一真的开战，就需要发布宣战诏书。回顾之前的诏书，在退出国际联盟的时候，特别强调军部和内阁要恪守正道、维护世界和平，国民却并未重视。缔结德意日

　　三国同盟时的诏书也提到为了和平，但是一样被忘记了。结果现在国民考虑的都是如何对抗英美，实在是不容乐观。

　　天皇提到之前发出的诏书都在强调和平，但是民众考虑的只是如何对抗英美。他因此对民众的态度有些不满。

　　间谍和天皇，立场截然不同，但是某种程度上对民众有着相同的看法，这是不是很有意思。当然，两人并非是在批判民众，只是对民众的想法表示了忧虑。这一点还请大家注意。

五　并非因陷入绝望而开战

何谓"日中新协议"？

日美交涉在第三次近卫内阁的丰田贞次郎外相时期，以及接下来东条内阁的东乡茂德外相时期依然在继续，直到1941年11月27日美国向日本递交《赫尔备忘录》。这期间对交涉产生决定性影响的，是日本在9月6日的御前会议上决定的《帝国国策遂行要领》，这份文件给外交谈判设定了最终期限。就像我们之前提到的"两论并记"，外交谈判与战争准备在同时进行，但是留给外交谈判的时间已经不多了。

《对美（英）交涉中帝国应达成的最低要求事项》是陆军起草的附件。陆军写这份文件，简直就是在谋划高智商犯罪。其中有这样的内容：[98]

美英或是插手帝国对中日战争的处理，或是加以妨害。

　　注：（前略）特别是日中新协议规定的帝国军队驻扎事项，应该予以坚持。

　　大家是否还记得，日美交涉的谅解案中有罗斯福调解中日战争的内容。陆军对这部分内容，也提出了追加要求。陆军要求英美方面一方面要把蒋介石带到谈判桌前，另一方面还不能干涉日本解决中日战争的方针。陆军还有一件特别重视的事，以至于要在文件中加一个注进行说明。那就是"日中新协议"规定的日军驻扎事项，一定不能放弃。

　　大家一定在想，"日中新协议"是怎么回事？写下"注"这部分内容的，是陆军省军务课的石井秋穗。他念念不忘的"新协议"，就是 1940 年 11 月末日本与汪精卫政权签订的《日华基本条约》。也就是说，陆军加注强调的内容，是一年前日本与傀儡政权签订的条约。这么一来，蒋介石作为重庆国民政府的首脑，恐怕不会同意参加谈判吧。

　　但是让人惊讶的是，在御前会议上，丰田贞次郎外相装作不知情，把"日中新协议"当作在罗斯福调停下，日本将与中国签订的"新的协议"。[99]确实，如果把"日中新协议"当成一个普通的名词，那么不论这个词代表的是日本与中国未来的新协议，还是陆军认为已经不需要特别注明的《日华基本条约》，都可以说得通。

　　但是陆军对于丰田这个海军出身，打算架空三国同盟的外相十分警惕，丰田的行动都被陆军看在眼里。战争指导班等部门相当生气，表示"对日中新协议的解释存在疑义的情况下，不可发出电报"。[100]对于"新协议"中的日本驻军事项,希望达成妥协的人将其解释成接下来可以与中国谈判解决的问题,而对于不愿妥协的人来说,这一点成了他们破坏谈判的便利手段。

在9月6日的御前会议上,陆军坚持不从中国撤走军队,最终造成了日美交涉的失败。

达成妥协时对国内舆论的指导方针

另外,也有史料可以证明,日本其实直到最后都没有对日美交涉完全死心。日本当时还抱着这样的希望:毕竟交涉是双方进行的,美国方面也有可能做出妥协。坚持强硬态度,等待对方妥协,罗斯福政府内部的对日强硬派,其实也有类似的想法。

外务省准备了一份题为《会谈成功之际的舆论指导纲要》的文件。翻阅这份史料,看着上面国家机密的印章,能感受到当时的氛围。[101]这份意在引导民众思想的文件,上面的日期是11月27日,恰好是《赫尔备忘录》到来的第二天。

> 本次会谈之所以能取得成功,主要原因在于国民的觉悟与团结。对美英两国,达到不战而屈人之兵的效果,不可谓不成功。

我们从其他的史料中可以得知,民众当中认可三国军事同盟的人占了绝大多数,这些人也大多对英美持批判态度。那么如果日本与英美谈判达成妥协,要如何安抚这部分人,就是一个大问题。可见外务省当时也认真考虑了成功避免开战的可能性。

从后来者的视角看，有些事情相当出乎意料，但是当时的人却一丝不苟地去完成了。了解这些事情，并站在那个时代的人的立场去加以理解，这是历史学家必须做到的基础工作。

美国谈判的目的之一在于加强亚洲防务，争取准备战争的时间。斯坦利·亨培克和小亨利·摩根索的观点，无疑也是谈判失败的原因之一。他们认为没有哪个国家会因为绝望而开战，这是对日本的错误判断。当然，日本并不是陷入绝境之后开战的。再过两年，获得石油来源之后再开战，战争也可能是基于这样的"希望"。

美国方面认为，压制日本，提出《赫尔备忘录》，就能让日本屈服，亨培克等人甚至认为日本屈服的概率是80%。于是美国并没有考虑战争的可能性，只是准备好了强硬的最后通牒。但是日本面对这种情况，选择了赌上一把。

"工作人员的失误导致未及时通告美国"是神话

1941年12月7日，日本向美国递交国书，宣布终止谈判。

关于日美交涉有不少离奇的传说，其中日本驻美大使馆工作人员的失误让日本在偷袭珍珠港之后才对美国宣战这个故事，恐怕有不少人都听过。故事里说，在偷袭珍珠港的前一天晚上，华盛顿的日本驻美大使馆为某位人物开了送别会，结果大使馆的工作人员第二天上班都迟到了。虽然日本通知日美交涉终止的重要电报已经到达大使馆，但是经过一番忙碌之后，还是没能在偷袭珍珠港之前送交美国国务院。

大家可以去读一读井口武夫写的《开战神话》，这本书可以说是有关这个问题的必读文献了。[102]大家听到井口武夫这个名字，有没有觉得熟悉？他是我们之前提到的日本大使馆参赞井口贞夫的儿子。井口贞夫曾在中国任职，他的儿子井口武夫就是这期间在上海出生的。随着井口贞夫被派往美国，井口武夫也跟随父亲到美国生活，开战之后他们乘坐撤回外交官的轮船回到了日本。因为这段经历，井口武夫对开战之前日本大使馆的情况相当熟悉，后来也与父亲一样成了一名外交官。一直以来外务省都基于自身的立场来对这段历史进行叙述。井口武夫作为一名隶属于外务省的外交官，敢于对这段历史进行重新探讨，是很有勇气的。

在远东国际军事法庭的审判中，为了给开战时担任外务大臣的东乡茂德辩护，外务省出了很大的力气，力图把战争罪责都推给军部。事实上，是外务省屈服于陆海军的压力，用一种糟糕的方式给大使馆发电报，才让大使馆方面无论如何努力，也没法在需要的时间内向美国递交国书。

日本与美国开战的时间是12月8日，珍珠港当地时间则是12月7日。偷袭珍珠港是陆海军的机密，一开始知晓这一行动的只有军令部、参谋本部以及参加御前会议的一部分人。很多政府高官也是直到12月1日才得知有这样的行动。野村吉三郎是海军出身，也许能靠自己察觉到一些蛛丝马迹，但海军也没有正式通知过他。至于东乡茂德，则是在12月1日知道相关行动信息的。

日本给美国的最后通牒,共有14部分。正式递交给美国之前,还需要经过密码机转译、誊写等步骤,相当耗费时间。因此日本在12月6日一早已经把前面13部分发到华盛顿。至于最后的部分,陆海军要求外务省只能提前30分钟发送,而外务省也同意了这个要求。

而且在最后的部分里,本应有关于"今后发生的一切"这样的字句,但是大使馆收到的版本里却没有出现。如果大家是大使馆的工作人员,看到给对方国家的国书里有这样一句话,那就应该开始烧毁密码本和重要文件了。外交措辞中,有时候不会直白地用"宣战"这样的词。在日美交涉走进死胡同的情况下,只要说"今后发生的一切责任全在美方",就等同于宣战了。

在外务省的草案中,12月4日的版本依然有这些内容。但是陆海军害怕开战的情报被美国破译,所以要求去掉这部分内容。结果给驻美大使馆的第14份电报,既不完整,又迟到了15个小时。这么一来,除非驻美大使馆会魔法,才可能及时处理。现实情况就是,最后通牒直到开战之后才被递交美国。外务省在这一问题上的表现,在战后很长一段时期里都被隐瞒了起来。井口武夫经过长期的调查,揭露了真相。

为了偷袭得手,军部可谓不择手段。罗斯福在战争爆发前的最后阶段,还给昭和天皇发来电报,试图挽回局面。有阴谋论认为,这是美国破译了日本的最后通牒,意识到战争已经不可避免的情况下,故意做出直到最后仍然试图谈判的姿态,来让自己站到道德的制高点上。这种说法是站不住脚的,美国破译日本最后通牒获得的情报,是12月6日晚上9点30分被送到罗斯福手中的。而罗斯福给天皇的电报，在半个小时前已经发给了在东京的美国大使馆。

罗斯福是一个只要有成功的可能性，就会大胆尝试的人。在 12 月 6 日晚上给天皇发去电报的同时，他还联系了中国、英国、澳大利亚大使馆，告诉他们自己还在尝试与日本做最后的交涉，暂时不要轻举妄动。

陆军得到罗斯福向天皇发电报的消息后，指示东京的中央邮电局截留电报，等待 15 个小时后再送往美国大使馆。天皇作为大元帅，理论上拥有最高统帅权。但是本应受天皇指挥的陆军这时候自作主张地扣下了美国总统给天皇的电报，可以说天皇的统帅权，此时已经只是个空壳子了。陆军和右翼分子常常说要维护国体，但在开战之前，陆军就已经是国体的破坏者了。

美国的失败

有一个传播甚广的阴谋论，说罗斯福总统和赫尔国务卿等人事前已经得知日本要偷袭珍珠港，但是没有向珍珠港发出警告，故意让日本偷袭得手。这也是一个谎言。事实上五角大楼一直在研究日本偷袭珍珠港的问题。我们在第三章提到过五角大楼的尤达大师安德鲁·马歇尔，他的研究就包括珍珠港。

日本政府和军部高层在开战之前就明白，日本没有产业基础和军事实力来支撑一场长时间的战争。美国也是直到战后才知道，日本是在对这个问题有着清楚认识的情况下，发动战争的。

美国战后重新检查了"魔法"情报，也就是破译的日本外务省"紫色"密码，发现其中有 15 处明确的线索，可以预测到日本将要偷袭珍珠港。为什么美国忽视了这些线索呢？罗伯塔·沃尔斯泰特（Roberta Wohlstetter）是一名杰出的女性研究者，她的著作《珍珠港：预警与决策》研究的正是这个问题。[103]这本书出版之后，获得了美国历史类书籍最有声望的奖项——班克洛夫特奖。而建议罗伯塔写作这本书的[104]，就是五角大楼的尤达大师。

罗伯塔认为，面对海量的情报，美国没能从那些无用的"噪声"当中，分辨出有价值的"信号"。例如，美国战争部已经警告夏威夷地面部队司令沃尔特·肖特中将，日本可能对夏威夷发动攻击。但是沃尔特·肖特认为这是日本发出的假消息，目的是制造恐慌，降低维修厂等军事设施工人的工作效率。他判断日本并非真的要进攻夏威夷，所以并没有加强警戒。

在战争开始之前，一般认为日本发动军事进攻的方向会是英国在远东的据点英属马来亚。美国和英国很清楚，一旦开战，菲律宾和新加坡会遭到进攻。但是日本居然在11月从择捉岛的单冠湾派出6艘航空母舰，在无线电静默中穿过风急浪高的北太平洋，偷袭了珍珠港。

为什么美国对日本的抑制失效了，为什么美国没能料到，有国家会在石油产量只有对手的1/700、钢产量仅1/12的情况下，选择发动战争？美国在冷战期间试图开发程序来预测苏联不合情理的行为时，与日本的冲突成了战略分析中非常重要的历史教训。

——几年前，我在一个论坛里看到过关于日美交涉的讨论。有些人写的东西完全没有根据，看到这些内容，就有一种怎么会这样呢，还能不能好了呀的感觉。

我也一直有一个疑问，为什么会有人愿意相信那些与事实不符的说法？对于大部分现代人来说，物理或是数学这样的领域，那些最前沿的研究确实太艰深了，所以反而可以很自然地承认自己不懂。但是历史就不一样了。这一点可能也是具有可重复性的自然学科与人文学科不同的地方。

德国1940年发动的闪电战堪称军事革命，日本1941年对珍珠港的偷袭则证明某些看似不可能的事情也会发生。美国国防部在冷战期间还在对这两个事例进行持续研究，让大众了解这一事实也许也是有意义的。因为这能让大家知道，即便对专家学者来说，珍珠港依然存在谜团。先明白问题有多难，或许可以帮助我们更好地走出下一步。

如何看待开战及战败之后的日美交涉？

开战以及战败之后，日本依然要与美国打交道，应该如何看待这些交涉呢？两国在开战之前进行交涉的理由，表面上当然是避免战争。这样的话即使真的开战，也可以宣称自己为了和平已经尽了最大的努力。在日美开战之后，这种姿态某种程度上也被继续维持着。

日本在1941年12月7日（日本时间）将结束谈判的通告发给了美国大使馆，其中开头部分是这样写的：[105]

今年4月以来，本国政府满怀诚意与合众国政府就调整两国关系与增进太平洋地区安定的问题进行了交涉。

罗斯福在珍珠港被袭击之后,在国会发表演说时也讲了类似的话:

> 美国维持着与日本的和平关系,并在日本的希望下,持续与日本谈判。

罗斯福说的基本上没有问题,不过日美交涉应该是双方共同开始的。罗斯福这样说的用意是提升国内的士气。

到了日本战败,在远东国际军事法庭上被审判的时候,盟军方面又会把日美交涉置于什么位置呢?

美国希望证明日本在与自己的交涉中并没有避免战争的诚意。结果在东京审判的过程中,就形成了日本卑鄙地利用交涉拖延时间,而美国在交涉中也只是逢场作戏这样的叙事。在这个"故事"当中,日本一边虚伪地谈判,一边准备打仗,而美国也不清楚日本下一步的行动,就在交涉当中处于被动状态。

为了准备这一次的讲座,我一直在使用外务省编纂的《日本外交文书 日美交涉》这部史料。这部史料的英文标题中,"日美交涉"被译成了"US Japan talks",而不是"US Japan negotiation"。这一点也在某种意义上反映了远东国际军事法庭对于日美交涉的立场和态度。

美国方面也有一份类似的外交史料集,题为《战争与和平》。《日本外交文书》要是能有个这样的英译标题该多好呀。

日本人最终选择战争的理由

好了，讲座的时间已经很长了，终于把三次交涉的最后一个，日美交涉给讲完了。在这次讲座上，我听了大家的意见，终于明白自己对讲座的主题到底了解到了什么程度。与大家一起调查分析，共享有意思的信息，加深对自己的了解，我觉得非常有意义。

——我也是，听了别人的看法，发觉了不少之前没有意识到的问题，激发了自己的思考。

大家一起阅读同一份史料的意义就在于此。我们能够通过这种方法发现对同一史料的不同看法，明白就算是同样的史料，也可以从不同的角度去思考。这就是学习的过程。

——日本发动了一场连美国也没有预料到的战争，其中的最大原因是民意吗？

普通人本来只考虑自己身边三米半径内的幸福就好，为什么会被那些让天皇也感到畏惧的强硬势力所吸引，被卷入残酷的战争当中呢？想到由此而生的诸多惨剧，让人不禁悲从中来。教育本应该成为避免这种悲剧的一种手段。说到这个话题，我就有些生气。在战前，女性虽然占了人口的一半，但是并不能接受与男性同等的教育。而且女性在寻常小学校、高等小学校，以及中等学校以上学校里接受的教育内容，也与男性不一样。

对于普通的孩子来说，天皇是在"修身"课程上讲的天孙降临神话里的人物。至于从基于史料的日本史课程当中，学习那些真正存在于古代历史中的天皇，则要等到进了旧制高校才有可能。能够进入这一级学校的人非常少,只有他们才有可能参照中国的史料,来批判地学习日本古代史。但同时也要看老师愿不愿意认真地讲授真实的历史,当时会把历史和神话之间的区别讲清楚的老师,可能只有1%吧。教育真的非常重要。

虽然问题大多会有一个最优解,但是民众不一定会选择最优解。在谈判中妥协可能是最优解,可依然会有人选择不妥协。

从1931年的"九一八"事变,到1941年的日美交涉,刚好过了十年。从甲午战争到日俄战争,也经过了十年。像内村鉴三这样,本来把甲午战争看成是"圣战"的人,在目睹了战后日本政府的政策之后,也转变了态度,在十年之后的日俄战争时反对战争。那些在"九一八"事变时深信事变是中国挑起的人,经过了直到1941年的十年时间,为什么还是对周围逐渐变化的一切毫无置疑呢?

当近卫文书在国家主义者的要求下被刊登在报纸上的时候,恰当的教育与信息公开,应该让普通人能感到近卫说的还有些道理,而不是去附和强硬派的过激主张。今天我们读到尾崎秀实和昭和天皇说的那些话,并不会觉得诧异。但是威胁亲英美派的那些传单,读起来就会让人觉得不可思议。我们感受到的这种差异,是非常重要的。

未来的人们可能也会批判今天的我们,因为对于后世来说,现在可能就是一面镜子。中国有以史为鉴的说法,通过正确地叙述过去的历史,并从中学习经验教训,可以帮助我们更好地走向未来。我觉得学习历史的意义就在于此。

终 章

战败与宪法

总　结

使国民陷入存亡危机的战争

在我们之前的讲座上，大家一起阅读史料，回顾了战前日本面临的三次重大抉择，以及日本做出选择之前的交涉过程。在讲座的最后，我想和大家一起思考两个问题，作为整场讲座的总结。第一个是日本在做出选择之后，战争的具体情况。第二个是日本战败之后，如何修改宪法，开启战后时代。

首先让我们来看看战争末期日本的情况。日本在与美国开战之前，占据着中国台湾岛和朝鲜半岛，还有伪满洲国和南京伪国民政府这些傀儡政权。日本周边的很多区域，都处于日军的控制之下。

第一章我们曾提到1995年的村山谈话，那是日本战败50年之际经过政府的内阁决议发表的首相讲话。如果用一句话总结村山谈话的出发点，那就是过去日本发动的战争让国民陷入了存亡危机。日本发动的战争，不仅给遭受日军侵略的亚洲各国人民带去了深重的灾难，最终也导致大量本国民众悲惨地死

1923年9月关东大地震发生以后

去。[1]在我第一次仔细阅读村山谈话的时候，再一次深刻地感受到了这一点。

　　大量的日本普通民众和士兵在日军败退的途中被抛弃，在那些被遗忘的战场上，他们的命运只剩下绝望。直到今天，这些人当中还有很多人的遗骸被留在当地，未被收殓。在北方的中国东三省，关东军抛弃了那些农业移民和"满蒙开拓少年义勇兵"（这些16—19岁的少年大约有10万人），任由他们在战场上自生自灭。在南方的太平洋上，麦克阿瑟率领的美澳联军通过"蛙跳战术"越过了许多日军重兵防守的岛屿，岛上的许多守军中最终被饿死。[2]

　　在整场战争中，日本有310万人死亡，其中240万人都死在了国外。截至2013年，仅有127万人的遗骨被收殓寻回。菲律宾战场的战死者当中，有八成不知所踪。那是因为1944年的菲律宾海海战与莱特湾海战之后，日本已经失去了在海上与美军对抗的能力。之后许多人或是随船只沉没，或是消失在丛林之中。日本是一个连士兵的阵亡之地都没法告诉遗属的国家。[3]

　　为什么日军要在列岛周边区域设置军事防线呢？原因之一是国土形态的制约，近代以来，日本列岛在地理上并不容易防守。日本有目前世界第六长的海岸线，因为现在海岸线长度排名第三的印度尼西亚和排名第五的菲律宾，当时还没有独立，所以战前日本的海岸线其实仅次于加拿大、挪威和俄罗斯。为了准备与沙俄以及之后苏联的战争，日本先后攫取了中国台湾、朝鲜半岛以及中国东三省。[4]

　　1945年3月10日，美军对东京实施了大轰炸。美军事先对

1923 年关东大地震之后东京发生的大火进行了细致的调查，获取了起火原因以及当地风向等情报。大地震发生 22 年后，美军充分利用这些情报，轰炸了东京。[5]

美国在确认了轰炸的效果之后，感到有些不可思议。他们原本以为在经历了 1923 年的大地震之后，日本应该吸取火灾的教训，在东京及周边区域部署一些防空及防火设施，毕竟 1923 年的大火让东京遭受了极为惨重的损失，人们应该能预想到今后一旦遭受空袭还会出现类似的情况。昭和时期陆军的重要人物宇垣一成就想到了这一点，他出任陆军大臣的时候，正好是关东大地震的第二年。他在日记中这样写道：[6]

> 目睹这次地震之后火灾的惨状，想到遭受敌国飞机攻击时的状况，即便是炎炎夏日，也不禁让人不寒而栗。

宇垣一成作为军人，明白来自空中的威胁，他从地震后东京的惨状，想到了遭受空袭时的情况，发出了令人不安的感慨。他可怕的预想最终变成了现实。在太平洋战争的最后阶段，美国从 1944 年 11 月开始空袭日本本土，并一直持续到战争结束。从马里亚纳等地出发轰炸日本的 B29 轰炸机共有33401 架次，包括机械故障在内的损失数量则是 481 架，其中被日本击落的数量就更少了。

不仅是东京，其他日本城市也遭到了极大的打击。到日本投降为止，受到空袭的 82 个城市中，有 41% 的市区面积都化为了灰烬。为什么就连作为首都的东京，防空系统也如此孱弱呢？军队在超过20年的时间里，究竟做了些什么呢？天皇所在的宫城就在东京，结果也在空袭中被烧毁了。这个问题甚至让美国也感到疑惑。香港大学的史乐文（Charles Schencking）[7]教授研究了这个问题，提出下面这几个原因。

1. 日本军队存在轻视防空的思想。

2. 在雷达等新技术的开发上落后。

3. 陆海军的对立。

4. 飞机生产效率低，航空燃料不足。

我认为以轻视防空的思想为线索，还可以进一步发掘昭和时期军部的思想。当时军部希望在远离日本本土的地方布设防线，击退敌人，这种观点值得我们重视。例如，在中国东三省击退苏联的机械化部队，在特鲁克环礁设置联合舰队基地，企图通过舰队决战击败美国，正是基于这样的想法，日本不断向外扩张，扩展自己的防线。

特鲁克环礁位于新几内亚东北、塞班岛东南，是加罗林群岛的一部分，距离日本本土大约3000千米。与计划中的日美舰队决战地点相比，太平洋战争时的海军为了尽早决战，把决战的地点整体前移了。[8]

束缚冲绳民众思想的"共生共死"

在我们第一天的讲座上，我说过冲绳县是日本国内唯一进行了大规模地面战斗并波及大量平民的地方。日本的国防思想中，与敌人的决战应该在本土之外展开，但是冲绳似乎成了例外。

美军的特混舰队在 1945 年 3 月 23 日开始对冲绳实施大规模空袭，军舰也抵近海岸使用舰炮实施轰击，无数的弹药被倾泻在岛上，被称为钢铁风暴。4 月 1 日，美军开始登陆冲绳本岛，人数达到 54 万。另一方面，即使加上在当地临时征召的 3 万人，日本守军的兵力也不到 10 万。双方在冲绳展开了三个月的激烈战斗。

说到被军队征召的一般民众，姬百合学徒队（ひめゆり学徒隊）和白梅学徒队等 8 支从事看护伤员工作的女学生队伍很有名，但是我们也要记住，还有很多其他的一般民众都被要求加入战斗当中。根据兵役相关的法律，那些 14—17 岁的少年本来不应被征召入伍，但是仅仅因为冲绳县与学校之间的协定，他们就在未经本人同意的情况下，被编入了军队组织。这些人员既没有得到充分的训练，也没有足够的装备。

在冲绳战役中，军方死亡 94136 人，平民死亡 94000 人，合计 188136 人。[9]平民的死亡人数和军人差不多，可以说战斗中已经不分军民，可见惨烈程度。

日军有组织的抵抗在 6 月 23 日就已经结束，但是有超过 4 万人是在这之后丧生的，这也是冲绳战场的一个特异之处。[10]出现这种状况的最大原因，是冲绳守军的最高指挥官、第 32 军司令官牛岛满在 6 月 22 日自杀身亡之后，军队的指挥系统崩溃。原本与军队一起撤退到冲绳岛南部的平民陷入了孤立无援的境地。

有许多平民逃进了在冲绳方言中被称为"GAMA"的溶洞中。这些人当中，有很多都拒绝向美军投降，选择在洞中自杀。军人可以选择战斗到死，但是为什么在冲绳就连平民也不肯投降呢？冲绳被视作日本本土决战的第一个堡垒，在这个战场上，有一些东西束缚住了人们。

1944年11月18日，负责冲绳防卫的第32军制定了机密文件《关于报道宣传防谍等问题的县民指导纲要》。[11]其中有这样的内容，"促进60万县民全体奋起，迅速转向总体战态势，实现军民一体，共生共死"。这篇文章要求冲绳县民众参与战斗，其中"共生共死"这四个字，无疑是众多民众死亡的重要因素。

9个月之前发生在塞班岛的战斗也对冲绳战役产生了很大的影响。塞班岛本来是德国的殖民地，第一次世界大战中被日本占领，之后成了日本的委任统治地。日本在塞班岛建立了不少制糖工场，冲绳县有许多人前往塞班岛务工。

太平洋战争爆发之后，美军在1944年6—7月间攻击并占领了塞班岛。战斗中，许多当地的日本人、原住民以及被征发到当地修筑机场的朝鲜人都丧生了。

对于冲绳县的人们来说，从塞班岛传来的死亡消息肯定是非常沉重的。但是报社的报道里，居然把当地居民没有全力抵抗，称作塞班岛未能坚守更长时间的原因之一。

在溶洞里宣读的传单

日军是如何向战场上的冲绳民众描述美军的呢？我这里有一份史料，可以让我们身临其境地体会到当时的情况。

这是步兵第89联队在冲绳全军覆没之后，美军缴获的一份日军传单，后来和其他史料一起被还给了日本。在这份油印传单开头部分的右上，有一些用铅笔写的句子，"××××的住民"，大家看得懂前面的字吗？

——洞窟内？

哇，这么潦草的字迹你也读出来了呢。你还是初中生吧，真是厉害。这部分写的是"请读给洞窟内的住民们听"。日军制作了一份向躲藏在溶洞里的民众宣读的传单。

布告开头说"亲爱的诸君"，这种说法非常中国化，就像中文里的"亲爱的朋友们"。制作传单的步兵第89联队，大部分士兵来自北海道，之前一直驻扎在中国东三省负责边境警戒任务。一句"亲爱的诸君"，能让人联想到这支常驻国外，在

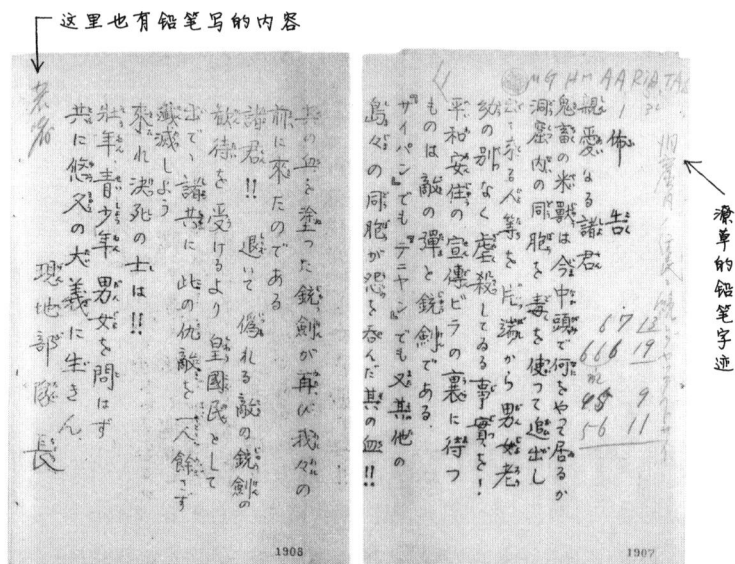

这里也有铅笔写的内容

潦草的铅笔字迹

1944年调防冲绳的军队的历史。在NHK战争证言资料库当中，收录了6名第89联队生还士兵的口述证言[12]。

继续看传单的内容吧。日军恐吓民众说，"鬼畜的美兽"正要使用毒物，把藏身溶洞内的男女老少逼出去，全部屠杀。美军传单表面上宣传和平安宁，暗地里藏着子弹和刺刀。美军向日本民众散发传单，劝说他们前往美军准备的避难所，那里可以提供食物并保证安全。第89联队的传单则针锋相对，告诫民众不要被美军欺骗，美军在塞班岛、天宁岛杀戮我们的同胞，如今切不可向美军投降。不但不能投降，还要反过来消灭敌军，一个不留。

传单的最后写道，"壮年、青少年，不论男女，都应该为悠久之大义而活"。在这部分内容的左上，还有用铅笔加上的几个字，写的是"年轻人"。

传单上后来用铅笔加上的内容都很潦草，但是从"年轻人"这个词就可以看出，这份传单的目标实际上是什么人。其实就是让年轻人去拼死抵抗美军。所谓的"为悠久之大义而活"，在当时是很常用的句式，其实就是让人去死。

这样的传单被宣读给了溶洞里的人们，要求他们不能投降，要去攻击美军。但是这些人并没有接受足够的军事训练，也没有像样的武器。对于他们来说，除了自己去死，似乎也没有其他的出路了。

在中国投降

第二次世界大战结束的时候，在中国大陆上共有约105万日军官兵。除了东三省之外,中国大陆地区的日军大多向盟国的代表蒋介石政权投降了。

这些向蒋介石投降的日军,差不多95%都安全回到了日本。[13]与德国战败之后,从外国回国的德国人相比,这些日军的状况实在是好太多了。1945年4月希特勒自杀之后,德军的指挥系统趋于崩溃。德国投降之后,滞留在外国的德军和德国民众经常遭到当地人的报复,在战争结束之后丧生的德国人,据说有数十万之多。

日军能从中国大陆安全撤出,与蒋介石采取的宽容政策有很大关系。1945年8月15日抗日战争胜利以后,蒋介石发表广播讲话,宣称:"我们并不要报复,更不可对敌国无辜人民加以污辱,我们只有对他们为他的纳粹军阀所愚弄所驱迫而表示怜悯,使他们能自拔于错误与罪恶。要知道如果以暴行答复敌人从前的暴行,以奴辱来答复他们从前错误的优越感,则冤冤相报,永无终止,决不是我们仁义之师的目的。这是我们每一个军民同胞今天所应该特别注意的。"[14]

当然,从现实层面上说,蒋介石以如此态度对待日军,是为了对抗中国共产党。无论是国民党还是共产党,都希望得到日本留下的武器弹药和其他物资。虽然面对侵华日军,国共两党可以合作,但是在日本接受《波茨坦公告》投降之后,国民党就开始准备与共产党争夺中国的主导权了。

只要交出武器物资,就可以赶紧回家了,日军在中国的投降,差不多就是这种感觉。有一部分从中国回国的日军士兵并没有战败的感觉,因为只是交出武器,交出军马,就可以回家了。"过于"平稳的回国经历，是他们产生这种心理的原因之一。

在中国大陆，日军直到战争末期仍在很多地区占据优势。1944年，二战已经接近尾声，日本在太平洋战场上被美军痛击。但是在中国战场上，日军发动一号作战（豫湘桂会战），依然可以穿越上千千米的中国领土，从河南推进至广西，在路途中不断击败国民党军队。一号作战中，日军不仅摧毁了威胁日本本土的大量机场，还打通了从东北到越南的陆上交通线，所以这一作战又被称为大陆打通作战。最近有研究认为，这场战役对中国地区社会和国家组织的变化都有一定的影响。[15]日军在投降之前沉重打击了国民党军队，对之后国共之间的冲突也产生了影响。1945年8月15日，在中国大陆依然拥有一定军事优势的日军，一夜之间突然投降，迅速改变了当时的局势。

有一些日军的技术和医务人员，加入中国共产党一方，参加了之后的解放战争，留在中国数年之久。中国国民党方面，甚至有高层人物直接要求日军成建制地留在中国。在阎锡山控制的山西省，有近3000名日本人被迫滞留，参与了与中共的战斗。

日本从1937年7月7日发动全面侵华战争，直到战败投降，在中国大陆战死的日本军人大约有71万人。日军在国外战死的人数是240万，中国大陆战场占了不到三分之一。[16]这当然不是个小数目，但是根本不能与日本给中国带去的伤害相提并论。根据战后中国国民政府的统计，中国军方的死伤者有330万，死伤民众更是高达800万。[17]

孤注一掷发动战争的日本败在何处?

我们在讨论李顿报告书和日美交涉的时候,一直提到"世界道路"这个关键词。以这个词为线索,我们看到了对于日本来说的其他可能选项。1932年日本收到李顿报告书后,被提议不要只盯着东三省,要把眼光放到全中国。到了1941年日美交涉时,美国又向日本提出,不要在远东搞封闭经济,要开放太平洋,进行自由贸易。

掌控着日本政治和经济的当权者们,面对这些来自外界的呼声,最终选择了孤注一掷的战争。为什么他们不相信日本经济的力量,不相信日本可以不用军事手段,与列强和中国在亚洲市场进行竞争呢?日本到底败在了什么地方呢?要搞清楚这个问题,我们需要思考战争爆发的根本原因。

18世纪的哲学家卢梭用一句话概括了战争爆发的根本原因,虽然我们已经在第一章讲过,不过在这里还是再重复一下。卢梭认为战争就是对敌国社会的基本秩序,也就是宪法的改变。这里的宪法,也不是具体的某一条文,而是一个国家赖以存在的基本规则。

——基于底层规则的想法。

是的。战争的目标是敌国政权合法性的来源,人们就是为了这种东西互相残杀。

德国和英国、日本和美国,这些国家开战的原因错综复杂。但是德国与英国对立的根本原因,就在于究竟由谁来制定有关欧洲秩序和资源分配这些问题的规则。是通过议会民主制

参考美国摄影师
Joe O'Donnell在战争末期
拍摄于长崎的著名照片

来制定，还是法西斯主义的集权制度来制定？法西斯主义会利用国内外的问题煽动民众的危机感，一方面夺取缺乏效率的议会权力，另一方面通过独裁与暴力来实施恐怖统治。[18]

日本和美国追求的社会基本秩序存在很大的差异，从日美交涉的谅解案当中也能看出来。美国作为当时世界上最强大的资本主义国家，可以通过自由贸易来让自己的利益最大化，所以才会要求门户开放。日本在进入近代之后，重新"创造"了天皇制，之后又制定了宪法，成为立宪君主制国家。日本是亚洲最强大的资本主义国家，同时还占有殖民地。在与殖民地建立起排他性的贸易关系的同时，又充分利用了自由贸易，取得自身所需的资源，出口工业制品。可以说日本是一个有着复杂两面性的国家。

确保在中国、东南亚地区的航行自由和贸易自由这两项权利，是战前美国的核心利益。"九一八"事变之后，大肆侵略中国大陆的日本就成了威胁美国核心利益的存在。具体而言，自视为日本国家体制的保护者，并直接着手实施侵略行动的军部和日本军队，就成了美国的敌人。需要注意的是，美国希望中的世界秩序和美国的战争目的是相关联的。

美国帮助盟军取得胜利的直接原因，自然是强大的军事实力、极为丰富的自然资源以及先进的科学技术。美国确实是一个自然条件异常优越的国家。但是在总体战环境下，要把国家蕴藏的实力完全发挥出来，没有民众的支持是不可能的。可以说在出现紧急情况时，议会制民主主义和人民主权这些理论，支撑起了国家与人民之间的紧密关系。

相比之下日本又是怎么样的呢？请大家想一想冲绳战役时普通人的惨状，还有那些实施自杀式袭击的特攻武器。战前的日本，把国家置于所有民众的生活之上。当时的日本会禁止一般民众在战争中求生，会要求年轻人"为悠久之大义而活"。

一个组织在毁灭之前的样子，也许最能体现其本质。明治维新之后，盘踞在东亚一隅的日本帝国，在战败毁灭之前，就完全暴露了自己的本质。

1941年4月，美国建议日本开放门户，为此可以提供资金支援，并租赁日本多余的船舶。但是日本并没有接受美国的提议。所谓"大东亚共荣圈"内的人们，连足够的食物和物资都得不到，又谈何共荣呢？日本选择的道路最终失败了。

日本的国家和社会，败给了"世界道路"倡导的理念，这种失败具体的体现就是第二次世界大战的战败。正如共产主义者尾崎秀实所分析的那样，能够理解屈服的合理性的，仅仅是一小部分人。

作为战败的结果，日本的宪法被修改。在谈到和平宪法的时候，那些怀疑是否有必要写明"放弃战争，否认军备及交战权"的人，常常说日本小心翼翼地遵守了70多年的和平宪法，是驻日盟军总司令部的军人只用8天时间搞出来的英文草案的日文翻译版。[19]现在讨论战后的宪法是谁起草的，已经不重要。就算不是美国占领日本，而是苏联、英国或者中国，日本的宪法也是要被修改的。1941年8月罗斯福和丘吉尔发表《大西洋宪章》之后，盟军的战争目的就已经很明确，那就是要为战后新的世界秩序而战。

英美的战争目的，自然是有利于这两个最强大的资本主义国家的，但是同样具有相应的魅力来吸引其他国家加入，最终形成现代联合国的基础。

在尽量为自己争取利益的同时，让追随者也能够受益，可以说这就是具体化的普世价值。日本在第二次世界大战中，就没能提出让其他国家赞同的普世价值。

综观日本战后的历史，要记住两个重要的变化，一是去除军部的影响，二是尊重每一个国民。日本接受了美国给出的宪法原则，由此进入了战后。

百年前的旧伤依然隐隐作痛

——如果说战争的目的就是改写敌国的宪法，那么如今在中东地区发生的那些战争和冲突，也能用这样的说法吗？

这是一个非常复杂的问题。不过通过这个问题，可以让我们把目光转向现代，问得非常好。卢梭在《战争与战争状态论》这篇论文中，点明战争是发生在国与国之间的。那么我们可以这样认为，卢梭的分析，针对的只是国与国之间发生的战争。

但是现在（2016年5月）世界新闻关注最多的"伊斯兰国"，是一个极端恐怖组织，并不是国家。大家应该也从新闻里知道了，"伊斯兰国"在叙利亚和伊拉克占领了许多地方，叙利亚政府军、伊拉克政府军，还有土耳其、美国、俄罗斯、法国、英国等国的军队都对"伊斯兰国"展开了打击。

我们在第二章里提到，第一次世界大战时英法两国签订了

《赛克斯—皮科协定》，密谋瓜分奥斯曼帝国的中东部分，准备将现在土耳其共和国东南部、叙利亚、伊拉克以及从巴勒斯坦到约旦的大片土地从奥斯曼帝国分离出来。除了土耳其东南部之外的区域，都会被英法直接占领，或是划入势力范围。在"伊斯兰国"的"胜利宣言"中，就有"《赛克斯—皮科协定》已经终结"这样的内容，而且取得了一些宣传上的效果。

但是这一领域的研究专家池内惠老师认为，相比英法两国在第一次世界大战中的协定，战争结束后签订的《色佛尔条约》对中东局势的影响更大。[20]1920年的《色佛尔条约》是协约国与战败的奥斯曼帝国签订的和平条约，这一条约让亚美尼亚独立，还规定成立库尔德人自治区，英国、法国、意大利等在这一区域拥有势力范围的域外大国肆意划走自己想要的地盘，完全改变了这一地区的版图，这让本就复杂的地区形势变得更加麻烦了。

英、法、意等域外大国，以保护亚美尼亚人和库尔德人这些奥斯曼帝国统治下的少数民族为借口，试图通过《色佛尔条约》介入土耳其国内事务，必然导致土耳其人的反抗。凯末尔领导的土耳其独立战争迫使协约国放弃了《色佛尔条约》，重新与土耳其人谈判，签订了新的《洛桑条约》。

"伊斯兰国"作为极端恐怖组织，在2014年自称"建国"。参与打击"伊斯兰国"的，不仅有周边的叙利亚、伊拉克、土耳其等国，还有域外的美、英、法、俄等大国，以及接受美国援助的库尔德人势力。这种混乱的局势，与百年之前奥斯曼帝国的控制力下降时的情况相当类似。今天中东面临的问题，依然与百年之前受的旧伤有关。

西方列强的介入，某种程度上让"伊斯兰国"得以更方便地宣传自身的主张。他们批判西方的介入，并把接受了西方援助的周边国家斥为傀儡。终结百年之前的《赛克斯—皮科协定》，被"伊斯兰国"视为自身统治正当性的来源之一。

所以，我并不觉得与"伊斯兰国"的战斗可以被单纯地视为打击恐怖分子。诚然"伊斯兰国"是一个不折不扣的恐怖组织，但是对"伊斯兰国"的打击，也同样包含着理念上的斗争。在非对称的战争中，卢梭的观点依然具有说服力。

卢梭是如何思考关于战争和宪法原则问题的呢？他可能先是在理论层面上思索了如何才能避免战争，或者在不死人的情况下结束战争这类情况。然后他想到，当人民做出决定取消之前的社会契约、订立新的社会契约时，战争就会结束。

当一个国家的人民面临着战争甚至灭族之灾的时候，也许就会考虑以新的社会契约来组织新的国家，度过危机。组成一个国家的人民，应当有这样的权力。

第一章我们讲过，以"日本"为名的国家是在8世纪诞生的。倭国在663年白村江之战中败给唐朝，深受震动。昭和天皇在战后也曾举例提到白村江之战，称其为"日本的上一次战败"。在距离上一次遣唐使入唐已有32年的702年，粟田真人来到了中国，并见到了武则天。粟田真人表示自己并非代表倭国而来，而是代表日本。在学习了唐朝的制度之后，倭国变成了新的国家日本。这就是一个主动改变宪法的例子。

大东亚战争调查会

我们日本人不仅在军事上失败了，在制度和理念上也失败了，那么在战后我们做了些什么呢？我们一起来了解一下战后初期的情况。

在投降三个月之后，一个叫大东亚战争调查会的组织成立了。这是由内阁大臣币原喜重郎设置的，隶属内阁的政府机构。1945 年 10 月 30 日的内阁会议决定成立调查会，并说明了成立这个组织的意义。

> 为了今后不再重蹈大东亚战争中犯下的大错，有必要查明大东亚战争战败的原因，以及战争的实际情况。

这让我想起了刻在广岛原子弹爆炸死亡者纪念碑上的话，"安息吧，错误不会重复"。纪念碑上的文字是生者向死者的保证。币原喜重郎在战前曾经担任若槻礼次郎和浜口雄幸等内阁的外相，在对华政策等问题上实行较为温和的协调外交，重视与英美的关系。日本战败之后，由这样一个未曾参与对外战争的人来做不再犯错的保证，可以说相当合适。

在最初的计划中，战争调查会将成为一个长期存在的机构。在调查会的第一次总会上，币原喜重郎宣读了开会宣言。在事务官为币原准备的讲稿中，可以发现他亲自修改的痕迹，我们能够从中感受到币原对战争调查会倾注的热情。1946 年 3 月 27 日，币原总裁为战争调查会[21]的第一次总会致开幕词。

今天我们挥舞旗帜,宣言放弃战争,虽然在国际政治
这片广袤的荒漠中,我们尚在独行,但是将来,世界早晚
会从战争的惨剧中觉醒,最终举起同样的旗帜,从遥远的
后方跟上我们的脚步。现在我们要调查战争爆发的原因与
其实际情况,将调查结果记录留存下来。我希望我们的成
果有足够的力量,能够让后世的民众信服并加以反省。

币原在这时就已经大声宣布,要放弃战争。尤其令人感慨
的是,币原说虽然现在自己仿佛独行于荒野中,但是今后一定
会有追随者。从他的话语中能感觉到孤高的决心与乐观的自
信。虽然币原并没有提到和平主义这个词,但是在他的话语里
体现的,正是建立在对战争的反省之上的和平主义精神。

说到这里,有没有人想到,是币原喜重郎放弃战争的演讲
更早,还是驻日盟军总司令部把和平宪法草案交给日本更早?

驻日盟军总司令部在收到日本方面修改宪法的方案之后,
认为其中关于天皇和主权内容的修改不够彻底。于是着手对日
本的草案进行再次修改,加入了放弃战争等内容,在1946年2
月13日交给了日本政府。不久之后的3月6日,日本政府正式
公布了宪法草案。也就是说在币原的演讲之前,日本的民众已
经能够了解到放弃战争这种观点。

宪法史专家古关彰一指出,放弃战争的条文确实出自驻日
盟军总司令部的宪法草案,但是有关和平主义的内容,是日本
方面提出加入宪法条文当中的。[22]

在美国方面原本的设想中，放弃战争的条文首先是基于惩戒战争罪行、警惕军国主义复活这些理由被写入宪法的。再加上为了利用天皇对日本实施间接统治，驻日盟军总司令部放弃追究天皇的战争责任，这种做法让美国国内和盟军内部都产生了相当强烈的不满情绪。在日本新宪法中加入放弃战争的条文，也是为了安抚那些不满的人。

可能有人会感到惊讶，在驻日盟军总司令部的宪法草案当中，并没有提到和平或者和平主义。在日本政府收到草案并翻译成最初的日文版草案时，也还见不到这些词汇。

那么和平宪法的内容中，是什么时候加入和平两个字的呢？宪法第九条第一款"日本国民衷心谋求基于正义与秩序的国际和平"这一部分，是因为众议院的讨论而加入的。1946年6月21日，第90届帝国议会的众议院会议上，社会党党首片山哲向总理大臣吉田茂提出。[23]

> 我认为民主宪法有必要积极地表明日本国将会成为一个和平国家，要向世界发出和平的宣言。

这一提案得到了宪法担当国务大臣金森德次郎的肯定，吉田内阁最终决定在第九条第一款中加入有关和平的表述。3月27日，币原喜重郎在战争调查会的开会致辞中提出和平主义的观点，比片山哲的提议早三个月，我觉得有不小的意义。

战争调查会的第二次总会上，币原再次致辞。[24]

> 不论对战胜国还是战败国来说，战争都不是最好的选择。（中略）将来我们的子孙也可能面临关乎战争的抉择，我们必须缜密调查，以便我们留下的资料能够在那个时候起到作用。

币原希望调查会能够留下有价值的资料，让人们明白战争不应该成为选项之一。

让日本战败的记录成为献给世界的礼物

长期活跃在钢铁行业的水津利辅，接受了战争调查会的采访调查。1920—1941年间，水津利辅在中国东北部的鞍山制铁所（1933年改称昭和制钢所）工作。1941年之后，他成为日本制钢统制会理事，在战争期间尝试提高钢铁产量。

1946年5月30日，水津利辅受战争调查会邀请，讲述了战争期间增产钢铁的相关情况。我希望大家都能读一读他在采访最后所说的话。[25]

> 最后我想说说自己的感想，今后要创造一个和平的、文明的世界，日本可以给这样的世界一份礼物。这份礼物就是关于日本失败原因的报告书。我们应该用冷静、公正的态度，仔细地研究失败的原因，并总结成报告书。

水津利辅的话比片山哲的建议更早。之后水津还把自己悉心保存的大约3500份史料，捐赠给了一桥大学大学院经济研究科。他从自己做起，给后世留下了礼物。

一直以来都只有少数人知道，战争调查会留存下的史料，被日本国立公文书馆收藏着。2015年10月，这些史料终于被整理为《战争调查会事务局文件》（戦争調査会事務局書類）出版，现在大家可以比较轻松地读到这些史料了。[26]

战争调查会成立的初衷可谓高尚，最终却没能完成其高远的志向。驻日盟军总司令部在解除日军武装和改革日本内政的过程中，于1946年4月成立了对日理事会作为咨询机关。对日理事会由美国、英国、苏联、中国的代表组成，其中英国与苏联的代表对战争调查会的行动持怀疑态度，建议麦克阿瑟下令解散调查会；美国和中国的代表则对调查会的活动表示赞成。

英国和苏联代表认为，应该由远东国际军事法庭来调查战争的原因，并处罚战犯。麦克阿瑟最终同意了英国和苏联的意见，战争调查会只存在了不到一年，就宣告解散。

处于占领状态下的日本没有外交权，对日理事会的建议，实际上是绝对的命令。麦克阿瑟希望利用天皇进行间接统治，并以驻日盟军总司令部的宪法草案为基础实施改革。所以对他来说，听从英国和苏联的意见，避免内部冲突更为方便。

如果战争调查会能够继续存在并留下相关资料，我们就能从中了解到，日本人是如何探究战争的开始与结束的，战争调查会中途被解散真的是太遗憾了。在不算长的时间里，战争调查会已经进行了不少调查活动，希望相关的研究能够早日推进。关于日美交涉，野村吉三郎也接受了调查会的采访，留下了相关记录。

近些年来，日本国内修改宪法的呼声越来越高。2014年，安倍内阁正式把修改宪法提上了议事日程。

正如前面提到的那样，日本国宪法中的和平主义思想，来源于日本社会对侵略战争的深刻反省。

日本国宪法的诞生与战争息息相关，今天如果要修改宪法，就有必要再一次审视1945年8月15日结束的那场战争。这也是我通过这一次的讲座，与大家一起回顾战前日本进行的三次重大交涉与决断的原因之一。

如果说战争是对敌国政权正统性的攻击，在这种攻击之下战败并被修改了宪法的日本人，必须正视那场战争的全貌。但是除了冲绳之外，主要的战场都不在日本本土，这给日本人正视战争全貌带来了客观上的困难。

我认为很多日本人对这一点是有自觉的。2015年4月《朝日新闻》实施的舆论调查中有这样一个问题："在日本人为什么发动了战争这个问题上，我们探究的努力是否足够？"[27]结果回答"目前还不够"的人有65%。在战败70年后的今天，这个数字值得引起我们的注意。

讲座的最后

大家不论是在现在的日常生活中，还是将来长大成人进入社会以后，都会遇到需要进行交涉的时候。为了能够在听取对方意见的同时，坦陈自己的意见，真诚且公平地进行交涉，我用了几个极端的例子，供大家参考。

被表面上的"确定性"欺骗（李顿报告书），只考虑自身利益的最大化，忽视了普世价值（德意日三国同盟），在关乎本国安全的问题上，缺乏承担责任的勇气，被动地将决定权寄托在对方的行动上，结果滑向了战争（日美交涉）。日本在战前的行动，真是充满了错误，令人遗憾。

为了说明这些事例，我试图让大家想象当时人们所见到的那个世界，然后去寻找最合适的道路。这样的讲座听起来想必很累人，大家能够坚持下来，真是辛苦了。其实我讲下来也差不多是筋疲力尽了。（笑）大家最后还有什么想问的，或者有什么感想，现在都可以随便说。

——我在参加老师的讲座之前，自认为是世界上社会科目最强的人。（笑）但是来了之后，看到一同听讲的大家记笔记的认真劲，还有与老师互动时处理信息的能力，深感自己赢不了这些人。我很想和这里的大家一起去学习其他的科目。

讲座的内容很难，有好多自己不知道的事情。提问之后，回答里又出现了好多不知道的事情，感觉自己一直处在这种循环里。没有其他的老师会这样给初中生讲课的。（笑）

在老师回答问题的时候，脑子里又涌现出新的问题。在学到知识之后，又会进一步遇到新的想要学习的知识。学者在研究当中，也会有相似的感觉。在这种状态中，哪怕遇到了暂时弄不懂的地方，也会莫名地有一种幸福感呢。当然，我也会吸取教训，改进说明方式，努力不让回答带来更多疑问。（笑）

你还是初中生，就在讲座上为大家介绍了亚洲历史资料中心（アジア歴史資料センター）。在参加讲座的各位当中，有

很多提问的专家,提出的问题水平都很高。正是大家的问题,帮助我撑起了整场讲座的台面。

——如果在外交谈判中无法说服对方,除了以"力"服人,还有什么其他的方法吗?

日本陆海军省和外务省在交涉中,不仅会在谈判对手面前尝试隐瞒自己的真实意图和弱点,在民众面前也是如此,这一点在日美交涉中体现得尤为明显。在内部会议中,海军非常直白地表示绝对不想与美国开战,但是一般民众肯定不会知道海军的这副面孔。

那么在外交谈判失败的情况下,能不能反过来,诚实地向人民说明一切呢?然后再一次从零开始,一边向民众解释原委,一边以人类共同的价值观为基础,展开谈判。这是否也能成为一种可能的选项呢?

最近德国大众汽车尾气造假事件、三菱汽车油耗数据造假事件相继被曝光。长期的造假过程中,如果公司内部有谁能站出来揭露丑闻,让造假停止,那么公司遭受的损失可能会更小。毕竟考虑到召回、消费者的集体诉讼、巨额罚款这些越拖延越严重的后果,在早期就爆出丑闻,也许是一个更合理的选择。

刚才水津利辅的话也能供我们参考。我们应该向国民坦陈那些失败的历史。在外交上的失败,可以为接下来的50年、100年提供参考。从历史教育开始,讲述这些失败,我觉得刚刚好。

——我之前也和大人们讨论过政治和历史的话题,但是从没有像老师的讲座这样，能够从不同的角度去阐述同一事件。在这一次的讲座上，我们学到的战争前后的情况，也只是历史全貌中很小的一部分。今后我还想读更多的史料，知道更多基于不同角度的观点。老师说日本今后也会面临重大的抉择，我希望这一次的经验能够有所帮助。

虽然有些内容会比较难理解，但我还是在这次的讲座里和大家一起读了很多的史料。就算是读同一份史料，每个人最初的着眼点、觉得有趣的内容等都会各有不同，这大概就是大家一起读史料的意义所在。我在这个过程中也注意到了一些以前完全没想到的解读。

关于现实世界的抉择，英国在2016年6月的全民公投中，出乎意料地决定退出欧盟。英国的公投结果震惊了很多人，也包括我在内。有很多看似不可能发生的事情，近年来都成真了。

——我有时候会觉得，日本在那场战争中，无论做什么都逃脱不了失败的命运。教科书上的每一桩历史事件，都会附上说明前因后果的文字，有一些理由如今看来简直不可思议。听完这次的讲座之后，我觉得只用一段文字，是很难明确地解释历史事件的。

对于同一件事，有人会赞成，有人会反对，还有人会迷茫，与之相关的所有人，都会有各种各样的反应。所有人的所思所想、所作所为加在一起，就成了历史。今后的历史也会被我们的选择影响，不断发展下去。所以我觉得学习过去的历史，能帮助我们创造更好的未来。

被你说得有些感动起来了。谢谢你充满感情的感想。如果在讲座之后,历史在大家眼中的模样不再是一条线或是一个平面,而是变得有厚重感和立体感了,那么我就满足了。

后　记

　　感谢每一位读到这一页的读者。在很多人的支持和帮助之下，这本书才得以问世。我确实是讲座的主讲人，但是如果没有台下28位初、高中学生，这场讲座就是不完整的。他们不仅是讲座的听众，也提出了许多有深度的问题，是他们和我一起完成了这系列讲座。书中破折号之后那些学生们的话语，仿佛给这本书带来了音乐中的节奏感。此外，读者在阅读的过程中如果产生了什么疑问和想法，也可以和学生们的反应加以比较，说不定会有一些新的发现。

　　作为听众的学生们对这本书的意义不仅于此，他们也给我带来了如同化学反应般的影响。我觉得在他们面前讲述历史的时候，能够抓住历史中那些更根源、更未经雕饰的部分。这本书涉及的时代，是一个全球经济危机爆发后，欧洲和亚洲陷入军事危机的时代。参加讲座的中学生们，努力地阅读过去的史料，试图去理解当时人们的想法。面对这些听众，我也绞尽脑汁，想要用尽可能容易理解的方式来讲述那段历史。本来那些历史事件在我的脑海中，也仅仅是一个个用线连在一起的点，但是在讲座的过程中，我感到这些点渐渐变成了面，而后又进一步变得丰满而立体了。

之前，淳久堂书店的田口久美子、森晓子、井手裕美子来问我，要不要参加从2015年10月开始的为期半年的"作家书店"活动。回顾这本书诞生的过程，可以说她们的邀请就是这本书的发端。所谓"作家书店"活动，就是由作家担任临时店长，挑选一批图书，在书店的特别会场里贩卖。我是一个书痴，面对这样的活动，就像是猫面对木天蓼一样没有抵抗力，所以马上就答应了下来。

然后又有人建议说，可以在"作家书店"里策划一个对谈活动，结果朝日出版社第二编辑部的铃木久仁子说，那不如做一场面向初、高中生的系列讲座。铃木小姐就是我前一本书《日本人为何选择了战争》的策划和编辑（通灵师）。来参加讲座的中学生们，都是看到书店的广告之后来报名的，难怪他们在讲座中的学习热情那么高。

当讲座的话题涉及政治的时候，一位男同学表现出了非同寻常的洞察力，他给政治下了一个定义，说政治是各势力之间利益分配方式的博弈。还有一位女同学，在我解释某一段史料的时候，能够用同一段史料中的其他内容，做出不一样的解释，让我佩服不已。与这些充满活力的年轻头脑的这次邂逅，是我一生的宝物。在本书的最后，我列出了全体听众的名字。

设计师有山达也给这本书带来了漂亮的装帧和排版。他敏锐的直觉能准确抓住内容的重点，令人敬佩。有山设计店的岩渊惠子和中本千春（中本ちはる）负责的内文排版也十分有魅力。

画家牧野伊三夫为本书绘制了封面和各章节的插图。图画虽然只存在于平面之上，却仿佛能让人听到画面背后的声音。牧野先生的画十分明快，这种野性的魅力，强烈到好像连太阳也能吞下。牧野先生的风格是独一无二的，请大家尽情欣赏。

在把讲座内容编辑成书的过程中，如何在保留讲座氛围的同时，方便广大读者理解讲座的内容，铃木久仁子付出了巨大的努力。另一位编辑赤井茂树给了铃木小姐很多宝贵的建议，并在很多重要的时刻给予了帮助。还有细致地把复杂的文本设计排版成书的滨井信作，负责收集资料，细致周到地支持本书出版的大槻美和，我对所有这些人都要深表感谢。

对于我一直以来研究的历史学，我过去也讲过其中有趣的地方，但是并没有专门讲过历史学的重要性。讲自己从事的工作有多么重要，这还挺让人不好意思的。现在，地球似乎进入了地震的活跃期，人类社会也面临着各种环境和经济问题。我们在将来肯定会面临对后世有重大影响的抉择。组成社会的人群，其意识会随着时间的流逝发生变化。历史学的目的之一，就是寻找和分析发生这种变化的原因。因此我们在面临抉择时，历史学就有可能派上用场。

18世纪上半叶的日本，有一个叫荻生徂徕的儒学家，他认为既然人创造了社会秩序，那么人同样可以变革社会秩序。丸山真男年轻时，发现了荻生徂徕思想中的这种近代因素。[1]荻生徂徕说过，"历史就是终极的学问"，我听到这句话的时候有一种受到了鼓舞的感觉。[2]

　　荻生徂徕把学问比作"长目飞耳之道"。所谓长目飞耳，就是视觉与听觉都特别突出，知道的事情特别多。如果要把"长目飞耳之道"做到极致，就需要同时了解国内和国外，理解现在和过去。致力于做到以上几点的历史学，就是"终极的学问"了。

　　在第一章的开头，我说要用"历史的尺度"来丈量世界，这个"历史的尺度"其实就是荻生徂徕所说的"长目"。在今天这样一个时代，可能会有人觉得，18世纪的思想家对历史的定义过于粗陋了。但是与地球长达46亿年的历史相比，人类的诞生也才不过50万年，还请大家多用"长目"看待事物吧。

2016年7月听闻参议院选举结果之际

加藤阳子

谢　词

本书的出版发行，离不开各位听众的帮助，在此表示诚挚感谢。

——编辑部

颖明馆中学高等学校　森谷隆史（初中三年级）

鸥友学园女子中学高等学校　大岛好惠（二年级）

晃华学园中学校高等学校　森古莱莱绘（二年级）

神奈川县立横滨修悠馆高等学校　伊波澄信

东京学艺大学附属国际中等教育学校　佐藤大空（一年级）、桥本花（二年级）

东京成德大学高等学校　金原永典（三年级）

东京都立工艺高等学校　藤原侑梛（二年级）

东京都立竹早高等学校　广田友纪（一年级）、石出脩平（二年级）、大西直己（二年级）、宫泽圭太（二年级）

东洋英和女学院高等部　樱井甲矢子（二年级）

丰岛冈女子学园高等学校　疋田悠真（二年级）、堀口志

穗(二年级)

庆应义塾高等学校　向井优佑(一年级)

埼玉县立川越女子高等学校　上野春香(一年级)、小宫山聪美(一年级)、增田凛凛(一年级)、铃木梨央(二年级)、中岛沙织(二年级)

富士见中学高等学校　铃木万亚矢(二年级)

筑波大学附属高等学校　大泽桃乃(二年级)、佐藤刚(二年级)

横滨市立日限山中学校　森田向现(初中二年级)

奥山光

高中教师:铃木康成先生、秋田县立雄胜高等学校的三森朋惠老师、岐阜圣德学园大学附属中学校长尾美武、东京都立竹早高等学校的深井信司老师

以上皆为讲座当时的学年和职位。学年未注明是初中的,即是指高中。

本书的内容源于在淳久堂书店池袋本店举行的5次"作家书店特别企划　加藤阳子日本近现代史系列讲座",以及在东京大学举行的1次"特别补习讲座"。

注　釈

第一章

1　蠟山政道「トインビー史学と現代の課題」『世界の名著 73　トインビー』蠟山政道責任編集、中公バックス（中央公論社）、1979 年、15 頁

2　川北稔『世界システム論講義』ちくま学芸文庫、2016 年、第 13 章

3　イギリスは、2016 年 6 月 23 日の国民投票により、ＥＵ離脱を選択。

4　1985 年、1990 年、2005 年と順次締結された 3 つの協定からなる。

5　長谷部恭男『憲法とは何か』岩波新書、2006 年、36 頁

6　クラウゼヴィッツ『戦争論』全 3 巻、篠田英雄訳、岩波文庫、1968 年

7　同前書、下巻、316 頁

8　日本殉職船員顕彰会ウェブサイト（2016 年 6 月 30 日閲覧）http://www.kenshoukai.jp/

9　吉田裕、森茂樹『アジア・太平洋戦争』吉川弘文館、2007 年、257 頁

10　浜井和史『海外戦没者の戦後史』吉川弘文館、2014 年、5 頁

11　「翁長知事の平和宣言」、『琉球新報』2015 年 6 月 23 日付デジタル版

12　『新しく学ぶ西洋の歴史：アジアから考える』南塚信吾ほか責任編集、ミネルヴァ書房、2016 年、32 頁（村井章介氏の執筆部分）

13　「おことば・記者会見」宮内庁ウェブサイト（2016 年 6 月 30 日閲覧）http://www.kunaicho.go.jp/

14　2014 年 8 月 15 日の式辞の第 2 連の全文は、「終戦以来既に 69 年、国民のたゆみない努力により、今日の我が国の平和と繁栄が築き上げられましたが、苦難に満ちた往事をしのぶとき、感慨は今なお尽きることがありません」。

15　1952 年 4 月 8 日の閣議決定「全国戦没者追悼式の実施に関する件」

16　「時論公論　安全保障関連法　成立」NHK ウェブサイト、http://www.nhk.or.jp/kaisetsu-blog/100/227939.html

17　中村元哉「相反する日本憲政観」『対立と共存の歴史認識』劉傑、川島真編、東京大学出版会、2013 年、171-190 頁

18　堀和生『東アジア資本主義史論』第Ⅰ巻、ミネルヴァ書房、2009 年、216 頁

19　堀和生「東アジアにおける資本主義の形成」、『社会経済史学』76 巻 3 号、2010 年 11 月、29-32 頁

20　前掲『東アジア資本主義史論』第Ⅰ巻、192 頁

21　前掲「東アジアにおける資本主義の形成」33 頁

22　和辻哲郎『倫理学』第 3 巻、岩波文庫、2007 年、138 頁

23　寺沢薫『日本の歴史 02　王権誕生』講談社学術文庫、2008 年

24　大津透『天皇の歴史 01　神話から歴史へ』講談社、2010 年

25　ヘロドトス『歴史』全 3 巻、松平千秋訳、岩波文庫、1971-72 年

26　トゥーキュディデース『戦史』全 3 巻、久保正彰訳、岩波文庫、1966-67 年

27　桜井万里子『ヘロドトスとトゥキュディデス』山川出版社、2006 年

28　前掲『戦史』上巻、164-165 頁

29　久保正彰「解題」、同前書、45 頁

30　三和良一『概説日本経済史：近現代』第 3 版、東京大学出版会、2012 年

31　吉野作造「我国近代史に於ける政治意識の発生」『吉野作造選集』11 巻、岩波書店、1995 年

32　同前書、223 頁

33　「本郷各学部案内　経済学部」『教養学部報』第 565 号、2014 年

34　鹿子木康弘「共感・同情行動の発達的起源」『ベビーサイエンス』13 号、2013 年、26-35 頁

35　堂目卓生『アダム・スミス』中公新書、2008 年

36　同前書、263-264 頁

第二章

1　田中上奏文については、服部龍二『日中歴史認識』（東京大学出版会、2010 年）参照。

2　「創造する AI（人工知能）」『朝日新聞』2016

年1月6日付朝刊

3　山室信一『キメラ:満洲国の肖像』増補版、中公新書、2004年

4　『日本の選択8　満州事変:世界の孤児へ』NHK取材班編、角川文庫、1995年、64-65頁

5　『日本外交文書:満州事変』第1巻第3冊、外務省編刊、1978年、561頁

6　『リットン報告書の経緯』太平洋問題調査会訳編、1933年、1頁

7　『東京朝日新聞』1932年9月30日付朝刊

8　前掲『リットン報告書の経緯』14頁

9　同前書、14-15頁

10　桑田悦、前原透共編著『日本の戦争:図解とデータ』原書房、1989年、3頁

11　安冨歩『満洲暴走　隠された構造』角川新書、2015年、140-141頁

12　前掲『リットン報告書の経緯』16頁

13　吉野作造「国民生活の一新」『吉野作造選集』第1巻、岩波書店、1995年、215頁

14　『日本外交文書:満州事変』別巻、外務省編刊、1981年、136-137頁

15　同前書、184頁、212頁

16　同前書、227頁

17　『日支紛争に関する国際連盟調査委員会の報告附属書』国際連盟協会編刊、1933年、681頁

18,19　前掲『日本外交文書:満州事変』別巻、245頁

20　同前書、249頁

21　同前書、254頁

22　同前書、243頁

23　前掲『リットン報告書の経緯』16-17頁

24　前掲『日本外交文書:満州事変』別巻、255頁

25　同前書、258-259頁

26　前掲『日本の選択8　満州事変』160-165頁

27　O. M. Green は、1924年時点で、上海デイリー・ニュースの主筆。「外国新聞通信機関及通信員関係雑件／通信員ノ部／米国人ノ部　第二巻」外務省外交史料館 (1-3-2-50_2_2_002)、アジア歴史資料センター (JACAR) ウェブサイト (Ref. B03040931700)

28　Bland, John Otway Percy (1863-1945)

29　*China: the Pity of It*

30　前掲『リットン報告書の経緯』22-24頁

31　川島真『シリーズ中国近現代史②　近代国家

への模索 1894-1925』岩波書店、2010年、42-54頁

32　『新しく学ぶ西洋の歴史:アジアから考える』南塚信吾ほか責任編集、ミネルヴァ書房、2016年、167-168頁

33　前掲『リットン報告書の経緯』24-26頁

34　前掲『新しく学ぶ西洋の歴史』168頁

35　前掲『リットン報告書の経緯』27頁

36　布川弘「戦間期における国際秩序構想と日本:太平洋問題調査会における論議を中心として」(科研報告書) 広島大学、2007年、33頁

37　同前論文、48頁

38　前掲『リットン報告書の経緯』29頁

39　「満州を日本の保護領とし、若くは併合せしむることは断じて許すべからず」、『東京日日新聞』1932年9月29日付朝刊

40　蠟山政道『日満関係の研究』斯文書院、1933年、275頁

41　NHK放送文化研究所『20世紀放送史　資料編』日本放送協会、2003年、688頁

42　『東京朝日新聞』1932年10月3日付朝刊

43　前掲『新しく学ぶ西洋の歴史』228頁

44　同前書、220頁

45　『日本の選択7　「満洲国」ラストエンペラー』NHK取材班編、角川文庫、1995年、112-114頁

46　同前書、114-115頁から再引用

47　同前書、166頁

48　顧維鈞『顧維鈞回憶録』第2巻、中国社会科学院近代史研究所訳、中華書局、1985年、60-61頁。1932年10月11日付、代表団発中国国民政府外交部宛電報

49　同前書、68頁 (1932年10月17日、蔣介石発代表団宛電報)

50、51、52　『東京朝日新聞』1932年10月3日朝刊2頁

53　1931年12月に成立した広東派の胡漢民政権などの勢力。中国国民党西南政務委員会。西南とは、広東省、貴州省、四川省、雲南省を指す。以下の記述は、三村佳緒、杉本優綺による「近代政治史演習」(2015年6月30日、東京大学文学部)の報告による。

54　前掲『顧維鈞回憶録』第2巻、70頁

55　二十一ヵ条要求の簡便な一覧は、加藤陽子『満州事変から日中戦争へ』(岩波書店、2007年) 44-45頁参照。

56　注46と同じ。

57　連盟規約第15条、第16条の内容については、前掲『満州事変から日中戦争へ』133頁、136頁を参照のこと。

58　ジャン＝ピエール・デュピュイ『経済の未来』森元庸介訳、以文社、2013年、94-96頁

59　同前書、96頁

60　等松春夫「一九三二年未発の「満洲PKF」？：リットン報告書にみられる特別憲兵隊構想」『再考・満州事変』軍事史学会編、錦正社、2001年。ここにあるPKFとは国連平和維持軍のこと。

61　前掲『日本外交文書：満州事変』別巻、248頁

62　同前書、267頁

63　南満洲鉄道『南満洲鉄道株式会社第三次十年史』竜渓書舎、1976年、2750頁。1931年度の鉄道収支差額は、4818万5482.24円とされている。社史は、不振の原因を世界的な不況と銀貨の惨落に求めている。

64　前掲『日満関係の研究』124頁

65　前掲『日本外交文書：満州事変』別巻、267頁

66　前掲「一九三二年未発の「満洲PKF」？」123頁

67　『牧野伸顕日記』伊藤隆ほか編、中央公論社、1990年、517頁

68　『木戸幸一日記』上巻、木戸日記研究会校訂、東京大学出版会、1966年、130頁

69　同前書、136頁

70　奈良武次『侍従武官長奈良武次　日記・回顧録』第3巻、波多野澄雄、黒沢文貴責任編集、柏書房、2000年、409頁

71　原田熊雄 述『西園寺公と政局』第2巻、岩波書店、1950年、377頁

72　加藤陽子『戦争の日本近現代史』（講談社現代新書、2002年）195-196頁により詳しい説明がしてある。原史料は、「山東問題乃至我一般対支政策ニ対スル在巴里、英、米仏操舶者等ノ感想一斑」牧野伸顕文書（書類の部）R22.306「山東問題関係書類」所収（国立国会図書館憲政資料室蔵）。

73　『松岡洋右　人と生涯』松岡洋右伝記刊行会編、講談社、1974年、483-484頁

74　『日本外交文書：満州事変』第3巻、外務省編刊、1981年、16-17頁

75　クリストファー・ソーン『満州事変とは何だったのか』下巻、市川洋一訳、草思社、1994年、195頁から再引用

76　同前書、195頁から再引用

77　ボリス・スラヴィンスキー、ドミートリー・スラヴィンスキー『中国革命とソ連』加藤幸廣訳、共同通信社、2002年、252頁

78　井上寿一『危機のなかの協調外交』山川出版社、1994年、第1章。酒井哲哉『大正デモクラシー体制の崩壊』東京大学出版会、1992年、第1章

79　前掲『牧野伸顕日記』538頁

80　前掲『危機のなかの協調外交』

第三章

1　「ジョン・F・ケネディ大統領就任演説」ジョン・F・ケネディ大統領図書館ウェブサイト（2016年5月14日閲覧）http://www.jfklibrary.org/JFK/Historic-Speeches/Multilingual-Inaugural-Address/Multilingual-Inaugural-Address-in-Japanese.aspx

2　E・H・カー『歴史とは何か』清水幾太郎訳、岩波新書、1962年、143頁

3　前沢伸行「反事実の歴史学」『史学雑誌』第125編7号、2016年7月

4　栗原優『第二次世界大戦の勃発』名古屋大学出版会、1994年、622頁

5　大木毅『ドイツ軍事史』作品社、2016年、154頁

6　同前書、210頁

7　イアン・カーショー『運命の選択』下巻、白水社、2014年、171-172頁

8　同前書、140頁

9　三谷太一郎「同盟の歴史に学ぶ」、『朝日新聞』2014年6月10日付朝刊

10　閣議決定「国の存立を全うし、国民を守るための切れ目のない安全保障法制の整備について」。森肇志「集団的自衛権行使容認のこれから　閣議決定から法制整備へ　下」『UP』510号、2015年4月、46頁

11　森肇志「集団的自衛権行使容認のこれから　閣議決定から法制整備へ　上」『UP』509号、2015年3月、1頁

12　同前、2頁

13　経済条項などと呼ばれる。条文は、「締約国は、その自由な諸制度を強化することにより、これらの制度の基礎をなす原則の理解を促進するこ

とにより、並びに安定及び福祉の条件を助長することによって、平和的かつ友好的な国際関係の一層の発展に貢献する。締約国は、その国際経済政策におけるくい違いを除くことに努め、また、両国の間の経済的協力を促進する」というもの。

14　「御署名原本・昭和十五年・条約第九号・日本国、独逸国及伊太利国間三国条約」国立公文書館、アジア歴史資料センター（JACAR）ウェブサイト（Ref. A03022538200）

15　加藤陽子『戦争の論理』勁草書房、2005年、第5章参照

16　黒野耐『帝国国防方針の研究』総和社、2000年

17　外務省「日米安全保障条約（主要規定の解説）」外務省ウェブサイト（2016年5月20日閲覧）http://www.mofa.go.jp/mofaj/area/usa/hosho/jyoyaku_k.html

18　注9と同じ。

19　佐道明広『自衛隊史論』、吉川弘文館、2015年、130頁

20　同前書、134頁

21　同前書、136-137頁

22　同前書、161頁

23　外務省「日米防衛協力のための指針」外務省ウェブサイト（2016年5月21日閲覧）http://www.mofa.go.jp/mofaj/files/000078187.pdf

24　前掲『自衛隊史論』167頁

25　「2015年8月11日 小池晃（共産党）の質疑（全文）参議院『平和安全特別委員会』」、ウェブサイト「聞文読報」（2016年5月21日閲覧）http://bunbuntokuhoh.hateblo.jp/entry/2015/08/11/180853

26　秘密了解事項第一条。条文は、英文版Wikisourceで閲覧可能（2016年5月21日閲覧）https://en.wikisource.org/wiki/Molotov%E2%80%93Ribbentrop_Pact#Secret_Additional_Protocol

27　前掲『運命の選択』上巻、46頁

28　同前書、34頁

29　同前書、79-80頁

30　大野裕之『チャップリンとヒトラー』岩波書店、2015年

31　小野塚知二「戦争と平和と経済　2015年の「日本」を考える」『国際武器移転史』1号、2016年1月、22頁

32　Lord Hankey, *Politics, Trials and Errors*, H. Regnery, 1950, p. vii, p.57

33　アントニー・ベスト、武田知己訳『大英帝国の親日派』中央公論新社、2015年、180頁

34　Timothy Snyder, *Black Earth: The Holocaust as History and Warning*, Tim Duggan Books, 2015.（邦訳『ブラックアース』上下巻、慶應義塾大学出版会、2016年）

35　「（インタビュー）ホロコーストの教訓　米エール大学教授、ティモシー・スナイダーさん」『朝日新聞』2016年4月5日朝刊

36　ルーシー・ウェストコット、スタブ・ジブ「死者47万人、殺された医師705人　シリア内戦5年を数字で振り返る」、『ニューズウィーク日本版』インターネット版、2016年3月16日付（2016年5月21日閲覧）

37　田嶋信雄「総説一　東アジア国際関係の中の日独関係」『日独関係史』第1巻、工藤章、田嶋信雄編、東京大学出版会、2008年、47頁

38　Warren F. Kimball ed., Churchill & Roosevelt, *The Complete Correspondence*, Princeton University Press, 1987, vol. 1, C-17x, pp. 49-51

39　前掲『運命の選択』上巻、289頁

40　林董『後は昔の記　他　林董回顧』由井正臣校注、平凡社、1970年

41　近衛文麿「演説　重大時局に直面して（一）」国立国会図書館デジタルコレクション：歴史的音源（永続的識別子 info:ndljp/pid/3573908）http://rekion.dl.ndl.go.jp/

42　内務省警保局「日独伊三国条約に関する記事取締に関する件」『現代史資料　41　マスメディア統制2』内川芳美解説、みすず書房、1975年、274-276頁

43　参謀総長であった期間は、1931年12月から40年10月まで。

44　軍令部総長（1933年10月、それまでの海軍軍令部長を軍令部総長へと改称）であった期間は、1932年2月から41年4月まで。

45　「沢田茂参謀次長覚書」『太平洋戦争への道：開戦外交史』別巻（資料編）、稲葉正夫ほか編、朝日新聞出版社、1963年、337-370頁

46　岡崎哲二「読み解き経済　国力データ秘したまま戦争決断」、『朝日新聞』2013年12月5日付朝刊

47　ドリス・カーンズ・グッドウィン『フランクリン・ローズヴェルト』上巻、砂村栄利子、山下淑美訳、中央公論新社、2014年、196頁

48　同前書、229頁

49　前掲『運命の選択』上巻、252頁

50　前掲『フランクリン・ローズヴェルト』上巻、286-287頁

51　同前書、429頁

52　同前書、427頁

53　日本国際政治学会、太平洋戦争原因研究部編著『太平洋戦争の道：開戦外交史』第5巻（三国同盟・日ソ中立条約）、新装版、朝日新聞社、1987年、214頁

54　『昭和天皇実録』第2巻、宮内庁編、東京書籍、2015年（1916年8月14日条）

55　注14に同じ。

56　日独間における条文の摺り合わせは、日本語とドイツ語ではなく、英語でなされた。枢密院の審議にかけられた条約本文も英語版であった。のちに差しかえ。『日本外交文書：日独伊三国同盟関係調書集』外務省編刊、2004年、193-197頁

57　外務次官の大橋忠一、外務省顧問の白鳥敏夫と齋藤良衛ら。

58　「基本国策要綱」、前掲『太平洋戦争への道』別巻（資料編）、320-321頁

59　前掲『日本外交文書：日独伊三国同盟関係調書集』51頁、108頁

60　「日独伊提携強化に対処する基礎要件」、同前書、35頁

61　同前書、256-257頁

62　『杉山メモ』下巻、新装版、参謀本部編、原書房、1994年、41頁

63　「第161回国会　国家基本政策委員会合同審査会　第2号」議事録（2016年5月31日閲覧）http://www.shugiin.go.jp/internet/itdb_kaigiroku.nsf/html/kaigiroku/008816120041110002.htm

64　松本〔俊一〕条約局長手記「日独伊三国条約に関する枢密院審査委員会議事概要」『日本外交文書：第二次欧州大戦と日本』第1冊（日独伊三国軍事同盟・日ソ中立条約）、外務省編刊、2012年、238頁

65　第六条は、条約の有効期限を10年と定めたもの。

66　前掲『日本外交文書：第二次欧州大戦と日本』第1冊、210-214頁

67　前掲『日本外交文書：日独伊三国同盟関係調書集』92頁

68　同前書、36-37頁

69　現在では、ミクロネシア連邦、マーシャル諸島共和国、パラオ共和国、アメリカの自由連合州北マリアナ諸島となっている。

70　前掲『日本外交文書：日独伊三国同盟関係調書集』40頁

71　前掲『日本外交文書：第二次欧州大戦と日本』第1冊、214頁

72　同前書、251-254頁。交換公文の主な内容は、①日英間に武力衝突が発生した場合のドイツからの援助確保、②旧ドイツ植民地の日本への有償無償処分、③細目については第四条に規定する混合専門委員会で行うが、この決定は各政府の承認なしには実施されない、④第三条の攻撃の有無の認定は三締約国間の協議による、の四点。

73　渡辺延志『虚妄の三国同盟』岩波書店、2013年

74　前掲『日本外交文書：第二次欧州大戦と日本』第1冊、167-172、178-184頁

75　『日本陸海軍の制度・組織・人事』日本近代史料研究会編、東京大学出版会、1971年、425-432頁

76　秦郁彦『戦前期日本官僚制の制度・組織・人事』戦前期官僚制研究会編、東京大学出版会、1981年、12頁

77　注74と同じ。

78　浅野豊美編『南洋群島と帝国・国際秩序』中京大学社会科学研究所、2007年

79　同前書、43頁

80　同前書、5頁

81　このような論点を最も鮮やかに示した研究に、河西晃祐『帝国日本の拡張と崩壊』（法政大学出版局、2012年）がある。

82　三国同盟が、ドイツの対アジア進出を封ずるための同盟であったとの見方自体は、これまでにもすでに、義井博、細谷千博、井上寿一、森茂樹らの諸氏の研究で明らかにされてきてはいた。義井博『増補　日独伊三国同盟と日米関係』（南窓社、1977年）、細谷千博『両大戦間の日本外交』（岩波書店、1988年）、井上寿一「国際協調・地域主義・新秩序」『岩波講座　日本近現代史』第3巻（岩

波書店、1993年)、森茂樹「松岡外交における対米および対英策」『日本史研究』421号（1997年）。
83　Andrew Krepinevich and Barry Watts, *The Last Warrior*, Basic Books, 2015
84　アンドリュー・クレピネヴィッチ、バリー・ワッツ『帝国の参謀』北川知子訳、日経BP社、2016年
85　同前書、248-260頁
86　同前書、258頁
87　同前書、90-91頁
88　「蒋介石日記手稿」（スタンフォード大学フーバー研究所所蔵）、鹿錫俊『蒋介石の国際的解決戦略：1937-1941』（東方書店、2016年）152頁から再引用。
89　前掲『太平洋戦争への道：開戦外交史』別巻（資料編）、298頁（1940年3月17日陸軍省部決定「桐工作実施要領」）。『続・現代史資料4　陸軍畑俊六日誌』伊藤隆ほか編、みすず書房、1983年、259頁（1940年6月25日条）
90　前掲『蒋介石の国際的解決戦略』173頁から再引用（原典は徐永昌日記）
91　同前書、196頁から再引用（原典は蒋介石日記）
92　前掲『日独関係史』第1巻、51頁
93　この同盟は、文言上はコミンテルンを、実際上はソ連を対象として、日独の官憲が情報交換と防諜の面で協力するというもの。田嶋信雄『ナチス・ドイツと中国国民政府：1933-1937』東京大学出版会、2013年、2頁
94　『日独関係史』第2巻、工藤章、田嶋信雄編、東京大学出版会、2008年、12頁
95　田嶋信雄「東アジア国際関係のなかの日独関係」、前掲『日独関係史』第1巻
96　前掲『蒋介石の国際的解決戦略』197頁
97　同前書、199頁
98　森山優『日米開戦の政治過程』吉川弘文館、1998年、47頁
99　例題として書かれているのは「昭和40年の1万円を、今のお金に換算するとどのくらいになりますか？」というもの。日銀ホームページ（2016年6月2日閲覧）http://www.boj.or.jp/announcements/education/oshiete/history/j12.htm/
100　『高木惣吉　日記と情報』下巻、伊藤隆編、みすず書房、2000年、525頁（1941年4月12日条）
101　前掲『日米開戦の政治過程』54頁
102　同前書、55頁
103　同前書、85頁から再引用（原典は軍令部第一課長であった中沢佑の日記の記述）
104　参謀本部「昭和4年7月起　海軍　軍備制限綴（倫敦会議）」国立公文書館、アジア歴史資料センター（JACAR）ウェブサイト（Ref. C08051999400）
105　工藤章「戦時経済協力の実態」、前掲『日独関係史』第2巻、291頁
106　1942年1月18日ベルリンで日独伊軍事協定調印。東経70度で、日本と独伊の作戦地域を分けた。

第四章

1　入江昭『日米戦争』中央公論社、1978年、42頁
2　『日本陸海軍の制度・組織・人事』日本近代史料研究会編、東京大学出版会、1971年、110頁
3　清沢洌「アメリカは日本と戦わず」『清沢洌評論集』山本義彦編、岩波文庫、1970年、153頁
4　野村発松岡宛136号電、外務省『日本外交文書：日米交渉』上巻、外務省、1990年、8頁
5　『戦争調査会事務局書類』9巻、広瀬順皓解説・解題、ゆまに書房、2015年、161頁
6　ドリス・カーンズ・グッドウィン『フランクリン・ローズヴェルト』上巻、砂村榮利子、山下淑美訳、中央公論新社、2014年、116頁
7　同前書、453頁
8　加藤陽子『模索する一九三〇年代：日米関係と陸軍中堅層』山川出版社、1993年、第一章
9　『昭和十三年版　各国通商の動向と日本』外務省通商局編、日本国際協会、1938年、360頁
10　注4に同じ
11　加藤陽子『戦争の日本近現代史』講談社現代新書、2002年、115頁、151頁
12　「公文書に見る日米交渉」アジア歴史資料センターウェブサイト（2016年6月11日閲覧）http://www.jacar.go.jp/nichibei/index2.html
13　小谷賢「1941年2月の極東危機とイギリス情報部」『軍事史学』153号、2003年、11頁
14　日本については、宮杉浩泰「戦前期日本の暗号解読情報の伝達ルート」『日本歴史』703号

(2006年)、同「日本軍の対ソ情報活動」『軍事史学』49巻1号(2013年)、森山優「戦前期における日本の暗号解読能力に関する基礎研究」『国際関係・比較文化研究』3巻1号(2004年)、同「戦前期日本の暗号解読とアメリカの対応」『Intelligence　インテリジェンス』9号(20世紀メディア研究所編刊、紀伊國屋書店、2007年)。日英のそれについては、小谷賢『日本軍のインテリジェンス』(講談社、2007年)。

15　前掲「戦前期における日本の暗号解読能力に関する基礎研究」33頁
16　同前論文、17-18頁
17　同前論文、30頁
18　前掲「「諒解案」から「ハル・ノート」まで」147頁
19　臼井勝美「日米開戦と中国」『太平洋戦争』細谷千博ほか編、東京大学出版会、1993年
20　ジョナサン・G・アトリー『アメリカの対日戦略』五味俊樹訳、朝日出版社、1989年、229-230頁
21　清沢洌『暗黒日記』第1巻、橋川文三編、ちくま学芸文庫、2002年、81頁(1943年5月12日の講演会)
22　前掲『フランクリン・ローズヴェルト』上巻、307頁
23　イアン・カーショー『運命の選択』上巻、白水社、2014年、300頁
24　前掲『フランクリン・ローズヴェルト』上巻、304頁
25　ジャクソンの演説は、大沼保明『戦争責任論序説』(東京大学出版会、1975年)139頁から再引用。
26　前掲『運命の選択』上巻、317頁
27　野村発松岡宛247号電、野村発松岡宛305号電、前掲『日本外交文書：日米交渉』上巻、32頁、73頁
28　工藤章「戦時経済協力の実態」『日独関係史』第2巻、工藤章、田嶋信雄編、東京大学出版会、2008年、291頁
29　この、オット駐日大使発松岡外相宛書簡には、「一締約国が条約第三条の意義において、攻撃せられたりや否やは、三締約国の協議により決定せらるべきこと勿論とす」と書かれており、「専門委員会の決定は、それぞれ関係各国政府の承認を

経るにあらざれば実施」されない、とも書かれています。外務省『日本外交文書：第二次欧州大戦と日本』第1巻、外務省、2012年、253頁。
30　海軍次官・次長発横山一郎宛電報、「野村吉三郎文書771」(国立国会図書館憲政資料室所蔵)
31　『日本外交年表並主要文書』下巻、外務省編、原書房、1966年、489-491頁
32　大木毅『ドイツ軍事史』作品社、2016年、187頁、191頁
33　ゲルハルト・クレープス「三国同盟の内実」、前掲『日独関係史』第2巻、62頁
34　前掲『日本外交年表並主要文書』下巻、522頁
35　海軍次官・軍令部次長発野村親電(1941年5月9日付)、前掲「野村吉三郎文書771」
36　たとえば、有賀貞『国際関係史』(東京大学出版会、2010年)366頁の野村評価は次のようなもの。「しかし野村はなぜかハルの四原則については東京に伝えず、『日米了解案』をアメリカ政府側の提案であるかのように報告して交渉を混乱させた」。
37　野村発近衛臨時外務大臣宛233電(1941年4月17日)、前掲『日本外交文書：日米交渉』上巻、20頁
38　井川忠雄発近衛文麿宛電報(1941年3月27日)『井川忠雄　日米交渉史料』伊藤隆・塩崎弘明編、山川出版社、1982年、194頁
39　米国大使館付陸軍武官磯田三郎発東条陸相宛102号電(1941年5月11日付)、前掲『日本外交文書：日米交渉』上巻、57頁
40　磯田発東条宛101号電(1941年5月11日付)、同前書、56頁
41　前掲『運命の選択』上巻、325頁
42　同前書、320頁
43　前掲『日本外交年表並主要文書』下巻、492-495頁
44　井川発近衛電(1941年3月27日付)、前掲『井川忠雄　日米交渉史料』195頁、解題15頁
45　史料からも明らかで、「船舶チャーター(貸与)は米国関係のみ。英蘭へは困る。かつ一隻チャーターごとに一隻建造の資材要求」という日本側のメモが残されている。井川忠雄メモ(1941年3月22日付)、同前書、189頁参照。
46　野村発近衛宛237号電、前掲『日本外交文書日米交渉』上巻、25頁

47　矢部貞治『近衞文麿』上巻、弘文堂、1952年、248-291頁

48　野村発松岡電314号（1941年5月16日付）、前掲『日本外交文書：日米交渉』上巻、78頁

49　前掲『井川忠雄　日米交渉史料』

50　同前書、解題17頁

51　同前書、解題15頁

52　ドラウト発井川宛意見書（1941年3月27日付）、同前書、212頁

53　『日米関係調書集成』第1巻、細谷千博、佐藤元英編、現代史料出版、2009年、302頁

54　「対米試案　未定稿　昭和16年1月3日」、「野村吉三郎文書768」（国立国会図書館憲政資料室所蔵）

55　松岡発野村宛205電（1941年5月12日付）、前掲『日本外交文書：日米交渉』上巻、58-60頁

56　野村発松岡宛電報425号（1941年6月23日付）、同前書、125-129頁

57　「「世界情勢ノ推移ニ伴フ時局処理要綱」ニ関スル覚」、『太平洋戦争への道：開戦外交史』別巻（資料編）、新装版、朝日新聞社、1988年、328-329頁

58　現在のベトナムのハイフォン、ハノイを結ぶ線の北東側から中国に接する周辺。

59　ロバート・O・パクストン『ヴィシー時代のフランス』渡辺和行、剣持久木訳、柏書房、2004年

60　防衛庁防衛研修所戦史室『戦史叢書　大本営陸軍部大東亜戦争開戦経緯』第2巻、朝雲出版社、1973年、57頁

61　前掲『ヴィシー時代のフランス』98頁

62　防衛庁防衛研修所戦史室『戦史叢書　大本営陸軍部大東亜戦争開戦経緯』第4巻、朝雲出版社、1974年、323頁（この数字は、6月11日段階のもの）

63　『大本営陸軍部戦争指導班　機密戦争日誌』上巻、軍事史学会編、錦正社、1998年、138頁

64　森山優『日米開戦の政治過程』吉川弘文館、1998年、82頁

65　『原敬日記』第1巻、原奎一郎編、福村出版、1965年、269頁（1897年8月24日条）

66　陸奥宗光『蹇蹇録』中塚明校注、岩波文庫、1983年、26頁

67　前掲『日米開戦の政治過程』

68　吉沢南『戦争拡大の構図』青木書店、1986年

69　決定された国策の全文は、佐藤元英『御前会議と対外戦略』（原書房、2011年）164-182頁。

70　前掲『運命の選択』上巻、379頁

71　波多野澄雄「開戦過程における陸軍」、前掲『太平洋戦争』12頁

72　前掲『大本営陸軍部戦争指導班　機密戦争日誌』上巻、125頁

73　前掲「開戦過程における陸軍」15頁

74　野村発松岡宛520号電（1941年7月16日）、前掲『日本外交文書：日米交渉』上巻、160頁

75　前掲『アメリカの対日戦略』163頁

76　同前書、196頁

77　ウォルドー・ハインリックス「「大同盟」の形成と太平洋戦争の開幕」、前掲『太平洋戦争』

78　エドワード・ミラー『日本経済を殲滅せよ』金子宣子訳、新潮社、2010年、163頁

79　同前書、298頁

80　同前書、303頁

81　同前書、269頁

82　野村発豊田宛565電（1941年7月24日付）、前掲『日本外交文書：日米交渉』上巻、170頁

83　ジョセフ・グルー『滞日十年』下巻、毎日新聞社、1948年、161-164頁（41年7月27日の条）

84　野村発豊田706-709電（1941年8月17日、18日付）、前掲『日本外交文書：日米交渉』上巻、224-235頁

85　前掲『日本外交年表並主要文書』下巻、542-543頁

86　野村発豊田宛752電（1941年8月28日付）、前掲『日本外交文書：日米交渉』上巻、259頁

87　豊田発野村宛電510電（1941年8月29日付）、同前書、261頁

88　「平沼国務相狙撃事件」『現代史資料23　国家主義運動（三）』高橋正衛編、みすず書房、1974年、208頁

89　前掲『大本営陸軍部戦争指導班　機密戦争日誌』上巻、150頁（1941年8月27日条）

90　『昭和天皇独白録』文春文庫、1995年、85頁

91　同前書、160頁

92　「国家主義団体員数表」アジア歴史資料センター（Ref. A05020251700）、「種村氏警察参考資料第80集」（国立公文書館）

93　『木戸幸一日記』下巻、木戸幸一研究会校訂、東京大学出版会、1966年

94　それぞれ、『特高月報』1941 年 9 月号 42-45
頁、11 月号 49-50 頁。
95　野村発豊田宛 889 号電（1941 年 10 月 2 日
付）、前掲『日本外交文書：日米交渉』下巻、1 頁
96　「東京時事資料月報」（1941 年 8 月）、今井清
一編著『開戦前夜の近衛内閣』青木書店 1994 年、
284 頁
97　前掲『木戸幸一日記』914 頁
98　前掲『日本外交文書：日米交渉』上巻、310 頁
99　前掲「開戦過程における陸軍」20 頁
100　前掲『大本営陸軍部戦争指導班　機密戦争
日誌』上巻、154 頁（9 月 5 日条）
101　『日米交渉関係調書集成』Ⅱ巻、細谷千博、
佐藤元英編、現代史料出版、2009 年、859 頁
102　井口武夫『開戦神話』中公文庫、2011 年
103　Roberta Wohlstetter, Pearl Harbor, Stanf
ord University Press, 1962（一部を圧縮した邦訳
に、『パールハーバー』岩島久夫、岩島斐子訳、読
売新聞社、1987 年）
104　前掲『パールハーバー』7 頁
105　山本熊一遺稿「大東亜戦争秘史」

終　章

1　トラック島で敗戦を迎えた俳人・金子兜太は、
「戦後 70 年　国のため死んでいく制度は我慢なら
ぬ」、『毎日新聞』（2015 年 6 月 23 日付朝刊）で、
残虐死という言葉を用いていた。
2　田中宏巳『消されたマッカーサーの戦い』吉
川弘文館、2014 年
3　一ノ瀬俊也『故郷はなぜ兵士を殺したか』角
川選書、2010 年。浜井和史『海外戦没者の戦後
史』吉川弘文館、2014 年
4　半藤一利『歴史のリアリズム』『世界』874 号、
2015 年 10 月、45 頁
5　『ＮＨＫスペシャル　東京大空襲　60 年目の
被災地図』NHK エンタープライズ、2005 年
（DVD）
6　『宇垣一成日記』第 1 巻、角田順校訂、みすず
書房、1968 年、445 頁（1923 年 9 月 6 日の条）
7　J. Charles Schencking, Japan in the Shadow of
the Bomber: Airpower and Japanese Society in Interw
ar and Wartime Japan. 2011 年 10 月、ピッツバー
グ大学アジア研究所開催の国際会議「アジアにお

ける第二次世界大戦」報告ペーパー
8　吉田裕、森茂樹『アジア・太平洋戦争』吉川
弘文館、2007 年、20 頁
9　林博史『沖縄戦と民衆』大月書店、2001 年、5 頁
10　「NHK スペシャル　沖縄戦全記録」（2015 年
6 月 14 日放送）。糸満市役所所蔵文書。戦後、沖縄
県が唯一個々の市町村に向けて調査したデータ。
11　「秘密戦ニ関スル書類」（国立公文書館）、ア
ジア歴史資料センター（JACAR）ウェブサイト
（Ref. A06030046800）
12　「NHK 戦争証言アーカイブズ」（2016 年 6 月
24 日閲覧）。http://www.nhk.or.jp/shogenarchi
ves/
13　『引揚援護の記録』引揚援護庁長官官房総務
課編刊、1950 年、11 頁
14　家近亮子『蔣介石の外交戦略と日中戦争』岩
波書店、2012 年、270-271 頁
15　『日中戦争の国際共同研究 2　日中戦争の軍
事的展開』波多野澄雄、戸部良一編（慶應義塾大
学出版会、2006 年）所載の原朗「一号作戦」、ハ
ンス・ヴァン・デ・ヴェン「中国軍事史の文脈か
ら見る日中戦争」など。
16　原朗「戦争、そして七〇年」『評論』200 号、
2015 年 7 月、4 頁
17　加藤陽子『それでも、日本人は「戦争」を選
んだ』朝日出版社、2009 年、389 頁
18　加藤陽子「ファシズム論」『日本歴史』700 号、
2006 年 9 月
19　たとえば、自民党憲法改正推進本部パンフレ
ット「ほのぼの一家の　憲法改正ってなあに？」。
20　池内恵『サイクス＝ピコ協定　百年の呪縛』
新潮選書、2016 年、第 1 章
21　「昭 和 二 十 一 年　会 議 記 録　事 務 局 書 類
十」（2A ／ 37 ／委 1357、国立公文書館所蔵）
22　古関彰一『平和憲法の深層』ちくま新書、2015
年、90 頁
23　同前書、92 頁
24　注 21 に同じ。
25　「資料原稿綴　二」（2A ／ 37 ／委 1362、国
立公文書館所蔵）
26　広瀬順皓、長谷川貴志『戦争調査会事務局書
類』全 15 巻、ゆまに書房、2015 年
27　『朝日新聞』2015 年 4 月 14 日付朝刊

后 记

1　丸山眞男『日本政治思想史研究』新裝版、東京大学出版会、1983 年
2　荻生徂徠「答問書」『荻生徂徠』尾藤正英責任編集、中央公論社、1983 年、303 頁